"口语速成班"系列

韩语口语速成班

어서 오십시오. 뭘 도와 드릴까요?

● 本册主编　朴京旭

哈尔滨工业大学出版社

图书在版编目(CIP)数据

韩语口语速成班/宋健榕,朴京旭著. —哈尔滨:哈尔滨工业大学出版社,2010.11(2013.9 重印)
 ISBN 978－7－5603－3052－5

Ⅰ.①韩… Ⅱ.①宋… ②朴… Ⅲ.①朝鲜语－口语 Ⅳ.①H559.4

中国版本图书馆 CIP 数据核字(2010)第 134642 号

策　　划	为才策划工作室
责任编辑	费佳明
封面设计	李康道
出版发行	哈尔滨工业大学出版社
社　　址	哈尔滨市南岗区复华四道街 10 号 邮编 150006
电　　话	0451－86416203
传　　真	0451－86414749
网　　址	http://hitpress.hit.edu.cn
印　　刷	黑龙江省教育厅印刷厂
开　　本	880mm×1230mm　1/32　印张 12.25　字数 378 千字
版　　次	2010 年 11 月第 1 版　2013 年 9 月第 3 次印刷
书　　号	ISBN 978-7-5603-3052-5
定　　价	28.80 元

(如因印装质量问题影响阅读,我社负责调换)

出版者的话

看着自己的朋友、同事、同学流畅地和外国人交谈、几岁的小朋友都能脱口而出很多常用外语口语,自己却从不敢和外国人打招呼?不敢接外国客户的电话?没勇气参加有外国友人的聚会?

本套《口语速成班》就是为"口语低起点"的学习者量身定做的纯口语操练教程。全套书共有英语、日语、韩语、法语、德语、西班牙语、俄语、粤语等主要语种,帮助不同需求的读者各取所需,快速突破口语障碍,为生活、工作打开方便之门。

体例方面,本书以现代社会生活为背景,大量收录各语言使用国当前使用频率较高的分类短语和句型,为读者提供生动、准确、有效的口语素材。每书精选约50个单元,涵盖了教育、工作、娱乐、健康、饮食,经济等各方面的日常用语。本韩语分册内容构成大致如下:

第一部分为韩语语音知识介绍及字母、发音练习,让零起点的读者完成入门必经过程;

后面的几大部分则均为实用口语句型,句型按功能、场景分类列举出最关键、常用的地道口语句子,供学习者练习。练习形式活泼多样,目的在于反复强化,加深印象。

此外,《口语速成班》系列为有声书籍,书中外文部分均配备有非常高质量的MP3录音,朗读者为专业的各国母语播音员。录音能为读者提供正确的发音范本,以便模仿。读者只要跟着录音听、说,就会发现自己的口语水平在自信和喜悦中飞速提高。

最后要感谢本套书的丛书主编宋健榕先生,谢谢他的深谋远虑及细致的谋划,还要谢谢朴京旭先生,没有他的努力,本分册内容不可能如此精彩纷呈。本书如果有任何的错漏之处,欢迎大家向我们批评指正,以便我们在重印中完善。谢谢各位垂顾!

目录
목록

I 韩国语字母简介 한국어 자모 소개 1
1. 韩国语字母表 한국어자모표 1
2. 元音 모음 4
   (1) 单元音 홑모음 4
   (2) 双元音 겹모음 15
3. 辅音 자음 27
4. 发音技巧表 한국어자모표 49

II 日常问候 일상용 인사 50
1. 初次见面 첫 대면 50
2. 问候 안부를 물을 때 54
3. 见面与分离 만남과 이별 57
4. 感谢与道歉 감사와 사과 61

III 介绍 소개 64
1. 自我介绍 자기소개 64
2. 介绍他人 타인소개 67

IV 家庭用语 가정용어 70
1. 对家人的问候 가족에 대한 안부 70
2. 居住文化 거주문화 73
3. 吃饭 식사 76
4. 家务 가무 79
5. 使用电话 전화사용 82
6. 邀请 초대 85
7. 访问 방문 88

I

V 去往目的地 목적지로 가기 ... 92
1. 问路 길 묻기 ... 92
2. 坐公交 버스 타기 ... 96
3. 坐出租 택시 타기 ... 100
4. 坐地铁 지하철 타기 ... 104

VI 公共场所 공공장소 ... 107
1. 约定 약속 ... 107
2. 邮局 우체국 ... 110
3. 美容，美发院 미용실, 미장실 ... 114
4. 剧场 극장 ... 118
5. 医院 병원 ... 122
6. 学校 학교 ... 125

VII 餐饮 음식 ... 128
1. 韩国料理店 한국요리점 ... 128
2. 中国料理店 중국요리점 ... 132
3. 咖啡店 커피숍 ... 135
4. 小吃 포장마차 ... 138
5. 预定与配送 예약과 배달 ... 141

VIII 购物 구매 ... 144
1. 超市 슈퍼마켓 ... 144
2. 商场 백화점 ... 148
3. 市场 시장 ... 152
4. 书店 서점 ... 155

IX 运动与休闲 운동과 여가활동 ... 159
1. 田径 육상 ... 159
2. 足球 축구 ... 163
3. 游泳，骑自行车 수영,자전거 타기 ... 166
4. 游戏 게임 ... 169
5. 假日 휴일 ... 172
6. 节日 명절 ... 175

X 旅游 여행 179
1. 观光计划 여행계획 179
2. 观光娱乐 관광오락 183
3. 照相 사진찍기 187
4. 意外事故 의외사고 190

XI 出国，回国 출국，귀국 193
1. 出国留学 외국유학 193
2. 护照与签证 여권과 비자 197
3. 订机票 비행기 티켓 예약 200
4. 通关 통관 204
5. 出国前的问候，回国时的问候 출국때의 인사, 귀국때의 인사 207

XII 宾馆 호텔 210
1. 前厅部 카운터
  (1) 客房预订 객실 예약 211
  (2) 迎宾部 영빈부 212
  (3) 退房 체크 아웃 212
2. 客房部 룸
  (1) 打扫房间 객실 청소 215
  (2) 客人抱怨 손님의 불만 216

XIII 社交 사교 218
1. 忘记与提醒 잊음과 일깨움 218
2. 请求，拒绝 청구와 거절 222
3. 送、收礼物 선물 주고받기 225
4. 转述与转交 전달 228
5. 赞同与反对 찬성과 반대 231
6. 称赞与被称赞 칭찬과 칭찬받기 235
7. 批评与被批评 비평과 비평받기 238
8. 祝贺与鼓励 축하와 격려 242

XIV 工作 업무 246
1. 找工作 일자리 찾기 246
2. 面试 면접 250

III

3. 在办公室 사무실에서 253
   4. 聚餐 회식 256

XV 自然 자연 259
   1. 节气与天气 절기와 날씨 259
   2. 环境 환경 263
   3. 动植物 동식물 267
   4. 灾害 재해 270
   5. 自然资源 자연자원 273

XVI 情感 감정 276
   1. 高兴与悲伤 기쁨과 슬픔 276
   2. 喜欢与厌恶 좋아함과 싫어함 280
   3. 愤怒与苦恼 분노와 고뇌 283
   4. 担心与紧张 걱정과 긴장 286
   5. 吃惊与感叹 경악과 감탄 289
   6. 抱怨与无奈 원망과 부득이함 292
   7. 冤枉 억울함 295
   8. 感动 감동 299
   9. 犹豫 망설임 302
   10. 相信与怀疑 믿음과 의심 305

XVII 描述 묘사 308
   1. 描述家人和朋友 가족과 친구에 대한 묘사 308
   2. 描述性格 성격에 대한 묘사 312
   3. 描述外貌和衣着 외모와 의상에 대한 묘사 315
   4. 描述存在和拥有 존재와 소유에 대한 묘사 318
   5. 描述兴趣爱好 취미에 대한 묘사 321
   6. 描述过去的经历 지나간 경력에 대한 묘사 325
   7. 描述将来的打算 장래의 계획 328

XVIII 社会 사회 331
   1. 国家 국가 331
   2. 战争 전쟁 334
   3. 政治 정치 337
   4. 宗教 종교 340
   5. 社会问题 사회문제 344

IV

XIX 文化 문화 348
1. 文学 문화 348
2. 音乐 음악 352
3. 历史 역사 355
4. 科学 과학 358
5. 传统 전통 362
6. 艺术 예술 366

XX 大众传媒 대중매체 369
1. 电视 텔레비전 369
2. 电脑 컴퓨터 373
3. 杂志 잡지 376
4. 广告 광고 379

I 韩国语字母简介
한국어 자모 소개

1. 韩国语字母表 한국어자모표

韩国语属于中亚的乌拉尔-阿尔泰语系。韩国文字被称为韩文,是一种字母音节文字。以音节为单位进行标记,韩国语有40个字母。其中有21个元音和19个辅音。具体如下:

元音 모음 [moeum]

10个单元音(단모음)

ㅏ[a]	ㅓ[eo]	ㅗ[o]	ㅜ[u]	ㅡ[eu]	ㅣ[i]	ㅐ[ae]	ㅚ[oe]	ㅔ[e]	ㅟ[wi]

11个双元音(이중모음)

ㅑ[ya]	ㅕ[yeo]	ㅛ[yo]	ㅠ[yu]	ㅒ[yae]	ㅖ[ye]
ㅘ[wa]	ㅝ[wo]	ㅞ[we]	ㅙ[wae]	ㅢ[ui]	

辅音 자음 [jaeum]

5个松音(예사소리):ㄱ[g,k], ㄷ[d,t], ㅂ[b.p], ㅅ[s], ㅈ[j]
5个送气音(거센소리):ㅋ[k], ㅌ[t], ㅍ[p], ㅊ[ch], ㅎ[h]
5个紧音(된소리):ㄲ[gg], ㄸ[tt], ㅃ[pp], ㅉ[jj], ㅆ[ss]
4个响音(鼻音)(울림소리):ㄴ[n], ㅁ[m], ㅇ[ng], ㄹ[r.l]

韩文的构成:
(1) 由元音构成。如:아, 어
(2) 由"辅音+元音"构成。如:가, 머
(3) 由"元音+辅音+辅音"构成。如:옮
(4) 由"辅音+元音+辅音+辅音"。如:핥, 싫

从上面的例子可以看出，韩国语的辅音不仅可以在音节的开头与元音结合，还可以在元音后作为收音发音。韩国语的收音共有23个，其中有单收音14个，双收音13个。但收音在实际发音时，共有7种。下面由实际发音的角度分类：

单收音（홑받침）共有16个，即19个辅音中除掉ㄸ、ㅃ、ㅉ等3个紧音。

两个辅音做收音的叫双收音(겹받침)。双收音11个。但收音在实际发音时，共有7种。下面由实际发音的角度分类：

收音（韵尾）받침[batchim]
(1) 发"ㄱ"音：ㄱ，ㅋ，ㄲ，ㄺ
(2) 发"ㄷ"音：ㄷ，ㅌ，ㅅ，ㅆ，ㅈ，ㅊ，ㅎ
(3) 发"ㅂ"音：ㅂ，ㅍ，ㅄ，ㄼ，ㄿ
(4) 发"ㄴ"音：ㄴ，ㄵ，ㄶ
(5) 发"ㄹ"音：ㄹ，ㄽ，ㅀ，ㄾ
(6) 发"ㅁ"音：ㅁ，ㄻ
(7) 发"ㅇ"音：ㅇ

韩国语字母表
한국어자모표

辅音 元音	ㄱ [g]	ㄴ [n]	ㄷ [d]	ㄹ [r]	ㅁ [m]	ㅂ [b]	ㅅ [s]	ㅇ [o]	ㅈ [j]
ㅏ [a]	가	나	다	라	마	바	사	아	자
ㅑ [ya]	갸	냐	댜	랴	먀	뱌	샤	야	쟈
ㅓ [eo]	거	너	더	러	머	버	서	어	저
ㅕ [yeo]	겨	녀	뎌	려	며	벼	셔	여	져
ㅗ [o]	고	노	도	로	모	보	소	오	조
ㅛ [yo]	교	뇨	됴	료	묘	뵤	쇼	요	죠
ㅜ [u]	구	누	두	루	무	부	수	우	주
ㅠ [yu]	규	뉴	듀	류	뮤	뷰	슈	유	쥬
ㅡ [eu]	그	느	드	르	므	브	스	으	즈
ㅣ [i]	기	니	디	리	미	비	시	이	지
ㅐ [ae]	개	내	대	래	매	배	새	애	재
ㅒ [yae]	걔	냬	댸	럐	먜	뱨	섀	얘	쟤
ㅔ [e]	게	네	데	레	메	베	세	에	제
ㅖ [ye]	계	녜	뎨	례	몌	볘	셰	예	졔
ㅘ [wae]	과	놔	돠	롸	뫄	봐	솨	와	좌
ㅚ [oe]	괴	뇌	되	뢰	뫼	뵈	쇠	외	죄
ㅝ [wo]	궈	눠	둬	뤄	뭐	붜	숴	워	줘
ㅞ [we]	궤	눼	뒈	뤠	뭬	붸	쉐	웨	줴
ㅟ [wi]	귀	뉘	뒤	뤼	뮈	뷔	쉬	위	쥐
ㅢ [ui]	긔	늬	듸	릐	믜	븨	싀	의	즤

韩国语字母表
한국어자모표

续表

辅音 元音	ㅊ [ch]	ㅋ [k]	ㅌ [t]	ㅍ [p]	ㅎ [h]	ㄲ [gg]	ㄸ [tt]	ㅃ [pp]	ㅆ [ss]	ㅉ [jj]
ㅏ [a]	차	카	타	파	하	까	따	빠	싸	짜
ㅑ [ya]	챠	캬	탸	퍄	햐	꺄	땨	뺘	쌰	쨔
ㅓ [eo]	처	커	터	퍼	허	꺼	떠	뻐	써	쩌
ㅕ [yeo]	쳐	켜	텨	펴	혀	껴	뗘	뼈	쎠	쪄
ㅗ [o]	초	코	토	포	호	꼬	또	뽀	쏘	쪼
ㅛ [yo]	쵸	쿄	툐	표	효	꾜	뚀	뾰	쑈	쬬
ㅜ [u]	추	쿠	투	푸	후	꾸	뚜	뿌	쑤	쭈
ㅠ [yu]	츄	큐	튜	퓨	휴	뀨	뜌	쀼	쓔	쮸
ㅡ [eu]	츠	크	트	프	흐	끄	뜨	쁘	쓰	쯔
ㅣ [i]	치	키	티	피	히	끼	띠	삐	씨	찌
ㅐ [ae]	채	캐	태	패	해	깨	때	빼	쌔	째
ㅒ [yae]	챼	컈	턔	퍠	햬	꺠	떄	뺴	썌	쨰
ㅔ [e]	체	케	테	페	헤	께	떼	뻬	쎄	쩨
ㅖ [ye]	쳬	켸	톄	폐	혜	꼐	뗴	뼤	쎼	쪠
ㅘ [wae]	촤	콰	톼	퐈	화	꽈	똬	뽜	쏴	쫘
ㅚ [oe]	최	쾨	퇴	푀	회	꾀	뙤	뾔	쐬	쬐
ㅝ [wo]	춰	쿼	퉈	풔	훠	꿔	뚸	뿨	쒀	쭤
ㅞ [we]	췌	퀘	퉤	풰	훼	꿰	뛔	뼤	쒜	쮀
ㅟ [wi]	취	퀴	튀	퓌	휘	뀌	뛰	쀠	쒸	쮜
ㅢ [ui]	츼	킈	틔	픠	희	끠	띄	쁴	씌	찍

(1) 单元音 홀모음

01 ㅏ [a]

아이 [ai]：小孩

拼写方法 정서법 [jeongseobeop]

发音要点 발음 요법 [bareumyobeop]

嘴自然张开，舌头接触下齿龈，但不要贴上，嘴唇不要紧张，也不要成圆形。发音与汉语拼音的"a"相似，但比"a"稍靠后。

单词 단어 [daneo]

韩文	拼音	词性	中文	韩文	拼音	词性	中文
아저씨	ajeossi	名词	叔叔	자다	jada	动词	睡觉
아름답다	areumdapda	形容词	美丽	아우	au	名词	弟弟
아프다	apeuda	动词	疼	하다	hada	动词	做
사과	sagwa	名词	苹果	한복	hanbok	名词	韩服

单句训练 단문짓기 [danmunjitgi]

맛있습니다
Masitseumnida
好吃

한잔 더 해요
hanjan deo haeyo
再来一杯吧

한복이 참 예쁘네요!
hanbogi cham yeppeuneyo!
韩服真漂亮！

사과가 정말 맛있어요
Sagwaga jeongmal masitseoyo
苹果真好吃

나에게 연락해요
na-ege yeonrakaeyo
跟我联系

다리가 아파요
dariga apayo
腿疼

말연습
[malyeonseup]

아이의 이가 아파서 의사가 의아해한다.
Aiui iga apa seo uisaga uiahaehanda.

02 ㅓ [eo]

어머니 [eomeoni]：妈妈

 정서법
[jeongseobeop]

发音要点 발음 요법
[bareumyobeop]

口形比"ㅏ"小一些，舌后部稍微抬起，嘴唇不要紧张，也不要成圆形。玻(bo)、摸(mo)中的（o）与它有些相似。

单词 단어
[daneo]

韩文	拼音	词性	中文	韩文	拼音	词性	中文
어머니	eomeoni	名词	妈妈	먹다	meokda	动词	吃
선녀	seonnyeo	名词	仙女	거미	geomi	名词	蜘蛛
업다	eopda	动词	背	서다	seoda	动词	停、站
젓가락	jeotgarak	名词	筷子	허수아비	heosuabi	名词	稻草人

单句训练 단문짓기
[danmunjitgi]

잘 먹었습니다.
Jal meogeotseumnida
谢谢招待

어른이 됐어요
eoreuni dwaetseoyo
成大人了

어머니의 사랑
eomeoniui sarang
妈妈的爱

거미가 기다
geomiga gida
蜘蛛在爬

허수아비를 세우다
heosuabireul se-uda
立稻草人

아이를 업다
aireul eopda
背小孩

绕口令 말연습 [malyeonseup]

서울특별시 특허허가과 허가과장 허과장.
Seo-ulteukbyeolsi teukeoheogagwa heogagwajang heogwajang.

03 ㅗ [o]

오이 [oi]：黄瓜

拼写方法 정서법 [jeongseobeop]

发音要点 발음 요법 [bareumyobeop]

嘴稍微张开，舌后部抬起，双唇向前拢成圆形。与汉语拼音的"o"相似，但比"o"口形要小且圆。

单词 단어 [daneo]

韩文	拼音	词性	中文	韩文	拼音	词性	中文
오이	oi	名词	黄瓜	곱다	gopda	形容	漂亮
봄	bom	名词	春	고기	gogi	名词	肉
옳다	olta	形容词	对，正确	모	mo	动词	苗
보이다	boyida	动词	看见	놀다	nolda	动词	玩

단문짓기 [danmunjitgi]

오이가 길다
Oiga gilda
黄瓜长

얼굴이 곱다
eolguri gopda
脸蛋漂亮

봄이 왔어요
bomi watseoyo
春天来了

고기가 맛있다
Gogiga masitda
肉好吃

밖에서 놀다
bakkeseo nolda
在外边玩

옳은 행위
oreun haeng-wi
正确的行为

谚语 성구, 속담
[seonggu, sokdam]

오르지 못할 나무는 쳐다보지 말랬다.
oreuji motal namuneun chyeodaboji mallaetda.
不要为达不成的目标而努力。

04 ㅜ [u]

 아우 [au] : 弟弟

拼写方法 정서법
[jeongseobeop]

发音要点 발음 요법
[bareumyobeop]

口形比 "ㅗ" 小一些，双唇向前拢成圆形。与汉语拼音的韵母 "u" 相似。

单词 단어
[daneo]

韩文	拼音	词性	中文	韩文	拼音	词性	中文
우유	uyu	名词	牛奶	부부	bubu	动词	夫妇
묻다	mutda	动词	问	무	mu	名词	萝卜
붓다	butda	动词	倒	두부	dubu	名词	豆腐
누구	nugu	代词	谁	꿈	ggum	名词	梦

单句训练 단문짓기 [danmunjitgi]

우유를 마시다
Uyureul masida
喝牛奶

길을 묻다
gireul mutda
问路

두부를 사다
dubureul sada
买豆腐

누구를 찾습니까?
Nugureul chatseumnikka?
找谁？

의지가 굳세다
Uijiga gutseda
意志坚强

무를 뽑다
mureul ppopda
拔萝卜

绕口令 말연습 [malyeonseup]

누구 구두에 묻은 눈.
Nugu gudue mudeun nun.

05 [eu]

뜨다 [tteuda] : 飞

拼写方法 정서법 [jeongseobeop]

①

发音要点 발음 요법 [bareumyobeop]

发音时，口稍微张开，舌头向上腭翘起来。汉语中没有与其相对应的元音，但与发"资，慈，思"时的韵母音较相近。

单词 [daneo]

韩文	拼音	词性	中文	韩文	拼音	词性	中文
그림	geurim	名词	画	모으다	mo-euda	动词	聚集
끄다	kkeuda	动词	熄灭	느리다	neurida	形容词	慢
긋다	geutda	动词	划	가늘다	ganeulda	形容词	细

韩文	拼音	词性	中文	韩文	拼音	词性	中文
나그네	nageune	名词	过客	슬프다	seulpeuda	形容词	悲哀

单句训练 단문짓기 [danmunjitgi]

그림을 그리다
Geurimeul geurida
画画

돈을 모으다
doneul mo-euda
攒钱

불을 끄다
bureul kkeuda
熄火

속도가 느리다
Sokdoga neurida
速度慢

선을 긋다
seoneul geutda
划线

바늘이 가늘다
baneuri ganeulda
针细

谚语 성구, 속담 [seonggu, sokdam]

은혜를 원수로 갚는다.
eunhyereul wonsuro gapneunda.
恩将仇报。

06 ｜ [i]

이 [i] : 牙齿

拼写方法 정서법 [jeongseobeop]

发音要点 발음 요법 [bareumyobeop]

与汉语拼音的"yi"相似。

단어
[daneo]

韩文	拼音	词性	中文	韩文	拼音	词性	中文
이미지	imiji	名词	形象	기세	gise	名词	气势
힘들다	himdeulda	形容词	累	비	bi	名词	雨
디딤돌	didimdol	名词	垫脚石	심다	simda	动词	种
씻다	ssitda	动词	洗	깁다	gipda	名词	缝补

 단문짓기
[danmunjitgi]

이미지가 좋다
Imijiga jota
形象好

기세가 사납다
gisega sanapda
气势汹涌

나무를 심다
namureul simda
种树

비가 내리다
Biga naerida
下雨

손을 씻다
soneul ssitda
洗手

힘들게 살다
himdeulge salda
活得累

 성구, 속담
[seonggu, sokdam]

이와 잇몸 사이다
iwa itmon saida
手足之情

 [ae]

개 [gae]: 狗

 정서법
[jeongseobeop]

发音要点 발음 요법 [bareumyobeop]

嘴张的比"ㅏ"要小一些，嘴唇向两边拉紧一点，舌尖顶住下齿，舌面抬起靠近硬腭，这时舌面左右两边夹在上下齿之间，舌面与硬腭形成扁的椭圆形。

单词 단어 [daneo]

韩文	拼音	词性	中文	韩文	拼音	词性	中文
개나리	gaenari	名词	迎春花	냄새	naemsae	名词	味
대추	daechu	名词	枣	배	bae	名词	梨
맴돌다	maemdolda	动词	打转	햇살	haetssal	名词	阳光
냇가	naetgga	名词	河边	샘물	saemmul	名词	泉水

单句训练 단문짓기 [danmunjitgi]

냄새를 맡다
Naemsaereul matda
闻味儿

배를 따다
baereul ttada
摘梨

나라를 빼앗기다
narareul ppae-atgida
失去祖国

샘물이 맑다
Saemmuri makda
泉水清

주위를 맴돌다
juwireul maemdolda
在周围打转儿

대추가 달리다
daechuga dallida
结枣了

谚语 성구, 속담 [seonggu, sokdam]

애늙은이다
aeneulgeunida
老小孩

08 ㅔ [e]

게 [ge]：螃蟹

拼写方法 정서법 [jeongseobeop]

发音要点 발음 요법 [bareumyobeop]

口形比"ㅐ"要小一些，嘴唇两边放松，舌尖顶住下齿，这时舌面硬腭之间比"ㅐ"圆。与汉语拼音中"ye,jie"的韵母e发音近似。

单词 단어 [daneo]

韩文	拼音	词性	中文	韩文	拼音	词性	中文
게사니	gesani	名词	鹅	메아리	meari	名词	回音
베다	beda	动词	枕	세상	sesang	名词	世界
세다	seda	动词	数	네티즌	netijeun	名词	网民
게임	geim	名词	游戏	데려오다	deryeooda	动词	领来

单句训练 단문짓기 [danmunjitgi]

메아리가 울리다
Meariga ullida
回音响

아름다운 세상
areumdaun sesang
美丽的世界

게임을 하다
geimeul hada
玩游戏

별을 세다
Byeoreul seda
数星星

동생을 데려오다
dongsaeng-eul deryeooda
带弟弟来

베개를 베다
begaereul beda
枕枕头

谚语 성구, 속담 [seonggu, sokdam]

굼벵이도 구르는 재주는 있다.
gumbeng-ido gureuneun jaejuneun itda.
再不起眼的人也有自己的本事。

09 [oe]

 [noe]：脑

拼写方法 정서법 [jeongseobeop]

发音要点 발음 요법 [bareumyobeop]

嘴张的与"ㅗ"相同，但舌位及舌形与"ㅔ"相同。练习时，先发一个"ㅔ"，然后变一下口形再发一个"ㅚ"，就这样可以交替练习。

单词 단어 [daneo]

韩文	拼音	词性	中文	韩文	拼音	词性	中文
외토리	oetori	名词	光棍儿	쇠뭉치	soemungchi	名词	铁块
괴물	goemul	名词	怪物	뇌수	noesu	名词	脑髓
죄	joe	名词	罪	뵙다	boepda	动词	拜见
후회	huhoe	名词	后悔	되다	doeda	名词	成为

单句训练 단문짓기 [danmunjitgi]

외토리로 되다
Oetoriro deoda
成了光棍儿

쇠뭉치를 쥐다
soemungchireul jwida
拿着铁棒

괴물이 나타나다
goemuri natanada
出现怪物

찾아뵙다
Chajaboepda
拜访

후회를 하다
huhoereul hada
悔悟

학생이 되다
haksaengi doeda
成为学生

绕口令 말연습 [malyeonseup]

외삼촌이 외지에서 와서 왜 우릴 외면하는지.
oesamchoni oejieseo waseo wae uril oemyeonhaneunji.

⑩ ㅟ [wi]

귀 [gwi] : 耳朵

拼写方法 정서법 [jeongseobeop]

发音要点 발음 요법 [bareumyobeop]

口形与"ㅜ"相同，但舌位及舌形与"ㅣ"相同。练习时，先发一个"ㅜ"，然后变一下口形再发一个"ㅟ"，就这样可以交替练习。

单词 단어 [daneo]

韩文	拼音	词性	中文	韩文	拼音	词性	中文
위병	wibyeong	名词	胃病	위험하다	wiheomhada	行词	危险
귀	gwi	名词	耳朵	뒤	dwi	名词	后
쉬다	swida	动词	休息	귀엽다	gwiyeopda	形词	可爱
뉘우치다	nwiuchida	动词	悔悟	쥐	jwi	名词	老鼠

单句训练 단문짓기 [danmunjitgi]

위병에 걸리다
Wibyeong-e geollida
得胃病

위험한 곳
wiheomhan got
危险的地方

귀여운 동생
gwiyeoun dongsaeng
可爱的妹妹

쥐를 잡다
Jwireul japda
抓老鼠

귀가 밝다
gwiga bakda
耳朵灵

쉬며 가다
swimyeo gada
边休息边走

谚语 성구, 속담 [seonggu, sokdam]

윗물이 맑아야 아랫물이 맑다.
Witmuri malgaya araetmuri makda.
上梁不正，下梁歪。

(2) 双元音 겹모음

01 [ya]

야구 [yagu]: 棒球

拼写方法 정서법 [jeongseobeop]

发音要点 발음 요법 [bareumyobeop]

先发"ㅣ",然后迅速滑到"ㅏ"。

单词 단어 [daneo]

韩文	拼音	词性	中文	韩文	拼音	词性	中文
샤워	syawo	名词	淋浴	갸륵하다	gyareukada	形容词	可嘉
뺨	ppyam	名词	腮	샴푸	syampu	名词	洗发露
야수	yasu	名词	野兽	고향	gohyang	名词	故乡

单句训练 단문짓기 [danmunjitgi]

샤워하다
Syawohada
洗淋浴

고향을 그리워하다
gohyang-eul geuriwohada
怀念故乡

야수의 본능
Yasuui bonneung
野兽的本能

뺨을 치다
ppyameul chida
打耳光

말연습
[malyeonseup]

대우 로얄 뉴로얄.
Dae-u royal nyuroyal.

 ㅕ[yeo]

여우 [yeo-u]: 狐狸

拼写方法 정서법
[jeongseobeop]

发音要点 발음 요법
[bareumyobeop]

先发"ㅣ",然后迅速滑到"ㅓ"。

 단어
[daneo]

韩文	拼音	词性	中文	韩文	拼音	词性	中文
여자	yeoja	名词	女子	겨우	gyeo-u	副词	仅仅
벼	byeo	名词	稻	며느리	myeoneuri	名词	儿媳妇
겸손하다	gyeomsonhada	形容词	谦虚	염려하다	yeomryeohada	动词	忧虑
결투	gyeoltu	名词	决斗	혀	hyeo	名词	舌

 단문짓기
[danmunjitgi]

여자친구를 만나요
Yeojachingureul mannayo
见女朋友

겨우 이 밖에 안되다
gyeou i bakke andoeda
仅仅就这些

벼를 심다
Byeoreul simda
种稻

겸손한 태도가 아주 중요하다
gyeomsonhan taedoga aju jung-yohada
谦虚的态度很重要

绕口令 말연습 [malyeonseup]

여우의 여유있는 야유.
Yeouui yeoyuitneun yayu.

03 ㅛ [yo]

ㅛ [yo]: 毯子

拼写方法 정서법 [jeongseobeop]

发音要点 발음 요법 [bareumyobeop]

先发"ㅣ"，然后迅速滑到"ㅗ"。

单词 단어 [daneo]

韩文	拼音	词性	中文	韩文	拼音	词性	中文
교과서	gyogwaseo	名词	教科书	뇨소	nyoso	名词	尿素
학교	hakgyo	名词	学校	묘지	myoji	名词	墓地
용돈	yongdon	名词	零花钱	효자	hyoja	名词	孝子

单句训练 단문짓기 [danmunjitgi]

교과서를 읽어요
Gyogwaseoreul ilgeoyo
读教科书

학교로 가요
hakgyoro gayo
上学校

효자가 될래요
Hyojaga doellaeyo
我要成孝子

용돈을 주세요
yongdoneul juseyo
给零钱吧

绕口令 말연습 [malyeonseup]

고려고 교복은 고급교복이다.
Goryeogo gyobogeun gogeupgyobogida.

04 ㅠ [yu]

슈퍼맨 [syupeomaen]: 超人

拼写方法 정서법 [jeongseobeop]

发音要点 발음 요법 [bareumyobeop]

先发"ㅣ",然后迅速滑到"ㅜ"。

单词 단어 [daneo]

韩文	拼音	词性	中文	韩文	拼音	词性	中文
유연하다	yuyeonhada	形容词	柔韧	규탄하다	gyutanhada	动词	抨击
뉴스	nyuseu	名词	新闻	슈퍼맨	syupeomaen	名词	超人
휴식	hyusik	名词	休息	융합하다	yunghapada	动词	融合

단문짓기 [danmunjitgi]

휴식시간이 됐어요
Hyusiksigani dwaetseoyo
到休息时间了

유연한 허리를 놀리다
yuyeonhan heorireul nollida
扭动柔韧的腰

 말연습 [malyeonseup]

오뉴월 감기는 개도 안 앓는다.
Onyuwol gamgineun gaedo an alneunda.

05 ㅐ [yae]

애기 [yaegi]：(说) 话

 정서법 [jeongseobeop]

발음요점 발음 요법 [bareumyobeop]

先发一个"ㅣ"，然后迅速滑到"ㅐ"，即可发出此音。

 단어 [daneo]

韩文	拼音	词性	中文	韩文	拼音	词性	中文
개	gyae	合成词	他/(她)	애기	yaegi	名词	(说)话

 단문짓기 [danmunjitgi]

걔는 좋은 애야
Gyaeneun jo-eun aeya
他是个好孩子

얘기를 나눕시다
yaegireul nanupsida
我们谈一下

 말연습 [malyeonseup]

얘가 개인지 걔가 얘인지?
yaega gyaeyinji gyaega yaeyinji?

06 ㅖ [ye]

계집 [gye jip]: 女子

 정서법 [jeongseobeop]

 발음 요법 [bareumyobeop]

先发一个"ㅣ",然后迅速滑到"ㅔ",即可发出此音。

单词 단어 [daneo]

韩文	拼音	词性	中文	韩文	拼音	词性	中文
예	ye	叹词	是	계열	gyeyeol	名词	系列
계모	gyemo	名词	继母	계시다	gyeosida	动词	在
예습	yeseup	名词	预习	예순	yesun	名词	六十

 단문짓기 [danmunjitgi]

예습이 중요해요
Yeseubi jung-yohaeyo
预习很重要。

집에 계세요?
jibe gyeseyo?
在家吗?

 성구, 속담 [seonggu, sokdam]

예쁜 세살 미운 일곱살이다.
Yeppeun sesal miun ilgopsarida.
小孩子越长大越不听话。

07 ㅘ [wa]

과일 [gwail]: 水果

拼写方法 정서법 [jeongseobeop]

发音要点 발음 요법 [bareumyobeop]

先发一个"ㅗ",然后迅速滑到"ㅏ",即可发出此音。

单词 단어 [daneo]

韩文	拼音	词性	中文	韩文	拼音	词性	中文
과일	gwayil	名词	水果	광주리	gwangjuri	名词	箩筐
봐주다	bwajuda	动词	饶恕	놔주다	nwajuda	动词	放(走)
국왕	gugwang	名词	国王	황소	hwangso	名词	黄牛

 단문짓기 [danmunjitgi]

과일이 싱싱하다
Gwairi singsinghada
水果新鲜

광주리를 틀다
gwangjurireul deulda
编筐子

 말연습 [malyeonseup]

한국관광공사 곽진광 관광과장.
Han-gukgwangwanggongsa gwakjingwang gwangwanggwajang.

08 ㅙ [wae]

왜가리 [waegari]: 苍鹭

 정서법 [jeongseobeop]

ㅣ ㅗ ㅚ ㅙ

发音要点 발음 요법 [bareumyobeop]

先发一个"ㅚ",然后迅速滑到"ㅐ",即可发出此音。

单词 단어 [daneo]

韩文	拼音	词性	中文	韩文	拼音	词性	中文
왜	wae	副词	为什么	쇄국	swaeguk	名词	锁国
왜소하다	waesohada	形容词	矮小	돼지	dwaeji	名词	猪

单句训练 단문짓기 [danmunjitgi]

체구가 왜소해요
Cheguga waesohaeyo
身材矮小

쇄국정치를 실시하다
swaegukjeongchireul silsihada
实施锁国政策

谚语 성구, 속담 [seonggu, sokdam]

돼지 멱따는 소리를 한다.
Dwaeji myeokttaneun sorireul handa.
发出杀猪般的叫声。

09 ㅟ [wo]

원 [won]: 圆

拼写方法 정서법 [jeongseobeop]

―→ ㅜ→ ㅜ=ㅟ
① ② ③ ④

发音要点 발음 요법 [bareumyobeop]

先发一个"ㅜ",然后迅速滑到"ㅓ",即可发出此音。

单词 단어 [daneo]

韩文	拼音	词性	中文	韩文	拼音	词性	中文
권투	gwontu	名词	拳击	월드컵	woldeukeop	名词	世界杯
권리	gwonri	名词	权利	원앙새	wonangsae	名词	鸳鸯

 단문짓기
[danmunjitgi]

권투를 한다
Gwontureul handa
打拳击

원을 그려요
woneul geuryeoyo
画圆

 성구, 속담
[seonggu, sokdam]

원수는 외나무다리에서 만난다.
Wonsuneun oenamudari-eseo mannanda.
冤家路窄。

⑩ ㅞ [we]

ㅞ [gwe]：柜子

拼写方法 정서법 [jeongseobeop]

发音要点 발음 요법 [bareumyobeop]

先发一个"ㅜ"，然后迅速滑到"ㅔ"，即可发出此音。与汉语拼音的"yue"相似。

 단어
[daneo]

韩文	拼音	词性	中文	韩文	拼音	词性	中文
웨이터	we-i-teo	名词	侍者	훼멸되다	hwemyeoldoeda	动词	(被)毁灭
궤	gwe	名词	柜子	웨딩드레스	wedingdeuleseu	名词	婚纱

 단문짓기
[danmunjitgi]

돈을 궤에 넣어요
Donreul gwee neoeoyo
把钱放到柜子里

지구가 훼멸된다고 한다
jiguga hwemyeoldoendago handa
听说地球要毁灭

 말연습
[malyeonseup]

웨딩드레스는 왜 외국에서 사냐?
Wedingdeuleseuneu wea woegugeseo sanya?

⑪ ㅢ [ui]

의학 [uihak]: 医学

拼写方法 정서법
[jeongseobeop]

发音要点 발음 요법
[bareumyobeop]

先发一个"ㅡ",然后迅速滑到"ㅣ",即可发出此音。

 단어
[daneo]

韩文	拼音	词性	中文	韩文	拼音	词性	中文
의사	uisa	名词	医生	의의	uiui	名词	意义

 단문짓기
[danmunjitgi]

의사가 되고 싶어요
Uisaga doego sipeoyo
想成为医生

의의 있는 하루를 보냈어요
uiui itneun harureul bonaetseoyo
过了有意义的一天

 성구, 속담
[seonggu, sokdam]

의리에 살고 의리에 죽는다.
Uirie salgo uirie jukneunda.
为朋友两肋插刀。

3. 辅音 자음

01 ㄱ [g]

구두(gudu)：皮鞋

拼写方法 정서법 [jeongseobeop]

ㄱ

发音要点 발음 요법 [bareumyobeop]

发音时，将舌面后部抬起，使舌根接触软腭，堵住气流，然后放开，使气流冲出而发声。它与汉语拼音的"g"相似，但力度要小一点。

单词 단어 [daneo]

韩文	拼音	词性	中文	韩文	拼音	词性	中文
장국	jangguk	名词	酱汤	군사	gunsa	名词	军事
갈무리	galmuri	名词	收尾	굶다	gumda	动词	饿
굽다	gupda	动词	烤	귀엽다	gwiyeopda	形容词	可爱
검다	geomda	形容词	黑	식사	siksa	名词	吃饭

单句训练 단문짓기 [danmunjitgi]

장국을 끓이다
Janggugeul kkeurida
煮酱汤

아침부터 굶었어요
achimbuteo gulmeotseoyo
从早上开始饿着

귀여운 얼굴
Gwiyeoun eolgul
可爱的脸蛋

감자를 굽다
gamjareul gupda
烤土豆

말연습
[malyeonseup]

내가 그린 기린 그림은 긴 기린 그림이고 니가 그린 기린 그림은 안 긴 기린 그림이다.

naega geurin girin geurimeun gin girin geurimigo niga geurin girin geurimeun an gin girin geurimida.

02 ㄷ [d]

두부 [dubu] : 豆腐

 정서법
[jeongseobeop]

 발음 요법
[bareumyobeop]

发音时，先用舌尖抵住上齿龈，堵住气流，然后舌尖离开上齿龈，使气流冲出，爆发、破裂成声。它与汉语拼音的"d"相似。

单词 단어 [daneo]

韩文	拼音	词性	中文	韩文	拼音	词性	中文
닭	dak	名词	鸡	묻다	mutda	动词	问
대답하다	daedapada	动词	回答	맏형	matyeong	名词	大哥
더럽다	deoreopda	形容词	脏	돋다	dotda	动词	升
싫다	silta	形容词	讨厌	더욱이	deo-ugi	副词	尤其

单句训练 단문짓기 [danmunjitgi]

닭이 홰를 쳐요.
Dalgi hwaereul chyeoyo
鸡打鸣

해는 동산에서 돋아요.
haeneun dongsaneseo dodayo
太阳从东山升起

더러운 것은 다 싫어하지요 　　맏형이 대답하였다
Deoreo-un geoseun da sireohajiyo 　*matyeong-I daedapayeotda*
　　谁都讨厌脏的 　　　　　　　大哥回答了

 말연습
[malyeonseup]

드디어 디딤돌을 딛었다.
Deudieo didimdoreul dideotda.

03 ㅂ [b]

바지 [baji]：裤子

 정서법
[jeongseobeop]

ㅣ ㅏ ㅂ ㅂ

 발음 요법
[bareumyobeop]

　　发音时，双唇紧闭并稍向前伸，堵住气流，然后用气流把双唇冲开，爆发成声。它与汉语拼音的"b"相似，但力度稍轻一点。

单词 단어
[daneo]

韩文	拼音	词性	中文	韩文	拼音	词性	中文
금붕어	geumbung-eo	名词	金鱼	부탁	butak	名词	拜托
밥	bap	名词	饭	바나나	banana	名词	香蕉
출발	chulbal	名词	出发	버둥거리다	beodunggeorida	动词	挣扎
차분하다	chabunhada	形容词	沉静	비슷하다	biseutada	形容词	相似

단문짓기
[danmunjitgi]

다리가 마비됐어요
dariga mabidwaetseoyo
腿麻痹了

비슷하게 생겼어요
biseutage saenggyeotseoyo
长的像

일단 출발합시다
Ildan chulbalhapsida
一旦出发吧

잘 부탁드립니다
jal butakdeurimnida
请多多关照

 말연습
[malyeonseup]

박범복군은 밤벚꽃놀이를 가고 방범복양은 낮벚꽃놀이를 간다.
bakbeombokguneun bambeotkkotnorireul gago bangbeombokyang-eun natbeotkkotnorireul ganda.

04 ㅅ [s]

 사랑 [sarang] : 爱

 정서법
[jeongseobeop]

 발음 요법
[bareumyobeop]

发音时，舌尖抵住下齿，舌面前部接近硬腭，使气流从舌面前部和硬腭之间的空隙处挤出来，摩擦成声。它与汉语拼音的"s"相似。

단어
[daneo]

韩文	拼音	词性	中文	韩文	拼音	词性	中文
솟다	sotda	动词	升	심다	simda	动词	种
신기하다	sin-gihada	形容词	神奇	수치스럽다	suchiseureopda	形容词	可耻
소식	sosik	名词	消息	샛별	saetbyeol	名词	晨星
세우다	se-uda	动词	立	섭섭하다	seopseopada	形容词	遗憾

 단문짓기
[danmunjitgi]

봄에 종자를 심어야 한다
Bome jongjareul simeoya handa
要在春天播种

소식을 기다려요
sosigeul gidaryeoyo
等消息吧

목표를 세우고 노력해라
Mokpyoreul se-ugo noryeokaera
确定目标后努力吧

수치스러운 일은 하지 말아야 한다
suchiseureo-un ireun haji maraya handa
不要做可耻的事

 말연습
[malyeonseup]

저기 가는 저 상장사가 새 상 상장사냐 헌 상 상장사냐.
jeogi ganeun jeo sangjangsaga sae sang sangjangsanya heon sang sangjangsanya.

 ㅈ [j]

쥐 [jwi]：老鼠

 정서법
[jeongseobeop]

发音要点 발음 요법 [bareumyobeop]

发音时，舌尖抵住下齿，舌面前部向上接触上齿龈和硬腭堵住气流，使气流冲破阻碍的同时，磨擦出声。它与汉语拼音的"z"相似。

单词 단어 [daneo]

韩文	拼音	词性	中文	韩文	拼音	词性	中文
자전거	jajeon-geo	名词	自行车	주말	jumal	名词	周末
맞다	matda	动词	挨打	재주	jaeju	名词	才能
잡다	japda	动词	抓	전기	jeon-gi	名词	电
정지하다	jeongjihada	动词	停止	제법	jebeop	副词	像样(儿)

单句训练 단문짓기 [danmunjitgi]

자전거를 타요
Jajeongeoreul tayo
骑自行车

재주가 많아요
jaejuga manayo
有很多才能

제법 어른스러워요
Jebeop eoreun seureowoyo
挺像大人

시간이 정지됐으면 좋겠어요
sigani jeongjidwaetseumyeon joketseoyo
时间能停止就好了

绕口令 말연습 [malyeonseup]

장자주와 장주자는 자주 장에 간다.
Jangjajuwa jangjujaneun jaju jang-e ganda.

06 ㅋ [k]

카드 [kadeu]：卡

 정서법
[jeongseobeop]

ㄱ ㅋ

 발음 요법
[bareumyobeop]

　　发音时，方法与辅音"ㄱ"基本相同，只是发音时要用爆破性的气流推出。它与汉语拼音的"k"相似。

 단어
[daneo]

韩文	拼音	词性	中文	韩文	拼音	词性	中文
코	ko	名词	鼻子	캄캄하다	kamkamhada	形容词	漆黑
콩	kong	名词	豆	키	ki	名词	个
켜다	kyeoda	动词	打开	크다	keuda	形容词	大，高
컴퓨터	keompyuteo	名词	电脑	칼	kal	名词	刀

单句训练 단문짓기
[danmunjitgi]

코피가 나요
Kopiga nayo
流鼻血

캄캄한 밤
kamkamhan bam
漆黑的夜晚

키가 커요
Kiga keoyo
个高

칼장난은 위험해요
kaljangnaneun wiheomhaeyo
拿刀玩是危险的

 말연습
[malyeonseup]

뒷집 콩죽은 햇콩단콩 콩죽.
Dwitjip kongjugeun haetkongdankong kongjuk.

ㅌ [t]

토마토 [tomato]：西红柿

拼写方法　정서법 [jeongseobeop]

发音要点　발음 요법 [bareumyobeop]

发音时，方法与辅音"ㄷ"基本相同，只是发音时要用爆破性的气流推出。它与汉语拼音的"t"相似。

单词　단어 [daneo]

韩文	拼音	词性	中文	韩文	拼音	词性	中文
도토리	dotori	名词	橡子	타다	tada	动词	燃烧
솥	sot	名词	锅	태풍	tae-pung	名词	台风
밑구멍	mitgumeong	名词	底洞	터무니	teomuni	名词	根据
택시	taeksi	名词	出租车	퇴장	toejang	名词	退场

单句训练　단문짓기 [danmunjitgi]

터무니 없는 소리는 그만해요
Teomuni eopneun sorineun geumanhaeyo
别说没有根据的话

화재에 의해 집이 다 타버렸다
Hwajae-e uihae jibi da tabeoryeotda
因为火灾房子都烧了

택시를 불러주세요
taeksireul bulleojuseyo
请叫一下出租车

태풍이 휘몰아쳐요
taepung-i hwimorachyeoyo
刮台风

말연습
[malyeonseup]

작은 토끼 토끼통 옆 큰 토끼 토끼통.
Jageun tokki tokkitong yeop keun tokki tokkitong.

08 ㅍ [p]

파 [pa]：葱

拼写方法 정서법
[jeongseobeop]

发音要点 발음 요법
[bareumyobeop]

发音时，方法与辅音"ㅂ"基本相同，只是发音时要用爆破性的气流推出。它与汉语拼音的"p"相似。

单词 단어
[daneo]

韩文	拼音	词性	中文	韩文	拼音	词性	中文
파리	pari	名词	苍蝇	펑펑	peongpeong	副词	纷纷
패배	paebae	名词	失败	읊다	eupda	动词	吟
푸근하다	pugeunhada	形容词	暖洋洋	폭우	pogu	名词	暴雨
풀	pul	名词	草	늪	neup	名词	沼泽

单句训练 단문짓기
[danmunjitgi]

푸근한 날씨가 좋아요
Pugeunhan nalssiga joayo
喜欢暖洋洋的天气

눈이 펑펑 내려요
nuni peongpeong naeryeoyo
雪纷纷地下

시를 읊고 있어요
Sireul eupgo itseoyo
在吟诗

소가 풀을 뜯고 있어요
soga pureul tteutgo itseoyo
牛在吃草

绕口令　말연습 [malyeonseup]

앞 집 팥죽은 붉은 팥 풋팥죽이다.
Ap jip patjugeun bulgeun pat putpatjugida.

09 大 [ch]

차 [cha]：车

拼写方法　정서법 [jeongseobeop]

发音要点　발음 요법 [bareumyobeop]

发音时,方法与辅音"ㅈ"基本相同,只是发音时要用爆破性的气流推出。它与汉语拼音的"c"相似。

单词　단어 [daneo]

韩文	拼音	词性	中文	韩文	拼音	词性	中文
차마	chama	副词	忍心	찾다	chatda	动词	找
책상	chaeksang	名词	书桌	천지	cheonji	名词	天地
쫓다	jjotda	动词	驱赶	청구	cheonggu	名词	请求
창피하다	changpihada	形容词	丢人	기초	gicho	名词	基础

 단문짓기
[danmunjitgi]

차마 말을 못 꺼내겠어요
chama mareul mot kkeonaegetseoyo
不忍心说出来

기초가 튼튼해야 한다
gichoga teunteunhaeya handa
基础要好

뒤를 쫓는 사람이 있다
Dwireul jjotneun sarami itda
有追赶的人

청구를 거절해버렸어요
cheonggureul geojeolhaebeoryeotseoyo
拒绝请求了

 말연습
[malyeonseup]

경찰청 철창살이 쇠철창살이냐 철철창살이냐.
Gyeongchalcheong cheolchangsari soecheolchangsarinya cheolcheolchangsarinya.

10 ㅎ [h]

호미 [ho mi] : 锄头

 정서법
[jeongseobeop]

 발음 요법
[bareumyobeop]

发音时，使气流从声门挤出，这时声带摩擦就发出此音。它与汉语拼音的"h"相似。

단어
[daneo]

韩文	拼音	词性	中文	韩文	拼音	词性	中文
호미	homi	名词	锄头	한숨	hansum	名词	气，一口气
하여간	hayeogan	副词	反正	행복하다	haengbokada	形容词	幸福
호기심	hogisim	名词	好奇心	홍수	hongsu	名词	洪水
화사하다	hwasahada	形容词	华丽	희망	huimang	名词	希望

 단문짓기
[danmunjitgi]

한숨을 쉬다
Hansumeul swida
叹气

호기심이 생기다
hogisimi saenggida
产生好奇心

홍수가 났어요
hongsuga natseoyo
发洪水了

희망이 보여요
huimang-i boyeoyo
看见希望了

 말연습
[malyeonseup]

저 한국항공화물항공기는 출발할 한국항공화물 항공기인가.
Jeo han-gukhanggonghwamulhanggongineun chulbal
hal han-gukhanggonghwamul hanggonggiinga.

⑪ ㄲ [kk]

깨 [kkae]：芝麻

 정서법
[jeongseobeop]

ㄱ① ㄲ②

 발음 요법
[bareumyobeop]

发音时，与辅音"ㄱ"时基本相同，只是力度上要大一点。

 단어
[daneo]

韩文	拼音	词性	中文	韩文	拼音	词性	中文
까마귀	kkamagwi	名词	乌鸦	꾸미다	kkumida	动词	摆设
깨지다	kkaejida	动词	破裂	끝	kkeut	名词	末,终
끊어지다	kkeuneojida	动词	断,中断	꽃	kkot	名词	花
꼼짝않다	kkomjjaganda	形容词	一动不动	껍질	kkeopjil	名词	皮

 단문짓기
[danmunjitgi]

까마귀가 슬피 울어요
Kkamagwiga seulpi ureoyo
乌鸦惨叫

껍질이 두꺼워요
kkeopjiri dukkeowoyo
皮厚

연락이 끊어졌어요
Yeonragi kkeuneojyeotseoyo
联系中断了

꽃이 아름다워요
kkochi areumdawoyo
花漂亮

 말연습
[malyeonseup]

상표 붙인 큰 깡통은 깐 깡통인가? 안 깐 깡통인가?
Sangpyo buchin keun kkangtong-eun kkan kkangtong-in-ga?
An kkan kkangtong-in-ga?

⑫ ㄸ [tt]

 따다 [tta da] : 摘

拼写方法 정서법 [jeongseobeop]

发音要点 발음 요법 [bareumyobeop]

发音时，与辅音"ㄷ"时基本相同，只是力度上要大一点。

单词 단어 [daneo]

韩文	拼音	词性	中文	韩文	拼音	词性	中文
또	tto	副词	又	때문에	ttaemune	副词	因为
뚜껑	ttukkeong	名词	盖	따뜻하다	ttatteutada	形容词	温暖
딸	ttal	名词	女儿	땅	ttang	名词	地
똑같다	ttokgatda	形容词	相同	뚫다	ttulta	动词	钻

单句训练 단문짓기 [danmunjitgi]

또 지각했어요
Tto jigakaetseoyo
又迟到了

따뜻한 방이 좋아요
ttatteutan bang-i jo-ayo
温暖的屋好

쌍둥이기 때문에 똑같이 생겼어요
Ssangdung-igittaemune ttokgati saenggyeotseoyo
因为是双胞胎，所以长得一样

고향땅을 떠나다
gohyangttang-eul tteonada
离开故乡

绕口令 말연습 [malyeonseup]

앞뜰에 있는 말뚝이 말 맬 말뚝이냐 말 안 맬 말뚝이냐.
aptteure itneun malttugi mal mael malttugi-nya mal an mael malttugi-nya.

⑬ ㅃ [pp]

아빠 [a ppa] : 爸爸

拼写方法 정서법 [jeongseobeop]

发音要点 발음 요법 [bareumyobeop]

发音时，与辅音"ㅂ"时基本相同，只是力度上要大一点。

单词 단어 [daneo]

韩文	拼音	词性	中文	韩文	拼音	词性	中文
뽀뽀	ppoppo	名词	吻	빨리	ppalli	副词	赶快
뿌듯하다	ppudeutada	形容词	自豪	빼빼	ppaeppae	副词	干
빵	ppang	名词	面包	뼈	ppyeo	名词	骨

单句训练 단문짓기 [danmunjitgi]

마음이 뿌듯하다
Ma-eumi ppudeutada
自豪

빨리 나오세요
ppalli naoseyo
赶快出来吧

뼈 마디가 아파요
Ppyeomadiga apayo
关节痛

뽀뽀 해줄래?
ppoppo haejullae?
给我个吻，好吗?

绕口令 말연습 [malyeonseup]

아빠뺨에 빨리 뽀뽀해줘.
Appappyame ppalli ppoppohaejwo.

14 ㅆ [ss]

씨앗 [ssi at] : 种子

拼写方法 정서법 [jeongseobeop]

丿① 人②

发音要点 발음 요법 [bareumyobeop]

发音时,与辅音"ㅅ"时基本相同,只是力度上要大一点。

单词 단어 [daneo]

韩文	拼音	词性	中文	韩文	拼音	词性	中文
싸움	ssaum	名词	战,打架	쑥	ssuk	名词	艾蒿
썩다	sseokda	动词	腐烂	멋있다	meositda	形容词	帅气
씹다	ssipda	动词	嚼	쌀	ssal	名词	米
쌓다	ssata	动词	堆	쑤시다	ssusida	动词	挑,剔

单句训练 단문짓기 [danmunjitgi]

큰 싸움이 벌어졌다
Keun ssaumi beoreojyeotda
发生了大械斗

너무 멋있게 생겼어요
neumu meositge saenggyeotseoyo
长的太帅了

쌀을 씻어라
Ssareul ssiseora
洗米吧

공적을 많이 쌓았다
gongjeogeul mani ssaatda
立了很多功

谚语 성구, 속담
[seonggu, sokdam]

달면 삼키고 쓰면 뱉는다.
Dalmyeon samkigo sseumyeon baetneunda.
只为自己的利益去选择。

⑮ ㅉ [jj]

짜다 [jjada] : 咸

拼写方法 정서법
[jeongseobeop]

发音要点 발음 요법
[bareumyobeop]

发音时，与辅音"ㅈ"时基本相同，只是力度上要大一点。

单词 단어
[daneo]

韩文	拼音	词性	中文	韩文	拼音	词性	中文
찢어지다	jjijeojida	动词	撕破	짜다	jjada	形容词	咸
짧다	jjapda	形容词	短	찜질방	jjimjilbang	名词	桑拿房
찌그러지다	jjigeureojida	动词	皱脸，走样	찌르다	jjireuda	动词	插
짜개다	jjaggada	动词	掰开	짠지	jjanji	名词	咸菜

 단문짓기
[danmunjitgi]

국이 짜다
guki jjada
汤很咸

짠지를 담그다
jjanjireul damgeuda
淹咸菜

찌그러진 얼굴
Jjigeureojin eolgul
皱脸

다리가 짧아요
dariga jjalbayo
腿短

 성구, 속담
[seonggu, sokdam]

작고 큰 것은 대봐야 안다.
Jakgo keun geoseun daebwaya anda.
只有对比才能显出大小。

⑯ ㄴ [n]

노래 [no rae] : 歌

 정서법
[jeongseobeop]

 발음 요법
[bareumyobeop]

发音时，先用舌尖抵住上齿龈，堵住气流，然后使气流从鼻腔中留出来，同时舌尖离开上齿龈，震动声带而发音。它与汉语拼音的"n"相似。

단어
[daneo]

韩文	拼音	词性	中文	韩文	拼音	词性	中文
눈	nun	名词	雪，眼	나비	nabi	名词	蝴蝶
비누	binu	名词	肥皂	내리다	naerida	动词	下
놓다	nota	动词	放	녹다	nokda	动词	融化
노래	norae	名词	歌	늙다	neukda	形容词	年老

 단문짓기
[danmunjitgi]

눈이 내려요
Nuni naeryeoyo
下雪

나비를 잡아주세요
nabireul jaba juseyo
给我抓蝴蝶吧

노래를 불러보세요
Noraereul bulleoboseyo
唱唱歌吧

시름을 놓았어요
sireumeul no-atseoyo
放心了

 말연습
[malyeonseup]

눈이 눈에 들어가서 눈물인지 눈물인지 모른다.
Nuni nune deureogaseo nunmurinji nunmurinji moreunda.

17 ㅁ [m]

모 [mo]：苗

 정서법
[jeongseobeop]

发音要点 발음 요법 [bareumyobeop]

发音时，首先紧闭嘴唇，堵住气流，然后使气流从鼻腔中流出的同时，双唇破裂成声。它与汉语拼音的"m"相似。

单词 단어 [daneo]

韩文	拼音	词性	中文	韩文	拼音	词性	中文
마음	ma-eum	名词	心	밤	bam	名词	夜（晚）
부담스럽다	budamseureopda	形容词	负担	듬직하다	deumjikada	形容词	稳重
무척	mucheok	副词	非常，十分	모두	modu	副词	全部
숨소리	sumsori	名词	呼吸声	머루	meoru	名词	山葡萄

单句训练 단문짓기 [danmunjitgi]

무척 보고 싶어요
Mucheok bogo sipeoyo
非常想念你

모두 저를 따라오세요
modu jeoreul ttaraoseyo
都跟我来吧

이 일은 저에게 부담스러워요
I ireun jeo-ege budamseureowoyo
这件事让我有负担

남자는 듬직해야 해요
namjaneun deumjikaeya haeyo
男人要稳重

绕口令 말연습 [malyeonseup]

마나 말이나 마음대로 써도 다 말이 된다.
Mana marina ma-eumdaero sseodo da mari doenda.

18 ㅇ [eu]

공 [gong] : 球

정서법
[jeongseobeop]

 발음 요법
[bareumyobeop]

做为字的首音时不发音，只是起到装饰作用。做收音（韵尾）时发[ŋ]音。

单词 단어 [daneo]

韩文	拼音	词性	中文	韩文	拼音	词性	中文
운명	unmyeong	名词	命运	배우다	bae-uda	动词	学
앵무새	aengmusae	名词	鹦鹉	외삼촌	oesamchon	名词	舅舅
웅장하다	ungjanghada	形容词	雄壮	옹달샘	ongdalsaem	名词	小泉
어처구니	eocheogu-ni	名词	根据	이별	ibyeol	名词	离别

 단문짓기
[danmunjitgi]

자신의 운명은 자신이 선택하라
Jasinui unmyeongeun jasini seontaekara
自己的命运要自己选择

학교에서 많은 걸 배우지
hakgyo-eseo maneun geol bae-uji
在学校多学东西吧

앵무새가 말을 따라해요
Aengmusaega mareul ttarahaeyo
鹦鹉在学舌

애인과 슬픈 이별을 했어요
aein-gwa seulpeun ibyeoreul haetseoyo
跟爱人伤心地离别了

 말연습
[malyeonseup]

된장공장 공장장은 공공장장이다.
Doenjanggongjang gongjangjang-eun gonggongjangjang-ida.

ㄹ [r,l]

파리 [pari] : 苍蝇

拼写方法 정서법 [jeongseobeop]

发音要点 발음 요법 [bareumyobeop]

发音时，先使舌尖和上齿龈接近，然后使气流通过口腔，这是舌尖轻轻震弹一下而发声。

单词 단어 [daneo]

韩文	拼音	词性	中文	韩文	拼音	词性	中文
라면	ramyeon	名词	方便面	런던	reondeon	名词	伦敦
말	mal	名词	马	놀라다	nollada	形容词	吃惊
리드	rideu	名词	率领	라이벌	rayibeol	名词	竞争者
물	mul	名词	水	술	sul	名词	酒

单句训练 단문짓기 [danmunjitgi]

라면을 끓여먹어요
Ramyeoneul kkeuryeomeogeoyo
煮方便面吃

어린애가 말을 배워요
eorinaega mareul baewoyo
小孩在学话

물을 마셔요
Mureul masyeoyo
喝水

술에 취했어요
sure chwihaetseoyo
喝醉了

绕口令 말연습 [malyeonseup]

얄리얄리 얄랑셩 얄라리 얄라.
yalliyalli yallangsyeong yallari yalla.

4. 发音技巧表 발음기교도표

元音发音技巧表（单元音）：

张嘴开口度

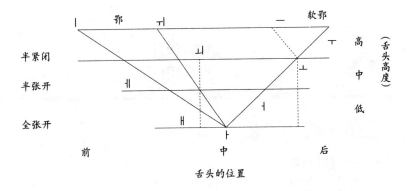

舌头的位置

辅音发音技巧表

辅音			唇音	舌音			喉头音
				舌尖音		舌根音	
				齿音	硬口盖音	软口盖音	
噪音辅音	破裂音	柔音	ㅂ	ㄷ		ㄱ	
		烈音	ㅍ	ㅌ		ㅋ	
		紧音	ㅃ	ㄸ		ㄲ	
	破擦音	柔音			ㅈ		
		烈音			ㅊ		
		紧音			ㅉ		
	摩擦音	柔音			ㅅ		ㅎ
		紧音			ㅆ		
响音辅音	鼻音		ㅁ	ㄴ		ㅇ	
	跳音			ㄹ			

II 日常问候
일상용 인사

初次见面
첫 대면

常用句型 상용문구
[sang yong mun gu]

01 안녕하세요.
Annyeonghaseyo.
您好（你好）。

02 처음 뵙겠습니다.
Cheo-eum boepgetseumnida.
初次见面。

03 만나서 반갑습니다.
Mannaseo ban-gapseumnida.
见到你很高兴。

04 잘 부탁드립니다.
Jal butakdeurimnida.
请多多关照。

05 …이라고 합니다.
Irago hamnida.
我叫……

06 안녕히 계세요.
Annyeonghigyeseyo.
再见（离开者）。

•07 안녕히 가세요.
Annyeonghigaseyo.
再见（送客者）。

实用会话 실용회화 [silyonghoehwa]

이명: 안녕하세요.
imyeong: *Annyeonghaseyo.*
李明: 你好。

현수: 안녕하세요. 성함이 어떻게 되세요?
hyeonsu: *Annyeonghaseyo. Seonghami eotteoge doeseyo?*
贤洙: 你好。你叫什么名字？

이명: 이명이라고 합니다. 북경대학 학생입니다.
imyeong: *I myeong-irago hamnida. Bukgyeongdaehak haksaeng-imnida.*
李明: 我叫李明。是北京大学的学生。

현수: 저는 박현수라고 합니다. 서울대학교 학생입니다. 만나서 반갑습니다.
hyeonsu: *Jeoneun bakhyeonsurago hamnida. Seo-uldaehakgyo haksaeng-imnida. Mannaseobangapseumnida.*
贤洙: 我叫朴贤洙，是首尔大学的学生。见到你很高兴。

이명: 저두요. 잘 부탁드립니다.
imyeong: *Jeoduyo. Jal butakdeurimnida.*
李明: 我也是，请多多关照。

현수: 죄송하지만 나이는 어떻게 되세요?
hyeonsu: *Joesonghajiman naineun eotteoke doeseyo?*
贤洙: 不好意思，你几岁了？

이명: 스무세살입니다.
imyeong: *Seumusesarimnida.*
李明: 我二十三了。

현수: 저하고 동갑이네요. 그럼 우리 편하게 지내요.
hyeonsu: *Jeohago donggabineyo. Geureom uri pyeonhage jinaeyo.*
贤洙: 跟我同岁啊。那我们随便点吧。

이명: 네, 현수 씨 취미는 뭐예요?
imyeong: Ne, hyeonsu ssi chwimineun mwoyeyo?
李明: 好, 贤洙你的爱好是什么?

현수: 저는 축구와 음악을 좋아합니다.
hyeonsu: Jeoneun chukguwa eumageul jotahamnida.
贤洙: 我喜欢足球和音乐。

이명: 잘 됐네요. 저하고 취미가 같군요. 이제 기회가 있으면 같이 축구를 합시다
imyeong: Jal dwaetneyo. Jeohago chwimiga gatgunyo. Ije gihoega itseumyeon gachi chukgureul hapsida
李明: 太好了。跟我一个爱好啊。以后有机会一起踢球吧。

현수: 네, 그러지요.
hyeonsu: Ne, geureojiyo.
贤洙: 好的。

02

유학생기숙사   留学生公寓
Yuhaksaengisuksa

이명: 처음뵙겠습니다. 이명이라고 합니다.
imyeong: Cheo-eumboepgetseumnida. Imyeong-irago hamnida.
李明: 初次见面, 我叫李明。

현수: 안녕하세요. 저는 박현수입니다. 한국에 왜 유학을 오게 됐어요?
hyeonsu: Annyeonghaseyo. Jeoneun pakhyeonsuimnida. Han-guge wae yuhageul oge dwaetsseoyo?
贤洙: 你好。我是朴贤洙。为什么来韩国留学了呢?

이명: 한국어를 배우러 왔습니다.
imyeong: Han-gugeoreul bae-ureo watseumnida.
李明: 来学习韩国语。

현수: 한국어를 잘 배우려면 한국친구를 많이 사귀어서 한국말을 자주 해야 돼요.
hyeonsu: Han-gugeoreul jal bae-uryeomyeon han-gukchin-gureul mani sagwieoseo han-gukmareul jaju haeya dwaeyo.
贤洙: 要想学好韩国语就得交很多韩国朋友, 多讲才行。

이명: 그래요? 그럼, 현수 씨가 저의 친구로 되어줄 수 있어요?
imyeong: Ne, geuraeyo? Geureom, hyeonsusiga jeoui chin-guro doeeojul su itseoyo?
李明: 哦, 是吗? 那贤哲你能做我的朋友吗?

현수: 물론이죠. 저도 중국친구를 사귀게 되어서 너무 좋습니다. 그럼 저에게도 중국어를 가르쳐 주실거죠?
hyeonsu: Mullonijyo. Jeodo jonggukchin-gureul sagwige doeeoseo neomu jotseumnida. geureom jeo-egedo junggugeoreul gareuchyeo jusil geojyo?
贤洙: 当然了。能交上中国朋友我也很高兴。那你也能教我汉语吗?

이명: 우리 서로 도우며 잘 지내요. 만나서 정말 반갑습니다.
imyeong: Uri seoro doumyeo jal jinaeyo. Mannaseo jeongmal ban-gapseumnida.
李明: 我们互相帮助好好相处吧。见到你很高兴。

현수: 저도요. 잘 부탁드립니다.
hyeonsu: Jeodoyo. Jal butakdeurimnida.
贤洙: 我也是,请多多关照。

会话补充理解 회화보충이해 [hoehwabochung-ihae]

在韩语中"그럼"有两个常用的意思。一是只用这个词的时候,它就表示"当然"、还有一个就是用在句子的最前部分的时候,如:"그럼 저는 이만 실례하겠습니다。"(那我先失礼了),在这儿就是"那"。

在韩语中"안녕하세요"是初次见面时的问候,不仅表示您好的意思,也可以表示早上好,中午好等一系列打招呼用语。无论在什么场合"안녕하세요"是一种表示对对方的很普遍的问候语,不分对方是什么身份(如老师,陌生人,朋友等),都可使用,表示你好。还有一点是根据时间,场合不同,这句话也可以表示为再见的意思.只要把"안녕하세요"改变为"안녕","안녕히"的时候,"안녕"既表示你好,也表示再见,根据情况(如见面时候说表示你好,离开时候说表示再见)。而"안녕히"只表示再见。

单词 단어 [daneo]

中文	词性	韩文	拼音	中文	词性	韩文	拼音
朋友	名词	친구	chingu	爱好	名词	취미	chwimi
大学生	名词	대학생	daehaksaeng	音乐	名词	음악	eumak
学习	动词	공부하다	gongbuhada	留学	动词	유학하다	yuhakada
机会	名词	기회	gihoe	球	名词	공	gong

问候
안부를 물을 때

 상용문구
[sang yong mun gu]

・01 그동안 안녕하셨어요?
Geudong-an annyeonghasyeosseoyo?
过得好吗?

・02 그동안 건강하셨어요?
Geudong-an geon-gang hasyeotseoyo?
过得好吗? （健康）

・03 오래간만이에요. 반가워요.
Oraeganmanieyo. ban-gawoyo.
好久不见了。很高兴见到你。

・04 그동안 잘 지냈어요?
Geudong-an jal jinaetseoyo?
过得好吗?

・05 덕분에 잘 지냈어요.
Deokbune jal jinaetseoyo.
托你的福过得很好。

 실용회화
[silyonghoehwa]

 贤哲家

현철: 그동안 안녕하셨어요?
hyeoncheol: Geudong-an annyeonghasyeotseoyo?
贤哲: 最近过得好吗？

이모: 그래. 오래간만이야. 정말 반가워.
imo: Geurae. oraeganmaniya. Jeongmal ban-gawo.
姨: 恩。好久不见了。很高兴见到你。

현철: 많이 보고 싶었어요.
hyeoncheol: Mani bogo sipeotseoyo.
贤哲: 真的很想你。

이모: 나도 마찬가지야. 넌 그동안 잘 지냈어?
imo: Nado machan-gajiya. Neon geudong-an jal jinaetseo?
姨: 我也是。你最近过得好吗?

현철: 덕분에 잘 지냈어요. 지혜는 잘 있어요?
hyeoncheol: Deokbune jal jinaetseoyo. Jihyeo-neun jal itseoyo?
贤哲: 托您的福，过得很好。智慧过得好吗?

이모: 건강하게 잘 지내. 오빠가 언제 놀러오냐고 물었어. 시간 있으면 언제 우리집에 놀러와.
imo: Geon-ganghage jal jinae. Oppaga eonje nolleoonyago mureotseo. Sigan itseumyeon eonje urijibe nolleowa.
姨: 她健康着呢。问我哥哥什么时候来玩。抽个空到我家来玩吧。

현철: 귀여운 지혜가 너무 보고 싶어요. 꼭 갈게요.
hyeoncheol: Gwiyeo-un jihyega neomu bogo sipeoyo. Kkok galgeyo.
贤哲: 真想见可爱的智慧啊。我一定去。

미영: 그동안 건강하셨어요?
Miyeong: Geudong-an geon-gang hasyeotseoyo?
美莹: 您最近过得好吗?

할아버지: 그래. 오래간만이다.
Harabeoji: Geurae. Oraeganmanida.
爷爷: 我很好。好久不见了。

미영: 너무 보고 싶었어요. 자주 찾아뵙지 못해서 죄송해요.
Miyeong: neomu bogo sipeotseoyo. Jaju chajaboepji motaeseo joesonghaeyo.
美莹: 我也好想您。没能经常拜访您，真的抱歉。

할아버지: 아니야. 공부하느라 바쁘겠지.
Harabeoji: Aniya. Gongbuhaneura bappeugetji.
爷爷: 没事。可能因为学习忙吧。

미영: 그런데 왜 할머니랑 같이 오시지 않았어요. 할머니는 별일 없으세요?
Miyeong: Geureonde wae halmeonirang gachi osiji anatseoyo. Halmeonineun byeoril eopseuseyo?
美莹: 可为什么没跟奶奶一起来呢。奶奶过得好吗?

할아버지: 그럼, 잘 있지.
Harabeoji: Geureom, jal itji.
爷爷: 恩,过得好。

미영: 안부 좀 전해주세요. 아니, 차라리 제가 직접 전화 드릴게요.
Miyeong: Anbu jom jeonhaejuseyo. Ani, charari jega jikjeop jeonhwa deurilgeyo.
美莹: 替我问候一下好吗? 不,干脆我打电话吧。

会话补充理解 [hoehwabochung-ihae] 회화보충이해

"댁"是"집"的敬语。
"그동안 안녕하셨어요"和"그동안 건강하셨어요"都表示问候,后者常用在上年纪的人身上。

单词 [daneo] 단어

中文	词性	韩文	拼音	中文	词性	韩文	拼音
最近	名词	요즈음	yojeum	高兴	形容词	기쁘다	gi-ppeuda
可爱	形容词	귀엽다	gwiyeopda	问	动词	묻다	mutda
想	动词	생각하다	saenggakada	一定	副词	꼭	kkok
健康	形容词	건강하다	geon-ganghada	学习	名词	공부	gongbu
拜访	动词	찾아뵙다	chajaboepda	亲自	副词	직접	jikjeop
爷爷	名词	할아버지	harabeoji	问候	动词	안부를 드리다	anbureul deurida

见面与分离
만남과 이별

 상용문구
[sang yong mun gu]

01 좋은 아침.
Jo-eun achim.
早上好。

02 기분이 좋아보이네요.
Gibuni joaboi-neyo.
看起来心情不错。

03 좋은 하루가 되세요.
Jo-eun haruga doeseyo.
祝你一天开心。

04 어디에 갑니까?
Eodie gamnigga?
去哪儿啊？（问候语）

05 오늘 즐거운 시간 보냈어요.
Oneul jeulgeoun sigan bonaetseoyo.
今天过得很开心。

06 잘가요.
Jalgayo.
再见，走好。

07 내일 학교에서 봐요.
Naeil hakgyo-eseo bwayo.
明天学校见吧。

实用会话 실용회화 [silyonghoehwa]

01

현수: 안녕하세요. 이명 씨.
Hyeonsu: Annyeonghaseyo. Imyeong ssi.
贤洙: 早上好，李明。

이명: 안녕하세요. 현수 씨 안색이 좋네요.
imyeong: Annyeonghaseyo. Hyeoncheol ssi ansaegi jotneyo.
李明: 早，贤洙你气色不错啊。

현수: 감사합니다. 이명 씨도 기분이 좋아보이네요.
Hyeonsu: Gamsahamnida. Imyeong ssido gibuni joaboineyo.
贤洙: 谢谢。你也看起来心情不错啊。

이명: 그래요. 현수 씨는 어디에 갑니까?
imyeong: Geuraeyo. Hyeoncheol ssi-neun eodie gamnikka?
李明: 是吗。你去那儿啊?

현수: 학교에 가요. 이명 씨는 어디로 가요?
Hyeonsu: hakgyo-e gayo. Imyeong ssi-neun eodiro gayo?
贤洙: 去学校。你呢?

이명: 저는 서점에 책을 사러 가요.
imyeong: Jeo-neun seojeome chaegeul sareo gayo.
李明: 我去书店买书。

현수: 네. 그럼 좋은 하루가 되세요.
Hyeonsu: Ne. Geureom jo-eun haruga doeseyo.
贤洙: 哦。那祝你好运。

이명: 현수 씨도요.
imyeong: Hyeoncheol ssiduyo.
李明: 你也是。

현철: 축구를 했더니 많이 힘들죠?
hyeoncheol: Chukgureul haetdeoni mani himdeuljyo?
贤哲: 踢完球很累吧?

이명: 아니요. 오랜만에 운동하니 가뿐하고 좋네요.
Imyeong: Aniyo. Oraenmane undonghani gappunhago jotneyo.
李明: 没有。好久没运动了，舒服。挺好的。

현철: 그럼 우리 자주 축구해요.
hyeoncheol: Geureom uri jaju chukguhaeyo.
贤哲: 那我们常踢球吧。

이명: 네, 그럽시다. 오늘 현철 씨와 같이 정말 재미있게 놀았어요.
Imyeong: Ne, geureopsida. Oneul hyeoncheol ssiwa gachi jeongmal jaemiitge noratseoyo.
李明: 好啊，今天和你玩的很开心。

현철: 저도 즐거웠어요. 그리고 다른 활동이 있을 때도 같이 가요.
hyeoncheol: Jeodo jeulgeowotseoyo. Geurigo dareun hwaldong-i itseul ttaedo gachi gayo.
贤哲: 我也是。还有，有别的活动时也一起参加吧。

이명: 그렇게 해준다면 저로서는 너무 고맙지요. 그럼 잘 가세요.
Imyeong: Geureoke haejundamyeon jeoroseoneun neomu gomapjiyo. Geureom jal gaseyo.
李明: 那样的话感激不尽了。那走好，再见。

현철: 잘가요. 내일 학교에서 봐요.
hyeoncheol: Jalgayo. Naeil hakgyo-eseo bwayo.
贤哲: 再见，明天学校见。

 회화보충이해
[hoehwabochung-ihae]

此文中的"안녕"翻译为再见。
"좋은 하루가 되세요"按语法分析是病句，可是已成为固定的句子常被人们使用。原文应该是"좋은 하루를 보내세요。"。
"어디에 가요"也是一种问候句，这里不是强调问对方去往哪里，只是客套话。回答者可以避免正面回答。比如"저기 좀 볼일이 있어서…"或"잠깐 나갔다 올려고요。"都可以。

단어
[daneo]

中文	词性	韩文	拼音	中文	词性	韩文	拼音
踢	动词	차다	chada	参加	动词	참가하다	chamgahada
气色	名词	기색	gisaek	心情	名词	기분	gibun
书店	名词	서점	seojeom	买	动词	사다	sada
运动	名词	운동	undong	常	副词	자주	jaju
感激不尽	形容词	감격해 마지않다	gamgyeokae majianta	明天	名词	내일	naeil

感谢与道歉
감사와 사과

 상용문구
[sang yong mun gu]

01 너무 고마웠어요.
Neomu gomawotseoyo.
真的很感谢。

02 감사합니다.
Gamsahamnida.
谢谢。

03 괜찮아요.
Gwaenchanayo.
没事。

04 이거 미안해서 어쩌지.
Igeo mianhaeseo eojjeoji.
怎么办啊，不好意思。

05 미안해요.
Mianhaeyo.
对不起。

06 죄송해요.
Joesonghaeyo.
对不起。

07 용서해주세요.
Yongseohaejuseyo.
请原谅。

实用会话 실용회화 [silyonghoehwa]

01

이명: 어제 공부를 가르쳐줘서 너무 고마웠어.
Imyeong: Eoje gongbureul gareuchyeojwoseo neomu gomawotseo.
李明: 昨天帮我学功课，真的谢谢你。

미영: 아니야. 친구사이에 서로 도우며 지내야지.
Miyeong: Aniya. chin-gusaie seoro doumyeo jinaeyaji.
美莹: 不用，朋友之间相互帮助才好。

이명: 네가 가르쳐줘서 많은 것을 알았어.
Imyeong: Nega gareuchyeojwoseo maneun geoseul aratseo.
李明: 你教的让我懂了很多。

미영: 다행이네. 아, 나도 한 가지 부탁할 것이 있는데.
Miyeong: Dahaeng-ine. A, nado han gaji butakal geosi itneunde.
美莹: 幸亏啊。啊，我也想拜托你一件事情。

이명: 무엇인지 말해봐. 도울 수 있는 건 도울게.
Imyeong: Mueosinji malhaebwa. Doul su itneun geon doulge.
李明: 什么事？说说看。能帮得上的就帮你。

미영: 중국친구한테서 메일이 왔는데 어떤 문장은 이해가 안되어서 말이야.
Miyeong: Junggukchin-guhanteseo me-iri watneunde eotteon munjang-eun ihaega andoeeoseo mariya.
美莹: 从中国朋友那里来了邮件，可有的句子不明白。

이명: 이런 것쯤은 기꺼이 도와줄 수 있어.
Imyeong: Ireon geotjjeumeun giggeoi dowajul su itseo.
李明: 这点事可以帮你。

미영: 고마워.
Miyeong: Gomawo.
美莹: 谢谢。

이명: 이거 미안해서 어쩌지?
Imyeong: Igeo mianhaeseo eojjeoji?
李明: 这该怎么办好啊？

미영: 무슨 일인데?
Miyeong: Museun irinde?
美莹: 什么事啊?

이명: 어제 니가 빌려준 책 말이야. 내가 실수로 한장 찢었거든.
Imyeong: Eoje niga billyeojun chaek mariya. naega silsuro hanjang jjijeojyeotgeodeun.
李明: 昨天你借给我的书，我不小心给撕破了一张。

미영: 괜찮아. 붙이면 되니까.
Miyeong: Gwaenchana.Buchimyeon doenigga.
美莹: 没事。粘上就好。

이명: 그래도 니가 아끼는 책이잖아. 미안해.
Imyeong: Geuraedo niga aggi-neun chaegijana. Mianhae.
李明: 可那本不是你心爱的书吗? 不好意思啊。

미영: 괜찮다니까. 신경 쓰지마.
Miyeong: Gwaenchantanigga.Sin-gyeong sseujima.
美莹: 都说了没事，别担心了。

이명: 고마워.
Imyeong: Gomawo.
李明: 谢谢。

 회화보충이해
[hoehwabochung-ihae]

"이거 미안해서 어쩌지" 翻译成 "这该怎么办好啊"。虽然在译文中没有出现 "对不起" 这个词，可在语感上已体现出歉意。此外表示歉意的话有 "죄송해요"，相比较正式一点。

단어
[daneo]

中文	词性	韩文	拼音	中文	词性	韩文	拼音
教	动词	가르치다	gareuchida	爱惜	动词	아끼다	aggida
之间	名词	사이	sai	明白	名词	(잘) 알다	jalalda
邮件	名词	메일	meil	撕破	动词	찢다	jitda
粘	动词	붙이다	buchida	怎么	副词	어찌	eojji
事情	名词	일	il	幸亏	副词	다행히	dahaenghi

III 介绍
소개

自我介绍
자기소개

 상용문구
[sang yong mun gu]

•01 자기소개를 부탁드립니다.
Jagiogaereul butakdeurimnida.
请自我介绍。

•02 저는 중국에서 온 이명이라고 합니다.
Jeoneun junggugeseo on imyeongirago hamnida.
我是来自中国的李明。

•03 한 반에서 같이 공부하게 되어 반갑습니다.
Han baneseo gachi gongbuhage doeeo ban-gapseumnida.
能在一个班学习，感到高兴。

•04 잘 부탁드립니다.
Jal butakdeurimnida.
请多多关照。

•05 저의 취미는 축구와 수영입니다.
jeoui chwimineun chukguwa suyeongimnida.
我的兴趣是足球和游泳。

•06 저의 성격은 활발하고 친구사귀기를 좋아합니다.
Jeoui seonggyeogeun hwalbalhago chin-gusagwigireul joahamnida.
我的性格活泼，爱交朋友。

实用会话 [silyonghoehwa]

讲台

선생님: 오늘 우리 반에 새로 온 학생이 있는데요. 자기소개를 부탁드립니다.
sensaengnim: Oneul uri bane saero on haksaeng-i itneundeyo. Jagiogaereul butakdeurimnida.
老师: 今天我们班有新来的同学。请自我介绍。

이명: 안녕하세요. 저는 중국에서 온 이명입니다. 같은 반에서 같이 공부하게 되어 반갑습니다. 잘 부탁드립니다.
Imyeong: Annyeonghaseyo. jeoneun junggugeseo on imyeongimnida. Gateun baneseo gachi gongbuhage doeeo ban-gapseumnida. Jal butakdeurimnida.
李明: 大家好。我是来自中国的李明。能在一个班学习感到很高兴。请多多关照。

미영: 안녕하세요. 이명 씨는 중국에서 어느 학교를 다녔어요?
Miyeong: Annyeonghaseyo.Imyeong ssineun junggugeseo eoneu hakgyoreul danyeotseoyo?
美莹: 你好，在中国时你在哪个学校上学？

이명: 저는 북경대학교 학생입니다.
Imyeong: Jeoneun bukgyeongdaehakgyo haksaeng-imnida.
李明: 我是北京大学的学生。

인수: 실례지만 나이가 어떻게 되세요?
Insu: Sillyejiman naineun eotteoke doeseyo?
仁寿: 恕我失礼，你几岁了？

이명: 스무세살입니다.
Imyeong: Seumusesarimnida.
李明: 23了。

미영: 가족에 대해 소개해 주세요.
Miyeong: Gajoge daehae sogaehae juseyo.
美莹: 请介绍家庭好吗？

이명: 가족들로는 아버지 어머니 여동생하고 저, 이렇게 모두 네 식구입니다. 아버지는 선생님이시고 어머니는 의사입니다. 여동생은 지금 고등학교를 다니고 있습니다.
Imyeong: Gajokdeulloneun abeoji,eomeoni, yeodongsaenghago jeo, ireoke modu ne sikguimnida. Abeojineun seonsaengnimisigo eomeonineun uisaimnida. Yeodongsaeng-eun jigeum godeunghakgyoreul danigo itseumnida.
李明: 家中有爸爸，妈妈，妹妹还有我，一共四个人。爸爸是教师，妈妈是医生。妹妹在读高中。

영수: 저는 체육반장인데요. 잘 하는 운동은 없어요?
Yeongsu: Jeoneun cheyukbanjang-indeyo. Jal haneun yundong-eun eopseoyo?
永洙: 我是体育委员。有擅长的运动吗?

이명: 잘 한다하기보다는 축구와 수영을 좋아해서 자주 합니다.
Imyeong: Jal handahagibodaneun chukguwa suyeongeul joahaeseo jaju hamnida.
李明: 不敢说擅长，可喜欢足球和游泳。所以经常做。

선생님: 네, 이명이 이제는 우리 반의 학생이 되었으니 서로 도우며 화목하게 지냅시다.
sensaengnim: Ne, imyeong-i ijeneun uri banui haksaeng-I doeeotseuni seoro doumyeo hwamokage jinaepsida.
老师: 好了，李明已经成为我们班的学生了，互相帮助和睦相处吧。

会话补充理解 회화보충이해
[hoehwabochung-ihae]

韩国人常常问关于家庭方面的问题，这也是韩国的文化之一。不想回答的话可以委婉地拒绝。

单词 단어
[daneo]

中文	词性	韩文	拼音	中文	词性	韩文	拼音
同学	名词	학생	haksaeng	介绍	动词	소개하다	sogaehada
很	副词	너무	neomu	来自	动词	(…에서)오다	oda
失礼	动词	실례하다	sillyehada	兴趣	名词	관심	kwansim
北京	名词	북경	bukgyeong	家族	名词	가족	gajok
教师	名词	교원	gyowon	医生	名词	의사	uisa
特长	名词	장기	janggi	经常	副词	자주	jaju

介绍他人
타인소개

常用句型 상용문구
[sang yong mun gu]

01 내 친구를 소개할게.
Nae chingureul sogaehalge.
介绍我的朋友给你。

02 서로 친하게 지내.
Seoro chinhage jinae.
互相好好相处吧。

03 참 착한 애야.
Cham chakan aeya.
是很善良的人。

04 인수 씨 얘기 많이 들었어요.
Insussi yaegi mani deureotseoyo.
听说过仁寿你的事情。

05 앞으로 잘 지냅시다.
Apeuro jal jinaepsida.
以后好好相处吧。

06 좋은 친구 소개해줘서 고마워.
jo-eun chingu sogaehaejwoseo gomawo.
谢谢你给我介绍一个好朋友。

07 이쁜 동생 생겨서 좋아.
Ippeun dongsaeng saenggyeoseo joa.
有了可爱的妹妹真好。

 실용회화 [silyonghoehwa]

현수: 이명아, 이 쪽은 내 친구야.
Hyeondu: Imyeong-a, ijjogeun nae chin-guya.
贤洙: 李明，这位是我的朋友。

이명: 안녕하세요. 만나서 반갑습니다.
Imyeong: Annyeonghaseyo. Mannaseo ban-gapseumnida.
李明: 你好，见到你很高兴。

미영: 안녕하세요. 현수한테서 이명씨 얘기 많이 들었어요.
Miyeong: Annyeonghaseyo. Hyeonsuhanteseo imyeongssi yaegi mani deureotseoyo.
美莹: 你好。在贤洙那里听说过很多关于你的事情。

이명: 저도 미영 씨 얘기 들었어요.
Imyeong: Jeodo insussi yaegi deureotseoyo.
李明: 我也一样。

현수: 얘는 내 둘도 없는 딱친구야. 성격도 좋고, 특히 문학을 좋아해. 너도 문학을 좋아하니 서로 공감대가 생길 거야.
Hyeonsu: Yaeneun nae duldo eopneun ttakchin-guya. Seonggyeokdo joko, teuki munhageul joahae. Neodo munhageul joahani seoro gonggamdaega saenggil geoya.
贤洙: 她是我独一无二的好朋友。性格也好，对文学特别感兴趣。你也喜欢文学，应该能产生共鸣。

이명: 좋은 친구 소개해줘 고마워.
Imyeong: Jo-eun chin-gu sogaehaejwo gomawo.
李明: 谢谢你给我介绍一个好朋友。

현수: 내 친구야. 인사해.
Hyeonsu: Nae chin-guya. Insahae.
贤洙: 这是我的朋友，打招呼吧。

현애: 안녕하세요. 현수 오빠 동생 박현애입니다.
Hyeonae: Annyeonghaseyo. Hyeonsu oppa dongsaeng bakhyeonaeimnida.
贤爱: 你好，我是贤洙哥的妹妹朴贤爱。

이명: 만나서 반가워. 참 귀엽게 생겼구나.
Imyeong: Mannaseo ban-gawo. Cham gwiyeopge saenggyeotguna.
李明: 见到你很高兴。长得真可爱啊。

현애: 고마워요. 많이 이뻐해주세요.
Hyeonae: Gomawoyo. Mani ippeohaejuseyo.
贤爱: 谢谢。多多关照。

현수: 노래 부르는 걸 좋아해. 중국노래를 좀 가르쳐주렴.
Hyeonsu: Norae bureuneun geol joahae. Jungguknoraereul jom gareuchyeojuryeom.
贤洙: 她喜欢唱歌。给她教首中国歌吧。

현애: 저한테 오빠가 하나 더 생겨 참 좋네요.
Hyeonae: Jeohante oppagaga hana deo saenggyeo cham jonneyo.
贤爱: 多了个哥哥真好啊。

이명: 너처럼 귀여운 동생 생긴 것도 좋은 일이야.
Imyeong: Neocheoreom gwiyeoun dongsaeng saenggin geotdo jo-eun iliya.
李明: 有你这么可爱的妹妹是我的幸运。

会话补充理解 회화보충이해
[hoehwabochung-ihae]

인사를 하다: 打招呼
노래를 부르다: 唱歌

单词 단어
[daneo]

中文	词性	韩文	拼音	中文	词性	韩文	拼音
教	动词	가르치다	gareuchida	歌	名词	노래	norae
唱	动词	부르다	bureuda	幸运	形容词	행운	haeng-un
关于	介词	…대하여	daehayeo	妹妹	名词	여동생	yeodongsaeng
可爱	形容词	귀엽다	gwiyeopda	性格	名词	성격	seonggyeok

IV 家庭用语
가정용어

对家人的问候
가족에 대한 안부

 常用句型 상용문구
[sang yong mun gu]

01 잘 주무셨습니까?
Jal jumusyeotseumnikka?
睡得好吗?

02 편안히 주무세요.
Pyeonanhi jumuseyo.
晚安。

03 다녀오겠습니다.
Danyeoogetseumnida.
我走了。

04 다녀왔습니다.
Danyeowatseumnida.
我回来了。

05 아버지, 수고하셨습니다.
Abeoji, sugohasyeotseumnida.
爸爸,您辛苦了。

06 편찮은 데 없어요?
Pyeonchaneun de eopseoyo?
有没有不舒服的地方?

实用会话 실용회화 [silyonghoehwa]

현수: 다녀오겠습니다.
Hyeonsu: Danyeoogetseumnida.
贤洙: 我上学了。

어머니: 응. 학교가서 공부 잘해.
Eomeoni: Eung. Hakgyogaseo gongbujalhae.
妈妈: 恩。去学校好好学。

현수: 안녕히 계세요.
Hyeonsu: Annyeonghi gyeseyo.
贤洙: 再见。

현수: 다녀왔습니다.
Hyeonsu: Danyeowatseumnida.
贤洙: 我回来了。

어머니: 수고 했다. 별일 없었니?
Eomeoni: Sugo haetda. Byeolil eopseotni?
妈妈: 辛苦了。在学校过得好吗?

현수: 네, 하루동안 즐겁게 공부했어요.
Hyeonsu: Ne, harudong-an jeulgeopge gongbuhaetseoyo.
贤洙: 好。学得很开心。

어머니: 학교에서 뭐 배웠어?
Eomeoni: Hakgyoeseo mwo baewotseo?
妈妈: 在学校都学什么了?

현수: 중국어를 배웠어요.
Hyeonsu: Junggugeoreul baewotseoyo.
贤洙: 学汉语了。

어머니: 그래? 얼른 씻고 밥 먹어.
Eomeoni: Geurae? Eolleun ssitgo bap meogeo.
妈妈: 是吗? 快洗一下吃饭吧。

아버지: 현수야, 아직도 게임해?
Abeoji: hyeonsuya, ajikdo geimhae?
爸爸: 贤洙,还在玩游戏啊?

현수: 네.
Hyeonsu: Ne.
爸爸: 是啊。

아버지: 너무 무리하는 거 아니야? 밤도 깊은데 그만하고 자.
Abeoji: Neomu murihaneun geo aniya? Bamdo gipeunde geumanhago ja.
爸爸: 是不是太晚了？夜也深了，到此为止吧。

현수: 네, 알았어요. 금방 끝낼게요.
Hyeonsu: Ne, arataseoyo. Geumbangkkeutnaelgeyo.
贤洙: 知道了。马上就结束了。

아버지: 잘자. 좋은 꿈 꿔.
Abeoji: Jalja. Joeun ggum ggwo.
爸爸: 晚安，做个好梦。

현수: 아버지도 편히 주무세요.
Hyeonsu: Abeojido pyeonhi jumuseyo.
贤洙: 爸爸也晚安。

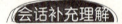 회화보충이해
[hoehwabochung-ihae]

单词"무리하다"有很多解释，例如：过分，逞能等等。可得按着句情理解翻译。此文中的"무리하다"是玩游戏玩得太晚的意思。
"별일 없었어?"不是强调问发生了什么事情，只是做为一个问候句。翻译为"过得好吗？"。

 단어
[daneo]

中文	词性	韩文	拼音	中文	词性	韩文	拼音
学校	名词	학교	hakgyo	梦	名词	꿈	ggum
吃	动词	먹다	meokda	饭	名词	밥	bap
汉语	名词	중국어	junggugeo	开心	形容词	기쁘다	gippeuda
结束	动词	끝나다	ggeunnada	马上	副词	금방	geumbang
游戏	名词	게임	ge-im	夜	名词	밤	bam

居住文化
거주문화

常用句型 상용문구
[sang yong mun gu]

01 이건 누구 방이에요?
Igeon nugu bang-ieyo?
这是谁的房间?

02 가위는 어디에 있어요?
Gawineun eodie itseoyo?
剪刀在哪儿?

03 화장실은 어디예요?
Hwajangsireun eodiyeyo?
洗手间在哪儿?

04 냉장고에 김치가 있어.
Naengjanggo-e gimchiga itseo.
冰箱里有泡菜。

05 가스 조심해.
Gaseu josimhae.
小心煤气。

06 책상은 어디에 있어요?
Chaeksang-eun eodie itseoyo?
桌子在哪儿?

实用会话 실용회화
[silyonghoehwa]

현수: 이모, 이 방은 누구 방이에요?
Hyeonsu: *Imo, I bang-eun nugu bang-ieyo?*
贤洙: 姨,这间是谁的啊?

이모: 그 방은 할머니 방이야.
Imo: Geu bang-eun halmeoni bang-iya.
姨: 那间是奶奶的房间。

현수: 이게 뭐예요? 의자예요?
Hyeonsu: Ige mwoyeyo? Uijayeyo?
贤洙: 这是什么? 椅子吗?

이모: 아니, 그건 의자가 아니야. 할머니 책상이야.
Imo: Ani, geugeon uijaga aniya. Halmeoni chaeksang-iya.
姨: 不是,那不是椅子。是奶奶的桌子。

현수: 그럼 의자는 어디에 있어요?
Hyeonsu: Geureom Uijaneun eodie itseoyo?
贤洙: 那么椅子在哪儿啊?

이모: 의자는 이방에 없어.
Imo: Uijaneun ibang-e eopseo.
姨: 椅子没在这房间。

현수: 이모, 차가운 물을 마시고 싶은데 냉장고는 어디에 있어요?
Hyeonsu: Imo, chagaun mureul masigo sipeunde naengjanggoneun eodie itseoyo?
贤洙: 姨,我想喝凉水,冰箱在哪儿啊?

이모: 주방에 있어.
Imo: Jubang-e itseo.
姨: 在厨房。

현수: 화장실은 어디에 있어요?
Hyeonsu: Hwajangsireun eodie itseoyo?
贤洙: 洗手间在哪儿?

이모: 객실 옆에 있어. 금방 누나가 들어갔어. 좀 있다 사용해.
Imo: Gaeksil gyepe itseo. Geumbang nunaga deureogatseo. Jom itda sayonghae.
姨: 在客厅旁边。刚才姐姐进去了。稍后用吧。

현수: 네, 샤워를 해도 돼요?
Hyeonsu: Ne, syaworeul haedo dwaeyo?
贤洙: 好。可以冲澡吗?

家庭用语_75

이모: 그래. 온수기의 물온도를 조절 잘해.
Imo: Geure. Onsugiui murondoreul jojeol jalhae.
姨: 能。好好调热水器的温度吧。

현수: 네, 조심할게요.
Hyeonsu: Ne, josimhalgeyo.
贤洙: 知道了，会小心的。

 회화보충이해
[hoehwabochung-ihae]

"네"可以翻译成很多意思，得根据前面的提问来做合适的回答。

 단어
[daneo]

中文	词性	韩文	拼音	中文	词性	韩文	拼音
椅子	名词	의자	uija	屋	名词	방	bang
桌子	名词	책상	chaeksang	冰箱	名词	냉장고	naengjanggo
洗手间	名词	화장실	hwajangsil	温度	名词	온도	ondo
小心	动词	조심하다	josimhada	调	动词	조절하다	jojeolhada
冲澡	动词	샤워하다	syawohada	刚才	副词	금방	geumbang

吃饭
식사

 상용문구
[sang yong mun gu]

01 잘 먹겠습니다.
Jal meokgetseumnida.
谢谢招待。

02 너무 맛있습니다.
Neomu masitseumnida.
很好吃。

03 음식이 좀 짭니다.
Eumsigi jom jjamnida.
菜有点咸。

04 매워요.
Maewoyo.
辣。

05 차린 것은 별로 없지만 많이 드세요.
charin georeun byeolro eopjiman mani deuseyo.
没什么菜，多吃点吧。

06 이렇게 많이 차리셨어요.
Ireoke mani chirisyeotseoyo.
做了这么多菜啊。

07 잘 먹었습니다.
Jal meogeotseumnida.
吃好了。

实用会话 실용회화 [silyonghoehwa]

01

이명: 잘 먹겠습니다. 너무 맛있어 보여요.
Imyeong: Jal meokgetseumnida. Neomu masitseo boyeoyo.
李明: 谢谢款待。看起来很好吃。

현수 어머니: 그래 많이 먹어. 별로 차린 게 없어.
Hyeonsu eomeoni: Geurae mani meogeo. Byeolro charin-ge eopseo.
贤洙妈妈: 那多吃吧。没有什么准备的。

이명: 너무 많이 차리셨어요.
Imyeong: Neomu mani charisyeotseoyo.
李明: 摆了这么多啊。

현수 어머니: 이건 불고기야. 먹어봐.
Hyeonsu eomeoni: Igeon bulgogiya. Meogeobwa.
贤洙妈妈: 这是烤肉, 尝尝。

이명: 네. 참 맛있네요. 어머니 솜씨가 대단해요.
Imyeong: Ne. cham masitneyo. Eomeoni somssiga daedanhaeyo.
李明: 好, 真好吃。妈妈的手艺真棒。

현수 어머니: 자주 우리집에 놀러와. 맛있는 거 많이 해줄게.
Hyeonsu eomeoni: Jaju urijibe nolleowa. Masitneun geo mani haejulge.
贤洙妈妈: 常来我家玩吧。给你做好吃的。

이명: 감사합니다.
Imyeong: Gamsahamnida.
李明: 谢谢。

02

이명: 잘 먹었어요.
Imyeong: Jal meogeotseoyo.
李明: 谢谢款待。

현수 어머니: 좀 더 먹어.
Hyeonsu eomeoni: Jom deo meogeo.
贤洙妈妈: 再多吃点吧。

이명:
Imyeong:
李明:

아니요, 많이 먹었어요. 그런데 김치가 너무 매워요.
Aniyo, mani meogeotseoyo. Geureonde gimchiga neomu maewoyo.
不了，吃饱了。可泡菜太辣了。

현수 어머니:
Hyeonsu eomeoni:
贤洙妈妈:

그래? 한국음식에 점차 익숙해져야 할텐데.
Geurae? Han-gukeumsige jeomcha yiksukhaejyeoya haltende.
是吗？渐渐适应韩国的口味才行啊。

이명:
Imyeong:
李明:

하지만 너무 맛있어요.
Hajiman neomu masitseoyo.
可是很好吃。

현수 어머니:
Hyeonsu eomeoni:
贤洙妈妈:

그럼 이 감주를 마셔 봐. 감주는 달아.
Geureom igamjureul masyeo bwa. Gamjuneun dara.
那喝点这米酒吧。米酒很甜。

이명:
Imyeong:
李明:

감사합니다.
Gamsahamnida.
谢谢。

회화보충이해
[hoehwabochung-ihae]

"차린게 없다." 不能理解成什么都没摆，而是作为主人的客套话。准备的再丰盛也用这句话来表示谦虚。

단어
[daneo]

中文	词性	韩文	拼音	中文	词性	韩文	拼音
甜	形容词	달다	dalda	喝	动词	마시다	masida
渐渐	副词	점차	jeomcha	手艺	名词	솜씨	somssi
烤肉	名词	불고기	bulgogi	酒	名词	술	sul
泡菜	名词	김치	gimchi	适应	动词	익숙해지다	yiksukhaejida
口味	名词	(입) 맛	ipmat	尝尝	动词	맛보다	matboda

家务
가무

常用句型 상용문구
[sang yong mun gu]

•01 방을 치워.
Bang-eul chiwo.
收拾屋子吧。

•02 깨끗이 닦어.
Kkaekkeusi dakkeo.
擦干净。

•03 이불을 햇볕에 말려라.
Ibureul haebyeote malryeora.
晾衣服。

•04 간장을 사와.
Ganjang-eul sawa.
去买酱油吧。

•05 먼지가 많아요.
Meonjiga manayo.
灰尘多。

•06 천장의 먼지를 털어요.
Cheonjang-ui meonjireul teoreoyo.
除掉天花板的灰。

实用会话 실용회화
[silyonghoehwa]

어머니: 오늘은 휴일인데 방 좀 청소해.
Eomeoni: Oneureun hyuirinde bang jom gcheongsohae.
妈妈: 今天是休息天，打扫一下屋子吧。

현수: 네. 제 방만 아니라, 객실까지 청소할게요.
Hyeonsu: Ne, je bangman anira gaeksilkkaji cheongso halgeyo.
贤洙: 好，不仅是我的屋，客厅我也来吧。

어머니: 그럼 고맙지.
Eomeoni: Geureom gomapji.
妈妈: 那样的话谢谢了。

현수: 마루는 닦아요?
Hyeonsu: Maruneun dakkayo.
贤洙: 地板用擦吗？

어머니: 그래. 구석구석 잘 닦아야 해.
Eomeoni: Geurae. Guseokguseok jal dakkaya hae.
妈妈: 恩，各个角落都得擦干净。

현수: 걱정마세요, 소파는 닦아요?
Hyeonsu: Geokjeongmaseyo, sopaneun dakkayo?
贤洙: 不用担心了，沙发用擦吗？

어머니: 아니, 그건 내가 할게.
Eomeoni: Ani, geugeon naega halgge.
妈妈: 不用，那个我来吧。

어머니: 현수야, 간장이 떨어졌구나. 슈퍼에 가서 좀 사오렴?
Eomeoni: Hyeonsuya, ganjang-i tteoreojyeotguna. Supeo-e gaseo jom saoryeom?
妈妈: 贤哲，酱油没了。去超市买点酱油呗？

현수: 네, 금방 갈게요. 하지만 어느 간장을 사면 되요.
Hyeonsu: Ne, geumbang galgeyo. Hajiman eoneu ganjang-eul samyeon doeyo?
贤洙: 好的，马上去。可买哪个酱油啊？

어머니: 이전에 사던 걸로 하면 돼..
Eomeoni: Ijeone sadeon geollo hamyeon dwae.
妈妈: 买跟以前一样的就行。

현수: 알았어요.
Hyeonsu: Aratseoyo.
贤洙: 知道了。

어머니: 잠깐, 가는 김에 기름도 사와. 거스름돈은 용돈으로 해.
Eomeoni: Jamkkan, ganeun gime gireumdo sawa. Geoseureumdoneun yongdoneuro hae.
妈妈: 等会儿，顺便也买油吧。零钱你用吧。

현수: 감사합니다.
Hyeonsu: *Gamsahamnida.*
贤洙: 谢谢。

会话补充理解 회화보충이해 [hochwabochung-ihae]

"간장이 떨어지다"是固定的词组,这里的"떨어지다"不能解释为"掉了",而是用光、没了的意思。例如:돈이 떨이지다, 쌀이 떨어지다 没钱,没米。
"구석"是角落,"구석구석"应解释为各个角落。

单词 단어 [daneo]

中文	词性	韩文	拼音	中文	词性	韩文	拼音
打扫	动词	청소하다	cheongsohada	不仅	介词	…뿐만아니라	ppunman-anira
角落	名词	구석	guseok	客厅	名词	객실	gaeksil
顺便	依名	…김에	gime	以前	名词	이전	ijeon
擦	动词	닦다	dakda	地板	名词	마루	maru
酱油	名词	간장	ganjang	担心	动词	걱정하다	geokjeonghada

使用电话
전화사용

상용문구 [sang yong mun gu]

01 여보세요. 거기 강 선생님 댁이지요?
Yeoboseyo,geogi gang seonsaengnim daegijiyo?
您好，是姜老师家吧?

02 선생님 좀 부탁드립니다.
Seonsaengnim jom butakdeurimnida.
拜托找一下老师。

03 제가 다시 전화 드리겠습니다.
Jega dasi jeonhwadeurigetseumnida.
我再打电话吧。

04 아닌데요. 잘못 걸었어요.
Anindeyo.Jalmot georeotseoyo.
不是，打错了。

05 제가 잘못 걸었습니다. 죄송합니다.
Jega jalmot georeotseumnida. Joesonghamnida.
是我打错了，对不起。

06 그럼 또 전화할게. 잘 있어.
Geureom tto jeonhwahalge. jal itseo.
那再打给你。再见。

07 누구세요?
Nuguseyo?
谁啊?

家庭用语_83

实用会话 실용회화
[silyonghoehwa]

이명:	여보세요, 거기 강경일 선생님 댁이지요?
Imyeong:	Yeoboseyo,geogi ganggyeong-il seonsaengnim daegijiyo?
李明:	你好，是姜京日老师家吗？

사모님:	네. 맞아요.
Samonim:	Ne. majayo.
师母:	对。

이명:	혹시 사모님 아니세요?
Imyeong:	Hoksi samonim aniseyo?
李明:	您是师母吧？

사모님:	네. 그런데 누구세요?
Samonim:	Ne.Geureonde nuguseyo?
师母:	是。你是哪位？

이명:	안녕하세요. 이명입니다. 선생님 좀 부탁드립니다.
Imyeong:	Annyeonghaseyo.Imyeong-imnida. seonsaengnim jom butakdeurimnida.
李明:	您好。我是李明。拜托您找一下老师好吗？

사모님:	지금 집에 안 계세요. 저녁 아홉 시쯤에 들어오실 거예요.
Samonim:	Jigeum jibe an gyeseyo. Jeonyeok ahopsijjeume deureoosil geoyeyo.
师母:	现在不在家。晚上9点多才回来。

이명:	알겠습니다. 그러면 제가 다시 전화 드리겠습니다. 선생님께 제가 전화했다고 전해주세요.
Imyeong:	Algetseumnida.Geureomyeon jega dasi jeonhwadeurigetseumnida.seonsaengnimkke jega jeonhwahaetdago jeonhaejuseyo.
李明:	知道了，那我再打电话吧。请转告老师我打过电话了。

현수:	여보세요. 이명이네 집이지요?
Hyeonsu:	Yeoboseyo.imyeongine jibijiyo?
贤洙:	你好。是李明家吗？

미영:	아닌데요. 잘못 걸었어요.
Miyeong:	Anindeyo.jalmot gereotseoyo.
美莹:	不是。你打错了。

현수: 거기 235-8756 아닙니까?
Hyeonsu: Geogi isamo palchiloyuk animnikka?
贤洙: 那儿不是235-8756吗?

미영: 아닙니다. 여기는 235-8765입니다.
Miyeong: Animnida. Yeogineun isamo palchilyukoimnida.
美莹: 不是。这里是235-8765。

현수: 제가 잘못 건 게 맞네요. 죄송합니다.
Hyeonsu: Jega jalmot geon ge matneyo. joesonghamnida.
贤洙: 是我打错了。对不起。

 회화보충이해
[hoehwabochung-ihae]

"전화를 드리다"是"전화를 걸다"的敬语。

 단어
[daneo]

中文	词性	韩文	拼音	中文	词性	韩文	拼音
打（电话）	动词	걸다	geolda	师母	名词	사모	samo
或许	副词	혹시	hoksi	转告	动词	전달하다	jeondalhada

家庭用语_85

邀请
초대

常用句型 상용문구
[sang yong mun gu]

•01 우리집에 놀러오세요.
Urijibe noleooseyo.
来我家玩儿吧。

•02 시간이 있으면 우리집에 들르시죠.
Sigani itseumyeon urijibe deulreusijyo.
有时间到我家串门儿。

•03 우리 가족들을 소개해줄게요.
Uri gajokdeureul sogaehaejulgeyo.
介绍我的家人吧。

•04 내 생일파티에 와줘.
Nae saeng-ilpatie wajwo.
来我的生日聚会吧。

•05 결혼식에 초대받았어.
Gyeolhonsige chodaebadatseo.
被邀请参加婚礼了。

•06 시간이 있으면 꼭 찾아 뵐게요.
sigani itseumyeon kkok chaja boelgeyo.
有时间一定拜访。

실용회화
[silyonghoehwa]

현수: 내일 시간 있어?
Hyeonsu: Naeil sigan sitseo?
贤洙: 明天有时间吗?

이명: 왜?
Imyeong: Wae?
李明: 怎么了？

현수: 우리집에 놀러와.
Hyeonsu: Urijibe nolleowa.
贤洙: 来我家玩吧。

이명: 그래도 돼? 나야 좋지.
Imyeong: Geuraedo dwae? Naya jochi.
李明: 那也行吗？我是很愿意的。

현수: 우리 가족도 소개 해주고 내 방도 구경시켜 줄게.
Hyeonsu: Uri gajokdo sogae haejugo nae bangdo gugyeongsikyeo julge.
贤洙: 我会介绍我的家人，还给你看我的房间。

이명: 알았어. 근데 내가 준비할 거 없어?
Imyeonsu: Aratseo. geunde naega junbihal geo eopseo?
李明: 知道了。可没有我要准备的吗？

현수: 친구집에 놀러 오는데 준비는 무슨.
Hyeonsu: Chingujibe nolleo oneunde junbineun museun.
贤洙: 到朋友家来玩准备什么呀。

이명: 그래? 고마워.
Imyeong: Geurae? Gomawo.
李明: 是吗？谢谢。

현수: 선생님, 내일 저녁에 시간 되세요?
Hyeonsu: Seonsaengnim, raeil jeonyeoge sigan doeseyo?
贤洙: 老师，明晚有时间吗？

선생님: 무슨 일이야?
Seonsaengnim: Museun iriya?
老师: 什么事啊？

현수: 어머니가 선생님을 집으로 꼭 모셔왔으면 하던데요?
Hyeonsu: Eomeoniga seonsaengnimeul jibeuro kkok mosyeowatseumyeon hadeondeyo?
贤洙: 妈妈很希望招待老师。

家庭用语_87

선생님:	어머니께 고맙다고 전해. 근데 내일 저녁 회의가 있어 못 갈 것 같은데.
Seonsaengnim:	Eomeonikke gomapdago jeonhae. Geunde naeil jeonyeok hoe-uiga itseo mot gal geotgateunde.
老师:	向妈妈转告我的谢意吧。可明晚有会议好像不能去了。

현수:	그럼 할 수 없네요.
Hyeonsu:	Geureom hal su eopneyo.
贤洙:	那没办法了。

선생님:	나중에 시간이 있으면 꼭 찾아 뵐게.
Seonsaengnim:	Najunge sigani itseumyeon kkok chaja boelge.
老师:	等有时间一定拜访。

현수:	네, 알겠습니다.
Hyeonsu:	Ne, algetseumnida.
贤洙:	好。知道了。

会话补充理解 회화보충이해
[hoehwabochung-ihae]

"우리가족" 这里不是指李明和贤洙的家族而是指贤洙的家族，韩国人常常把属于自己的东西用"우리"来表示。例如：우리집、우리어머니.我的家、我的妈妈。但不是绝对的，나의 집、나의 어머니也可以。

 단어
[daneo]

中文	词性	韩文	拼音	中文	词性	韩文	拼音
希望	动词	희망하다	huimanghada	转告	动词	전달하다	jeondalhada
拜访	动词	방문하다	bangmunhada	招待	动词	초대하다	chodaehada
会议	名词	회의	hoe-ui	房间	名词	방	bang
准备	动词	준비하다	junbihada	玩	动词	놀다	nolda

访问
방문

常用句型 상용문구
[sang yong mun gu]

•01 폐가 안될는지 모르겠습니다.
Pyega andoelneunji moreugetseumnida.
不知是否打扰您了。

•02 천만에 말씀이십니다.
Cheonmane malsseumisimnida.
哪里哪里，哪儿的话呀。

•03 자기집처럼 편하게 하세요.
Jagijipcheoreom pyeonhage haseyo.
就当是自己家好了。

•04 잘 대접 받았습니다.
Jal daejeop badatseumnida.
谢谢款待。

•05 또 놀러오세요.
Tto nolleooseyo.
欢迎再来。

•06 다음번에 우리집으로 초대하겠습니다.
Da-eumbeone urijibeuro chodaehagetseumnida.
下次请到我们家做客。

实用会话 실용회화 [silyonghoehwa]

01

이명:　안녕하세요. 이명입니다.
Imyeong:　Anyeonghaseyo. Imyeongyimnida.
李明:　您好。我叫李明。

현수 어머니:　중국에서 온 친구 맞지? 반가워.
Hyeonsu eomeoni:　Junggugeseo on chin-gu matji? Ban-gawo.
贤洙妈妈:　从中国来的朋友对吧？见到你很高兴。

이명:　이렇게 초대해주셔서 너무 고맙습니다.
Imyeong:　Ireoke chodaehaejusyeoseo neomu gomapseumnida.
李明:　这样招待我，十分感谢。

현수 어머니:　아니야. 얼른 앉아. 차로 할래, 주스로 할래?
Hyeonsu eomeoni:　Aniya. eolleun anja. Charo halrae, juseuro halrae?
贤洙妈妈:　别客气。快坐。喝茶还是果汁？

이명:　주스요.
Imyeong:　Juseuyo.
李明:　果汁吧。

현수 어머니:　자기집처럼 편하게 해.
Hyeonsueomeoni:　Jagijipcheoreom pyeonhage hae.
贤洙妈妈:　请自便吧。

현수:　그래. 부담가질 거 없어.
Hyeonsu:　Geurae. Budamgajil geo eopseo.
贤洙:　对，别拘束。

이명:　네. 알겠습니다.
Imyeong:　Ne, algetseumnida.
李明:　好，知道了。

02

현수:　그동안 잘 지냈어요?
Hyeonsu:　Geudong-an jal jinaetseoyo?
贤洙:　最近过得好吗？

이모: 그래. 얼른 들어 와. 근데 뭐 이런 걸 사들고 와?
Imo: Geurae. Eolleun deureo wa. Geunde mo ireon geul sadeulgo wa?
姨妈: 好。快进来吧。买什么东西啊?

현수: 별 것도 아니에요. 지혜 먹을 것을 좀 샀어요.
Hyeonsu: Byeol geotdo anieyo. Jihye meogeul geoseul jom satseoyo.
贤洙: 也没什么，买了点智慧吃的。

이모: 왜 이제야 와. 자주 놀러와.
Imo: wae ijeya wa. Jaju nolleowa.
姨妈: 怎么现在才来啊，常来玩吧。

현수: 네, 요즘 수업이 좀 바빠서요.
Hyeonsu: Ne, yojeum sueobi jom bappaseoyo.
贤洙: 是。这几天学习有点忙。

이모: 아버지 어머니는 다 잘 계시지?
Imo: Abeoji eomeonirang da jal gyesiji?
姨妈: 爸妈过得都好吧?

현수: 네, 잘 지내고 있어요.
Hyeonsu: Ne, jal jinaego itseoyo.
贤洙: 过得好。

이모: 이모가 맛있는 걸 많이 해줄게. 저녁 여기서 먹고 가.
Imo: Imoga masitneun geol mani haejulge. Jeonyeok yeogiseo meokgo ga.
姨妈: 姨给你做好吃的。在这儿吃了晚饭再走。

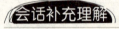 회화보충이해
[hoehwabochung-ihae]

영미가 보고 싶다: 想英美了。
"차로 하다, 주스로 하다"和"차를 마시겠다 주스를 마시겠다"是一个意思。

 단어
[daneo]

中文	词性	韩文	拼音	中文	词性	韩文	拼音
准备	动词	준비하다	*junbihada*	家族	名词	가족	*gajok*
招待	动词	초대하다	*chodaehada*	果汁	名词	주스	*juseu*
随便	动词	마음대로	*ma-eumdaero*	负担	名词	부담	*budam*
茶	名词	차	*cha*	十分	副词	너무	*neomu*

V 去往目的地
목적지로 가기

길 묻기

 상용문구
[sang yong mun gu]

01 실례지만 우체국은 어디에 있어요?
Sillyejiman uchegugeun eodie itseoyo?
不好意思，请问一下邮局在哪儿？

02 이 길로 곧바로 가세요.
I gillo gotbaro gaseyo.
顺着这个道一直走吧。

03 10분 쯤 걸립니다.
Sipbun jjeum geollimnida.
大概需要十分钟吧。

04 버스를 타는 것이 더 빠를 거예요.
Beoseureul taneun geosi deo ppareul geo-eyo.
坐公交可能更快些。

05 사거리가 나오면 오른 쪽으로 가세요.
Sageoriga naomyeon oreun jjogeuro gaseyo.
出现十字路口就往右拐吧。

06 길을 건너 가세요.
Gireul geonneo gaseyo.
过马路走吧。

•07 알겠습니다. 감사합니다.
Algetseumnida. Gamsahamnida.
知道了。 谢谢。

 실용회화
[silyonghoehwa]

01

이명: 실례지만 우체국은 어디에 있어요?
Imyeong: *Sillyejiman uchegugeun eodie itseoyo?*
李明: 打扰一下，请问邮局在哪儿？

행인: 이 길로 곧바로 가면 은행이 보일 거예요.
haengin: *I gillo gotbaro gamyeon eunhaeng-i boil geoyeyo.*
过客: 从这条路一直走的话能看见银行。

이명: 그 다음은요?
Imyeong: *Geu da-eumeunyo?*
李明: 然后呢？

행인: 그 은행의 오른쪽으로 가면 우체국이 있어요.
haengin: *Geu eunhaeng-ui oreunjjogeuro gamyeon uchegugi itseoyo.*
过客: 从那银行往右走就到邮局了。

이명: 우체국 건물은 무슨 색이에요?
Imyeong: *Ucheguk geonmureun museun saegieyo?*
李明: 邮局建筑物是什么颜色？

행인: 아마도 검은색일걸요. 제대로 기억이 안나요.
haengin: *Amado geomeunsaegilgeolyo. Jedaero gieogi annayo.*
过客: 可能是黑色吧。记不清了。

이명: 은행에서 우체국까지 얼마나 가야 돼요?
Imyeong: *Eunhaeng-eseo uchegukkkaji eolmana gaya dwaeyo?*
李明: 从银行到邮局得走多少啊。

행인: 한 50미터 가면 될걸요.
haengin: *Han osipmiteo gamyeon doel geolyo.*
过客: 大概50米。

이명: 알겠습니다. 감사합니다.
Imyeong: Algetseumnida. gamsahamnida.
李明: 知道了。谢谢你。

이명: 실례지만 여기서 제일 가까운 백화점은 어디에 있습니까?
Imyeong: Sillyejiman yeogiseo jeil gakkaun baekwajeomeun eodie itseumnikka?
李明: 打扰一下，离这儿最近的百货店在哪儿？

행인: 순풍 백화점이라고 있어요. 근데 걸어가려면 너무 멀어요.
haengin: Sunpung baekwajeomirago itsseoyo. Geunde georeogaryeomyeon neomu meoreoyo.
过客: 有个叫顺风百货店。可走着去太远。

이명: 그럼, 몇번 버스를 타야 되요?
Imyeong: Geureom, myeotbeo beoseureul taya doeyo?
李明: 那坐几路公交啊？

행인: 버스 보다는 지하철이 더 빠른 것 같은데. 지하철 4호선을 타서 상영동에서 내리세요.
haengin: Beoseu bodaneun jihacheori deo pparun geot gateunde. Jihacheol sahoseoneul taseo sangyeongdongeseo naeriseyo.
过客: 可能地铁比公交更快。坐地铁4号线到商营洞下。

이명: 그 다음은요?
Imyeong: Geudaeumeunyo?
李明: 然后呢？

행인: 입구로부터 나와 오른쪽으로 가면 아마 보이실 거예요.
haengin: Ipguroruteo nawa oreunjjogeuro gamyeon ama boisil geo-eyo.
过客: 从出口出去以后往右走就会看到的。

회화보충이해
[hoehwabochung-ihae]

"실례지만"按原文翻译是"恕我失礼"，可在汉语对话中用"打扰一下"更为合适。

단어
[daneo]

中文	词性	韩文	拼音	中文	词性	韩文	拼音
邮局	名词	우체국	ucheguk	颜色	名词	색	saek
最	副词	제일	jeil	多少	代词	얼마나	eolmana
快	形容词	빠르다	ppareuda	出口	名词	출구	chulgu
往	动词	(…로)향하다.	ro hyanghada	过客	名词	행인	haengin
远	形容词	멀다	meolda	清楚	形容词	명확하다	myeonghwakada

坐公交
버스 타기

常用句型 상용문구
[sang yong mun gu]

•01 아저씨 이 버스 구청에 가요?
Ajeossi, ippeoseu gucheong-e gayo?
师傅，这个车去区厅吗？

•02 몇 번 버스를 타야 돼요?
Myeot beon beoseureul taya dwaeyo?
得坐几路公交？

•03 어느 버스가 더 빨라요?
Eoneu beoseuga deo ppallayo?
哪个公交更快？

•04 할머니, 여기 앉으세요.
Halmeoni, yeogi anjeuseyo.
奶奶，请坐这儿吧。

•05 아저씨, 세워주세요.
Ajeossi, sewojuseyo.
师傅，停车好吗？

•06 괜찮아요. 얼마 안 가면 내려요.
Gwaenchanayo. Eolma an gamyeon naeryeoyo.
没事。不走多久就下了。

•07 죄송합니다. 괜찮으세요? (다른 사람의 발을 밟았을 때)
Joesonghamnida. Gwaenchaneuseyo?
对不起。还好吗？（踩别人脚时）

实用회화
실용회화
[silyonghoehwa]

01

이명: 이 버스 구청에 가요?
Imyeong: ippeoseu gucheong-e gayo?
李明: 这个公交车去区厅吗?

기사: 아니요, 안 가요.
Gisa: Aniyo, an gayo.
司机: 不去。

이명: 그럼, 몇 번 버스를 타야 돼요?
Imyeong: Geureom, myeot beon beoseureul taya dwaeyo?
李明: 那坐几路公交?

기사: 두개의 버스 노선이 있어요. 정거장 게시판에 상세히 적혀 있을 거에요.
Gisa: Dugaeui beoseu noseoni itseoyo. Jeonggeojang gesipane sangsehi jeokyeo itseul geo-eyo.
司机: 有两辆。在站牌上详细写着。

 稍后

이명: 실례지만 구청으로 가는 8번 버스와 6번 버스중 어느 쪽이 더 빨라요?
Imyeong: Sillyejiman gucheong-euro ganeun palbeon beoseuwa yukbeon beoseujung eoneu jjogi deo ppallayo?
李明: 打扰一下去区厅的8号公交和6号公交, 哪个更快?

길손: 6번이 좀 빠를 거예요. 하지만 차안에서 밖의 경치를 구경하기에는 이 쪽이 낫거든요.
Gilson: Yuk beoni jom ppareul geyeyo. Hajiman chaaneseo bakkui gyeongchireul gugyeonghagieneun I jjogi natgeodeunyo.
过客: 6号稍快一些吧。可要想从车里观看外边的景色, 这辆更好。

이명: 네. 감사합니다. 그럼, 6번 버스를 타야 겠네요.
Imyoeng: Ne, gamsahamnida. Geureom, yukbeon beoseureul taya getneyo.
李明: 好, 谢谢。那得坐6号公交了。

02

이명: 할머니, 여기 앉으세요.
Imyeong: Halmeoni, yeogi anjeuseyo.
李明: 奶奶，坐这儿吧。

할머니: 괜찮아. 얼마 안 가면 내려.
Halmeoni: Gwaenchana. Eolma an gamyeon naeryeo.
奶奶: 没关系，没到一会儿就到了。

이명: 저도 곧 내려요. 얼른 앉으세요.
Imeong: Jeodo got naeryeo yo. Eolleun anjeuseyo.
李明: 我也快下了，您快坐吧。

할머니: 그래, 고마워.
Halmeoni: Geurae, gomawo.
奶奶: 好，谢谢。

이명: 그런데 할머니도 구청에 가세요?
Imyeong: Geureonde halmeonido gucheong-e gaseyo?
李明: 奶奶您也去区厅吗？

할머니: 아니, 나는 장을 보러 간다.
Halmeoni: Ani, naneun jang-eul boreo ganda.
奶奶: 不是，我是去买东西。

이명: 그럼 조심해서 다녀오세요.
Imyeong: Geureom josimhaeseo danyeooseyo.
李明: 那您小心点。

할머니: 너는 구청에 가는 모양이구나.
Halmeoni: Neoneun gucheong-e ganeun moyang-iguna.
奶奶: 你好象去区厅。

이명: 네. 좀 할 일이 있어서요.
Imyeong: Ne, jom hal iri itseoseoyo.
李明: 是。有点事要办。

 회화보충이해
[hoehwabochung-ihae]

此文中的"할머니"不是李明的奶奶。

단어
[daneo]

中文	词性	韩文	拼音	中文	词性	韩文	拼音
办	动词	처리하다	cheorihada	小心	形容词	조심하다	josimhada
快	形容词	빠르다	ppareuda	更	副词	더욱	deo-uk
景色	名词	경치	gyeongchi	外边	名词	밖	bak
详细	形容词	상세하다	sangsehada	启示板	名词	게시판	gesipan

坐出租
택시 타기

常用句型 상용문구
[sang yong mun gu]

•01 어디까지 모셔다 드릴까요?
Eodikkaji mosyeoda deurilkkayo?
送你到哪儿?

•02 거의 다 왔습니다.
Geo-ui da watseumnida.
快到了。

•03 10분 정도 더 가야 합니다.
Sipbun jeongdo deo gaya hamnida.
再走十分左右才可以。

•04 죄송하지만 급하니까 빨리 가주세요.
Joesonghajiman geupanikka ppalli gajuseyo.
不好意思。有急事，请快点走吧。

•05 인천공항까지 몇 분 걸립니까?
Incheongonghangkkaji myeotbun geollimnikka?
到仁川机场需要几分钟?

•06 얼마예요?
Eolmayeyo?
多少钱?

•07 25000원 입니다.
Imanocheonwon imnida.
两万五。

实用会话 실용회화 [silyonghoehwa]

01

택시기사: 어디로 가요?
Taeksigisa: Eodiro gayo?
出租车司机: 去哪儿？

미영: 서울역으로 가 주세요.
Miyeong: Seoulyeogeuro ga ju seyo.
美莹: 去首尔站。

택시기사: 누구 마중하러 가요?
Taeksigisa: Nugu majunghareo gayo?
出租车司机: 接人去吗？

미영: 네. 친구가 놀러 오는데 서울지역에 익숙하지 않아서요.
Miyeong: Ne, chinguga nolleo oneunde seo-uljiyeoge iksukaji anaseoyo.
美莹: 是。朋友要来玩，可不熟悉首尔地区。

택시기사: 서울역으로 가는 버스도 있는데요.
Taeksigisa: Seo-ulyeogeuro ganeun beoseudo itneundeyo.
出租车司机: 去往首尔站的公交也有。

미영: 알아요. 하지만 버스를 타면 늦을 것 같애요. 택시가 좀 비싸지만 친구를 기다리게 할 수는 없잖아요.
Miyeong: Arayo. Hajiman beoseureul tamyeon neujeul geot gataeyo. Taeksiga jom bissajiman chingureul gidarige hal suneun eopjanayo.
美莹: 知道。可坐公交的话可能不赶趟。出租车是有点贵，但总不能让朋友等吧。

택시기사: 택시가 버스나 지하철보다 좀 비싸기는 하죠. 허나 빠르고 편리하잖아요.
Taeksigisa: Taeksiga beoseuna jihacheolboda jom bissagineun hajyo. Heona ppareugo pyeonrihajanayo.
出租车司机: 出租车虽然比公交和地铁贵点，可又快又方便。

미영: 네, 그건 그래요.
Miyeong: Ne, geugeon geuraeyo.
美莹: 对，那到是。

택시기사: 다 왔어요. 어디에 세워 드릴까요?
Taeksigisa: Da watseoyo. Eodie sewo deurilkkayo?
出租车司机: 快到了。在哪儿停好呢?

미영: 어디에 세우면 좋을까요. 함부로 세우면 안되잖아요?
Miyeong: Eodie seumyeon jo-eulkkayo. Hamburo seumyeon andoejanayo?
美莹: 停哪儿好呢。不可以随便停吧?

택시기사: 그럼 저 횡단보도 앞에 세워드릴까요?
Taeksigisa: Geureom jeo hoengdanbodo ape sewodeurilkkayo?
出租车司机: 那停在斑马线前怎么样?

미영: 그 곳이 좋네요.
Miyeong: Geu gosi jonneyo.
美莹: 那儿好。

택시기사: 알겠습니다. 4,500원이에요.
Taeksigisa: Algetseumnida. Sacheonobaekwonieyo.
出租车司机: 知道了。是4,500元。

미영: 여기 오천원이에요.
Miyeong: Yeogi ocheonwonieyo.
美莹: 这儿是5,000元。

택시기사: 네, 감사합니다. 자, 거스름돈 500원 받으세요. 안녕히 가세요.
Taeksigisa: Ne, gamsahamnida. Ja, geoseureumdon obaegwon badeuseyo. Annyeonghi gaseyo.
出租车司机: 好, 谢谢。来, 找您500元零钱。再见。

미영: 감사합니다.
Miyeong: Gamsahamnida.
美莹: 谢谢。

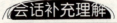 회화보충이해
[hoehwabochung-ihae]

"여기 오천원이에요."的"여기"是给钱时候常用的话。
"허나"和"그러나"是同义词,翻译为"可是"。

단어
[daneo]

中文	词性	韩文	拼音	中文	词性	韩文	拼音
出租车	名词	택시	taeksi	零钱	名词	거스름돈	geoseureumdon
按时	动词	시간에 맞다	sigane matda	地区	名词	지역	jiyeok
收	动词	받다	batda	斑马线	名词	횡단보도선	hoengdanbodoseon
停	动词	서다	seoda	可以	助词	할 수 있다	hal su itda

坐地铁
지하철 타기

상용문구
[sang yong mun gu]

01 경복궁으로 가려면 몇 호선을 타야 합니까?
Gyeongbokgung-euro garyeomyeon myeothoseuneul taya hamnikka?
去景福宫要坐几号线?

02 입구가 어디 입니까?
Ipguga eodi imnikka?
入口在哪儿?

03 동대문 역까지 1호선을 타고 가. 거기에서 4호선을 타고 가면 돼.
Dongdaemun yeokkkaji ilhoseoneul tago ga. Geogieseo sahoseoneul tago gamyeon dwae.
到东大门站坐一号线。在那里坐四号线去就可以。

04 지하철을 타면 편리합니다.
Jihacheoreul tamyeon pyeonrihamnida.
坐地铁方便。

05 시간이 얼마 쯤 걸리나요?
Sigani eolma jjeum geollinayo?
得需要多少时间?

06 출구가 어디예요?
Chulguga eodiyeyo?
出口在哪儿?

实用会话 실용회화 [silyonghoehwa]

01

이명: 내일 종로구에 구경하러 가는데 뭐를 타고 가면 좋아요?
Imyeong: Naeil jongogue gugyeonghareo ganeunde mworeul tago gamyeon joayo?
李明: 明天想去钟路区转转，坐什么好啊？

누나: 지하철을 타면 편리할 거야.
Nuna: Jihacheoreul tamyeon pyeonrihal geoya.
姐姐: 坐地铁方便。

이명: 충무로 역에 어떻게 갑니까?
Imyeong: Chungmuro yeoge eotteoke gamnikka?
李明: 忠武路怎么走？

누나: 동대문 역까지 1호선을 타고 가. 거기에서 4호선을 타고 가면 돼.
Nuna: Dongdaemun yeokkkaji ilhoseoneul tago ga. Geogieseo sahoseoneul tago gamyeon dwae.
姐姐: 坐1号线到东大门站去，从那儿坐4号线就行。

이명: 네, 한국에는 지하철 출입구가 너무 많아 복잡한 것 같더군요.
Imyeong: Ne, han-gugeneun jihacheol chulipguga neomu mana bokjapan geot gatdeogunyo.
李明: 好。韩国的地铁出入口太多了，看起来很复杂。

누나: 그러기에 똑똑히 보고 타야 해. 잘못했다간 길을 잃거든.
Nuna: Geureogie ttokttoki bogo taya hae. Jalmotaetdagan gireul ilkeodeun.
姐姐: 所以要看清楚以后坐。坐错就迷路了。

이명: 만약에 역을 지나치면 어쩌죠?
Imyeong: Manyage yeogeul jinachimyeon eojjeojyo?
李明: 要是过站怎么办？

누나: 그러면 맞은 편에 가서 타면 돼.
Nuna: Geureomyeon majeun pyeone gaseo tamyeon dwae.
姐姐: 那在对面坐就行。

이명: 고속 터미널까지 가는 표 한 장 주세요.
Imyeong: Gosok teomineolkkaji ganeun pyo han jang juseyo.
李明: 请给我一张去高速巴士客运站的票。

직원: 여기 받으세요.
Jigwon: Yeogi badeuseyo.
职员: 给您。

이명: 을지로 2가역에 가려면 몇 번째 역에서 내립니까?
Imyeong: Euljiro i gayeoge garyeomyeon myeot beonjjae yeogeseo naerimnikka?
李明: 请问去乙支路2街要在第几站下车?

직원: 여섯 번째 역에서 내리시면 됩니다.
Jigwon: Yeoseot beonjjae yeogeseo naerisimyeon doemnida.
职员: 第6站下。

이명: 3 호선을 어디서 갈아타야 돼요?
Imyeong: Samhoseoneul eodiseo garataya dwaeyo?
李明: 请问在哪儿可以转3号线?

직원: 표시한 방향을 곧장 가면 돼요.
Jigwon: Pyosihan banghyang-eul gotjang gamyeon dwaeyo.
职员: 按着指示的方向一直走就可以了。

이명: 어느 출구로 나가야 해요?
Imyeong: Eoneu chulguro nagaya haeyo?
李明: 往哪个出口出去?

직원: 4번 출구로 나가세요.
Jigwon: Saben chulguro nagaseyo.
职员: 4号出口。

会话补充理解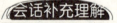
[hoehwabochung-ihae]

"역을 놓치다"是固定词组，翻译成过站。"폐를 끼치다"也是。翻译成打扰别人，影响到别人。

 단어
[daneo]

中文	词性	韩文	拼音	中文	词性	韩文	拼音
复杂	形容词	복잡하다	bokjapada	千万	副词	절대로	jeolttaero
影响	动词	영향주다	yeonghyangjuda	困	形容词	졸리다	jollida
迷路	动词	길을 잃다	gireul ilta	对面	名词	맞은편	majeunpyeon
票	名词	표	pyo	指示	名词	지시	jisi

VI 公共场所
공공장소

约定
약속

 常用句型 상용문구
[sang yong mun gu]

01 내일 오전 9시에 만나.
Naeil ojeon ahopsie manna.
明天上午九点见。

02 우체국 앞에서 만나자.
Ucheguk apeseo mannaja.
在邮局前见。

03 늦지 마.
Neutji ma.
别晚了。

04 너한테 책을 선물 할게.
Neohante chaegeul seonmul halge.
送给你书。

05 언제 시간 나면 밥이라도 먹자.
Eonje sigan namyeon babirado meokja.
有时间吃顿饭吧。

06 내일 약속한 장소에서 만나자.
Naeil yaksokan jangso-eseo mannaja.
明天在约定的场所见。

•07 약속한 걸 꼭 지켜.

Yaksokan-geol kkok jikyeo.
约定的事一定要遵守。

实用会话 실용회화 [silyonghoehwa]

현수: 내일 쇼핑하러 가.
Hyeonsu: Naeil syopinghareo ga.
贤洙: 我明天去购物。

이명: 나도 살 것이 있는데.
Imyeong: Nado sal geosi itneunde.
李明: 我也有东西要买。

현수: 그럼 같이 가.
Hyeonsu: Geureom gachi ga.
贤洙: 那一起去吧。

이명: 어디에 가는데?
Imyeong: Eodie ga-neunde?
李明: 去哪儿?

현수: 동대문에 가려고.
Hyeonsu: Dongdaemune garyeogo.
贤洙: 要去东大门。

이명: 잘 됐어. 옷 사려면 그 곳이 좋지.
Imyeong: Jal dwaeseo. Ot saryeo-myeon geu gosi jochi.
李明: 好啊。买衣服的话那个地方很合适。

현수: 내일 8시에 정거장 앞에서 만나.
Hyeonsu: Naeil yeodeolsie jeonggeojang apeseo manna.
贤洙: 明天8点在车站前见。

현수: 모레 생일이지?
Hyeonsu: More saeng-iriji?
贤洙: 后天是你生日吧?

현애: 내 생일 기억하고 있었구나.
Hyeonae: Nae saeng-il gieokago itseotguna.
贤爱: 你记着我生日啊。

현수: 하나 밖에 없는 동생인데 당연히 기억하지.
Hyeonsu: Hana bakke eopneun dongsaeng-inde dang-yeonhi gieokaji.
贤洙: 就一个妹妹，当然记的了。

현애: 고마워.
Hyeonae: Gomawo.
贤爱: 谢谢。

현수: 뭘 갖고 싶어?
Hyeonsu: Mwol gatgo sipeo?
贤洙: 想要什么?

현애: mp3를 하나 사고 싶은데 좀 비싸서…
Hyeonae: Empiseurwireul hana sago sipeunde jom bissaseo...
贤爱: 想要Mp3，可有点贵……

현수: 알았어. 오빠가 큰 맘 먹고 사주지.
Hyeonsu: Aratseo. Oppaga keun mam meokgo sajuji.
贤洙: 知道了。哥下狠心给你买吧。

 회화보충이해
[hoehwabochung-ihae]

큰 맘 먹다: 下狠心，下决心

 단어
[daneo]

中文	词性	韩文	拼音	中文	词性	韩文	拼音
购物	名词	쇼핑	syoping	买	动词	사다	sada
生日	名词	생일	saeng-il	车站	名词	정거장	jeonggeojang
衣服	名词	옷	ot	贵	形容词	비싸다	bossada
约定	名词	약속	yaksok	晚	动词	늦다	neutda

邮局
우체국

常用句型 상용문구
[sang yong mun gu]

01 이 편지를 항공편으로 보내주세요.
I pyeonjireul hanggongpyeoneuro bonaejuseyo.
这封信请给寄航空信。

02 삼백 원 짜리 우표를 붙이면 돼요.
Sambaegwon jjari upyoreul buchimyeon dwaeyo.
贴上300元的邮票就可以。

03 언제쯤 편지가 도착합니까?
Eonjejjeom pyeonjiga dochakamnikka?
信什么时候寄到?

04 소포를 부치려고 하는데요.
Soporeul buchiryeogo haneundeyo.
想寄包裹。

05 항공편과 선편에서 어느 쪽으로 보내실 겁니까?
Hanggongpyeongwa baenpyeoneseo eoneu jjogeuro bonaesil geomnikka?
航邮还是水路邮递?

06 보증금은 얼마 입니까?
Bijeung-geumgeun eolmaimnikka?
保价金是多少?

07 전보를 치겠습니다.
Jeonbureul chigetseumnida.
我要打电报。

实用会话 실용회화
[silyonghoehwa]

01

이명: 중국으로 편지를 붙이려 하는데요.
Imyeong: Junggugeuro pyeonjireul buchiryeo haneundeyo.
李明: 想往中国寄信。

직원: 보통 항공 우편이에요?
Jigwon: Botong hanggong upyeonieyo?
职员: 一般航邮吗?

이명: 네. 중국까지 가려면 대략 며칠 걸려요?
Imyeong: Ne. Junggukkkaji gareomyeon daeryak myeochil geollyeoyo?
李明: 到中国大概需要几天?

직원: 일주일 정도 걸릴 거예요.
Jigwon: Iljuil jeongdo geollil geoyeyo.
职员: 一周左右吧。

이명: 제가 등기로 하면 안 돼요?
Imyeong: Jega deunggiro hamyeon an dwaeyo?
李明: 可以寄挂号吗?

직원: 됩니다. 그러면 3000원 추가해야 됩니다.
Jigwon: Doemnida. Geureomyeon samcheonwon chugahaeya doemnida.
职员: 可以。那得加3000元。

이명: 그럼, 모두 얼마예요?
Imyeong: Geureom, modu eolmayeyo?
李明: 那一共多少钱?

직원: 이 편지가 25그람이니, 4000원이고 등기 우편이니 3000원 추가하면 모두 7000원이에요.
Jigwon: I pyeonjiga isibo geuramyini sacheonwonigo deunggi upyeonini samcheonwon chugahamyeon modu chilcheonwonieyo.
职员: 这个信有25克, 那就是4000元了。加3000元的话一共7000元。

이명: 중국에 이 소포를 부치려고 하는데요.
Imyeong: Jungguge I soporeul buchiryeogo haneundeyo.
李明: 想往中国寄这个包裹。

직원: 항공편과 선편에서 어느 쪽으로 보내실 겁니까?
Jigwon: Hanggongpyeongwa seonpyeoneseo eoneu jjogeoro bonaesil geomnikka?
职员: 航邮还是水路邮递？

이명: 가격은 얼마 차이 납니까?
Imyeong: Gagyeogeun eolma chai namnikka?
李明: 差价多少？

직원: 5천원 차이가 납니다. 항공편은 8천원 정도이고 선편은 3천원 정도 듭니다.
Jigwon: Ocheonwon chaiga namnida. Hanggongpyeoneun palcheonwon jeongdoigo seonpyeoneun samcheonwon jeongdo deumnida.
职员: 差五千元。航邮是八千元左右，水路邮递是三千元左右。

이명: 선편으로 보내면 중국에 언제쯤 도착합니까?
Imyeong: Seonpyeoneuro bonaemyeon jungguge eonjejjeum dochakhamnikka?
李明: 水路邮递的话什么时候到中国？

직원: 보통 한 달 정도 걸립니다.
Jigwon: Botong han dal jeongdo gellimnida.
职员: 一般是一个月左右。

이명: 그러면 선편으로 보내 주세요. 이 소포를 금액 보증 하면안 돼요?
Imyeong: Geureomyeon seonpyeoneuro bonae juseyo. I soporeul geumaek bojeung-eul hamyeon an dwaeyo?
李明: 那用水陆邮递吧。这个包裹能保价吗？

직원: 됩니다. 금액 보증의 최고금액은 400만원 입니다.
Jigwon: Doemnida. Geumaek bojeung-ui choegogeumaegeun sabaekmanwon imnida.
职员: 可以，保价的最高限额是四百万元。

会话补充理解 회화보충이해
[hoehwabochung-ihae]

돈이 들다: 用钱   例: 돈이 400원 들었어요 用了400元。

단어
[daneo]

中文	词性	韩文	拼音	中文	词性	韩文	拼音
邮寄	动词	부치다	buchida	加	动词	추가하다	chugahada
信	名词	편지	pyeonji	钱	名词	돈	don
多少	副词	얼마	eolma	包裹	名词	소포	sopo
水路邮递	名词	선편	baenpyeon	价格	名词	가격	gagyeok

美容，美发院
미용실, 미장원

常用句型 상용문구
[sang yong mun gu]

01 보기 좋도록 깎아 주세요.
Bogi jotorok kkaga juseyo.
剪得好看就可以。

02 요즘 유행하는 스타일로 해주세요.
Yojeum yuhaenghaneun seuta-illo haejuseyo.
剪最近流行的发型。

03 파마를 해주세요.
Pamareul haejuseyo.
我要烫头。

04 길게 깎아 드릴까요? 아니면 짧게 깎아 드릴까요?
Gilge kkaga deurilkkayo? animyeon Jjapge kkaga deurilkkayo?
剪短呢？还是剪长呢？

05 마음에 드십니까?
Ma-eume deusimnikka?
满意吗？

06 수고하셨습니다.
Sugohasyeotseumnida.
辛苦了。

07 머리를 감을까요?
Meorireul gameulkkayo?
洗头吗？

실용회화
[silyonghoehwa]

01

미용사: 어서 오세요. 어떠한 헤어 스타일을 하고 싶어요?
Miyongsa: Eoseo oseyo. Eotteohan heeo seutaireul hago sipeoyo?
美容师: 欢迎光临。想要做什么样式的头发?

이명: 파마를 하려고 합니다.
Imyeong: Pa-mareul haryeogo hamnida.
李明: 想烫头。

미용사: 어떤 스타일의 파마를 하려고 해요? 여기 여러가지 모델이 있는데 마음에 드는 것이 있으면 선택해 주세요.
Miyongsa: Eotteon seutairui pa-mareul haryeogo haeyo? Yeogi yeoreogaji moderi itneunde ma-eum edeu-neun geosi itseu-myeon seontaekae juseyo.
美容师: 做什么样式的烫发? 这里有各种各样的样本，挑个满意的吧。

이명: 다 이쁜데요. 저한테 맞는 것이 어떤 것인지 잘 모르겠네요.
Imyeong: Da Ippeundeyo. Jeohante matneum geosi eotteon geosinji jal moreugetneyo.
李明: 都漂亮。可不清楚哪个跟我配。

미용사: 그럼 제가 도와드릴까요?
Miyongsa: Geureom jega dowadeurilkkayo?
美容师: 那要我帮忙吗?

이명: 네. 최신 헤어 스타일이면서도 저하고 잘 어울리는 것으로 골라 주세요.
Imyeong: Ne. Choesin heeo seutairimyeonseodo jeohago jal eoulrineun geoseuro golla juseyo.
李明: 好，挑既是最新样式的又跟我配的吧。

미용사: 이 것이 어때요? 모델 것보다 좀 짧게 깎으면 고객분에게 좋을 것 같은데.
Miyongsa: I geosi eottaeyo? Model geotboda jom jjapge kkageumyeon gogaekbunege jo-eul geot gateunde.
美容师: 这个怎么样? 比模特儿的稍微短点就很合适您。

이명: 좋아 보이네요. 이 걸로 하지요.
Imyeong: Joa boi-neyo. I geollo hajiyo.
李明: 看起来不错，就来这个吧。

직원: 어서 오세요. 지정된 미용사는 있으세요?
jigwon: Eoseo oseyo. Jijeongdoen miyongsa-neun itseuseyo?
职员: 欢迎光临。有指定的美容师吗?

현수: 없어요.
Hyeonsu: eopseoyo.
贤洙: 没有。

직원: 그럼 제가 한 분 소개해 드릴게요.
jigwon: Geureom jega han bun sogaehae deurilkeyo.
职员: 那给您介绍吧。

현수: 그래요.
Hyeonsu: Geuraeyo.
贤洙: 好的。

미용사: 안녕하세요. 제가 고객님의 담당미용사입니다.
Miyongsa: Annyeonghaseyo. Jega gogaeknimui damdang miyongsayimida.
美容师: 您好。我是您的发型设计师。

현수: 네, 머리를 간단히 자르려고 해요.
Hyeonsu: Ne. Meorireul gandanhi jareuryeogo haeyo.
贤洙: 是吗。想简单剪一下。

미용사: 길게 깎아 드릴까요 아니면 짧게 깎아 드릴까요?
Miyongsa: Gilge kkaga deurilkkayo animyeon jjapge kkaga deurilkkayo?
美容师: 剪长呢还是剪短呢?

현수: 너무 짧지 않으면 돼요.
Hyeonsu: Neomu jjapji aneu-myeon dwaeyo.
贤洙: 别太短就行。

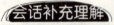
회화보충이해
[hoehwabochung-ihae]

"머릿결"翻译成发质, 可有时翻译成头发。例如: 머릿결 자르르 윤기가 흐르다: 头发光滑润泽

상관단어
[daneo]

中文	词性	韩文	拼音	中文	词性	韩文	拼音
头发	名词	머리	meori	样式	名词	스타일	seutail
相配	形容词	어울리다	eoullida	稍微	副词	조금	jogeum
顾客	名词	고객	gogaek	指定	动词	지정하다	jijeonghada
简单	形容词	간단하다	gandanhada	挑	动词	고르다	goreuda

剧场
극장

 상용문구
[sang yong mun gu]

01 무슨 영화를 봤어?
Museum yeonghwareul bwatseo?
看什么电影了?

02 너무 재미있는 영화였어.
Neomu jaemiitneun yeonghwayeotseo.
是部很有意思的电影。

03 주인공은 누구야?
Juin-gong-eun nuguya?
主人公是谁?

04 팝콘이랑 콜라랑 사야 돼.
Papkonirang kollarang sayadwae.
得买爆米花和可乐。

05 장동건 팬이였어.
Jangdonggeon paenieotseo.
我是张东健的影迷。

06 표는 샀어?
Pyoneun satseo?
买票了吗?

07 극장안에 너무 시끄러워.
Geukjang-ane neomu sikkeureowo.
剧场内很吵。

 실용회화 [silyonghoehwa]

01

인수: 무슨 영화를 봤어?
Insu: Museun yeonghwareul bwatseo?
仁寿: 看了什么电影？

현수: 놈놈놈을 봤어.
Hyeonsu: Nomnomnomeul bwatseo.
贤洙: 看人人人了。

인수: 놈놈놈? 영화 이름이 재미있구나.
Insu: Nomnomnom? Yeonghwa ireumi jaemitguna.
仁寿: 人人人？电影名字好笑啊。

현수: 이름뿐만 아니라 내용도 재미있어.
Hyeonsu: Irumppunman anira naeyongdo jaemiitseo.
贤洙: 不仅是名字内容也好看。

인수: 주인공은 누구야?
Insu: ju-in-gong-eun nuguya?
仁寿: 谁是主人公啊？

현수: 이병헌이야.
Hyeonsu: Ibyeongheoniya.
贤洙: 是李秉宪。

인수: 와, 그래. 난 이병헌 팬인데. 꼭 봐야 겠어.
Insu: Wa, guerae. Nan ibyeongheon paeninde. Kkok gabwaya getseo.
仁寿: 哇，是吗。我是李秉宪的影迷。一定得看。

현수: 본 다음 실망하진 않을 거야.
Hyeonsu: Bon da-eum silmanghajin aneul geoya.
贤洙: 看完之后至少不会失望的。

인수: 미안해. 좀 늦었어.
Insu: Mi-anae. Jom neujeotseo.
仁寿: 对不起。稍微晚点了。

은지: 괜찮아. 나도 금방 왔어.
Eunji: Gwaenchana. Nado geumbang watseo.
恩智: 没关系。我也刚来。

인수: 영화 시작 안했지?
Insu: Yeonghwa sijak anhaetji?
仁寿: 电影还没开始吧?

은지: 아직 시작 안했어. 들어가자.
Eunji: Ajik sijak anhaetseo. Deureogaja.
恩智: 还没有。进去吧。

인수: 잠깐, 팝콘이랑 콜라랑 사야 돼.
Insu: Jamkkan, papkonirang kollarang saya dwae.
仁寿: 等会儿, 得买爆米花和可乐。

은지: 그래, 영화 보는데 이 두 가지는 꼭 챙겨야지.
Eunji: Geurae, yeonghwa boneunde I dugajineun kkok chaenggyeoyaji.
恩智: 好, 看电影这两样东西是必备的。

인수: 근데 너무 시끄럽게 먹지 말자. 다른 사람들에게 폐를 끼칠라.
Insu: Geunde neomu sikkeureopge meokji malja, dareun saramdeurege pereul kkichilla.
仁寿: 可是吃的时候不要太吵了, 会影响别人的。

은지: 알았어. 표는 샀어?
Eunji: Aratseo. Pyeoneun satseo?
恩智: 知道了。票买了吗?

회화보충이해
[hoehwabochung-ihae]

"必"和"一定"都翻译成"꼭", 是同义词。
"놈놈놈? 영화 이름이 재미있네。"这里的"재미있네"是可笑的意思,
"현수: 이름뿐만 아니라 내용도 재밌어。" 而这里的中"재밌어"是好看的的意思。

단어 [daneo]

中文	词性	韩文	拼音	中文	词性	韩文	拼音
电影	名词	영화	yeonghwa	内容	名词	내용	naeyong
好笑	形容词	우습다	useupda	主人公	名词	주인공	ju-ingong
一定	副词	꼭	kkok	失望	动词	실망하다	silmanghada
爆米花	名词	팝콘	papkon	票	名词	표	pyo
吵	形容词	시끄럽다	sikkeureopda	必	副词	반드시, 꼭	bandeusi,kkok

医院
병원

 상용문구
[sang yong mun gu]

01 어디 편찮으십니까?
Eodi pyeonchaneusimnikka?
哪儿不舒服?

02 감기입니다.
Gamgi-imnida.
是感冒。

03 머리가 너무 아파요.
Meoriga neomu apayo.
头很痛。

04 별일 없어요.
Byeol-il eopseoyo.
没什么毛病。

05 약처방을 드리겠어요.
Yakcheobang-eul deurigetseoyo.
给您处方。

06 엑스레이를 찍어야 알 수 있습니다.
Ekseure-ireul jjigeoya al su itseumnida.
照完x光才能知道。

07 주의 할 점은 무엇이에요?
Juui hal jeomeun museosieyo?
注意点是什么?

实用会话 실용회화 [silyonghoehwa]

01

의사: 어디 편찮으십니까?
Uisa: Eodi pyeonchaneusimnikka?
医生: 哪儿不舒服啊?

이명: 머리가 아프고 콧물이 나와요. 감기인지 모르겠어요.
Imyeong: Meoriga apeugo konmuri nawayo. Gamgi-inji moreugetseoyo.
李明: 头疼还有流鼻涕。不知是不是感冒。

의사: 그럼 이 체온계로 열을 재보세요.
Uisa: Geureom I che-on-gyero yeoreul jaeboseyo.
医生: 那用这个体温计量体温吧。

잠시후
Jamsihu   稍后

의사: 체온계를 이리 주세요. 38.8도예요, 열이 좀 있네요.
Uisa: Che-on-gyereul iri juseyo. Samsippaljeompaldo yeyo, yeori jom itneyo.
医生: 给我体温计。38.8度,稍微发烧。

이명: 감기인가요?
Imyeong: Gamgi-ingayo?
李明: 是感冒吗?

의사: 더 검사해봐야 명확할 것 같아요. 웃옷을 위로 거두어 주세요. 청진 할테니 심호흡을 하세요. 감기 맞네요.
Uisa: Deo geomsahaebwaya myeonghwakal geot gatayo. Udoseul wiro geodwo juseyo. Cheongjin halteni simhoheubeul haseyo. Gamgi matneyo.
医生: 再检查才能清楚。把上衣往上卷起来吧。要听诊了,深呼吸。是感冒没错。

현수: 의사 선생님, 제가 축구를 하다가 발목을 다쳤어요
Hyeonsu: Uisa seonsaengnim, jega chukgureul hadaga balmogeul dachyeotseoyo.
贤洙: 医生,我踢球伤着脚踝课了。

의사: 그래요? 어디 봅시다. 다리를 거두세요.
Uisa: Geuraeyo? Eodi bopsida. Darireul geoduseyo.
医生: 是吗? 看看吧。卷起裤管吧。

현수: 아파서 제대로 걷지 못하겠어요.
Hyeonsu: Apaseo jedaero geotji motagetseoyo.
贤洙: 疼得不能走路了。

의사: 눌러 보겠으니 아파도 좀 참으세요.
Uisa: Nulleo bogetseuni apado jom chameuseyo.
医生: 我摁一下，疼也忍着点。

현수: 아! 그 곳이 제일 아파요. 발목이 삔 것 같아요.
Hyeonsu: A! Geugosi jeil apayo. Balmogi ppin geot gatayo.
贤洙: 啊！那儿最疼了。可能崴了。

의사: 뼈가 다쳤는지는 엑스레이를 찍어야 알 수 있습니다.
Uisa: Ppyeoga dachyeotneunji ekseure-ireul jjigeoya al su itseumnida.
医生: 伤没伤到骨得照完X光才能知道。

현수: 네. 알겠습니다.
Hyeonsu: Ne. Algetseumnida.
贤洙: 好的，知道了。

[hoehwabochung-ihae]

"다리를 거두다"是卷起裤腿的意思也可以翻译成"바지를 말아 올리세요"，不是卷腿。
"열이 있다, 열이 나다" 都翻译成发热。

[daneo]

中文	词性	韩文	拼音	中文	词性	韩文	拼音
鼻涕	名词	콧물	konmul	感冒	名词	감기	gamgi
处方	名词	처방	cheobang	体温	名词	체온	che-on
慢慢	副词	천천히	cheoncheonhi	忍	动词	참다	chamda
照片	名词	사진	sajin	脚脖	名词	발목	balmok
骨	名词	뼈	ppyeo	卷起	动词	말아 올리다	mara ollida

学校
학교

常用句型 상용문구
[sang yong mun gu]

•01 선생님 안녕하세요.
Seonsaengnim annyeonghaseyo.
老师好。

•02 수업을 시작하겠습니다.
Sueobeul sijakagetseumnida.
开始上课了。

•03 리포트를 제출하세요.
Ripoteureul jechulhaseyo.
请提交报告。

•04 준비가 제대로 안 됐습니다.
Junbiga jedaero an dwaetseumnida.
没准备好。

•05 좀 조용하십시오.
Jom joyonghasipsio.
请安静点。

•06 선생님, 이해가 안되는 것이 있습니다.
Seonsaengnim, ihaega andeoneun geosi itseumnida.
老师，有不理解的地方。

•07 무단결석을 한 학생은 누구예요?
Mudan-gyeolseogeul han haksaeng-eun nuguyeyo?
旷课的同学是谁？

 실용회화
[silyonghoehwa]

01

학생: 선생님 안녕하세요.
Haksaeng: *Seonsaengnim annyeonghaseyo.*
学生: 老师好。

선생님: 여러분 안녕하세요. 오늘 발표할 학생은 누구 입니까?
Seonsaengnim: *Yeoreobun annyeonghaseyo. Oneul balpyohal haksaeng-eun nugu imnikka?*
老师: 大家好。今天要发表的同学是谁?

현수: 저입니다.
Hyeonsu: *Jeoimnida.*
贤洙: 是我。

선생님: 준비는 했어요?
Seonsaengnim: *Junbineun haetseoyo?*
老师: 准备好了吗?

현수: 죄송합니다. 준비가 제대로 안됐습니다. 내일 하면 안될까요?
Hyeonsu: *Joesonghamnida. Junbiga jedaero an dwaetseumnida. naeil hamyeon an doelkkayo?*
贤洙: 对不起。没准备好。明天发表可以吗?

선생님: 다음에는 이런 일이 없도록 하세요. 자, 그럼 수업을 시작하겠습니다.
Seonsaengnim: *Da-eumeneun ireon iri eopdorok haseyo. Ja, geureom sueobeul sijakagetseumnida.*
老师: 希望下次没有这种事。好,那开始上课吧。

인수: 어제 숙제에서 이해가 안가는 부분이 있는데요.
Insu: *Eoje sukjeeseo ihaega anganeun bubuni itneundeyo.*
仁寿: 昨天作业当中有不理解的部分。

선생님: 말해보세요.
Seonsaengnim: *Malhaeboseyo.*
老师: 说说看。

지애: 선생님, 내일 저 결석을 할 것 같습니다.
Jiae: *seonsaengnim, naeil jeo gyeolseogeul hal geotgatseumnida.*
智爱: 老师,明天我可能得请假。

선생님:　무슨 일 있어?
Seonsaengnim:　Museum il itseo?
老师:　有什么事吗?

지애:　할머니가 몸이 편찮으셔서 문안을 가야해요.
Jiae:　Halmeoniga momi pyeonchaneusyeoseo munaneul gayahaeyo.
智爱:　奶奶身体不舒服，我得去看看。

선생님:　그래. 다녀와.
Seonsaengnim:　Geurae. Danyeowa.
老师:　知道了。去吧。

지애:　감사합니다
Jiae:　Gamsahamnida.
智爱:　谢谢老师。

선생님:　대신 내일 리포트를 제출하는 것을 잊지 마.
Seonsaengnim:　Daesin naeil ripoteureul jechulhaneun geoseul itji ma.
老师:　可明天别忘了交报告。

지애:　네. 이미 다 작성해놓았어요.
Jiae:　Ne. Imi da jakseonghaenoatseoyo.
智爱:　好的。已经做完了。

会话补充理解　회화보충이해 [hoehwabochung-ihae]

대신: 代　例子: 대신 받다: 代领　可在此文中因语感翻译成"可"。
리포트를 제출하다: 提交报告
이해가 안가다: 不理解

 단어 [daneo]

中文	词性	韩文	拼音	中文	词性	韩文	拼音
发表	动词	발표하다	balpyohada	希望	动词	희망하다	huimanghada
作业	名词	숙제	sukje	部分	名词	부분	bubun
请假	动词	결석하다	gyeolseoghada	忘	动词	잊다	itda
提交	动词	제출하다	jechulhada	慰问	动词	문안하다	mananhada

VII 餐饮
음식

韩国料理店
한국요리점

常用句型 상용문구
[sang yong mun gu]

01 무슨 한국요리를 드시겠습니까?
Museum han-gukyorireul deusigetseumnikka?
想吃什么韩国料理?

02 김치찌개를 먹고 싶어요.
Gimchijjigaereul meokgo sipeoyo.
想吃泡菜汤。

03 된장찌개를 주세요.
Doenjangjjigae juseyo.
要碗酱汤。

04 삼겹살을 먹으러 가자.
Samgyeopsaleul meogeureo gaja.
去吃烤五花肉吧。

05 깍두기가 맛있어.
Kkakdugiga masitseo.
泡萝卜块儿好吃。

06 오징어무침 주세요.
Ojing-eomuchim juseyo.
要盘拌墨斗鱼。

07 잘 먹었습니다.
Jal meogeotseumnida.
谢谢款待。

实用会话 실용회화 [silyonghoehwa]

현수: 한국요리에서 먹고 싶은 거 없어?
Hyeonsu: *han-gukyorieseo meokgo sipeun geo eopseo?*
贤洙: 韩国料理中有想吃的吗?

이명: 응, 많지. 중국에서 대장금이란 드라마에서 봤는데 맛있어 보이더라.
Imyeong: *Eung. Manchi. Junggugeseo daejanggeumiran deurama-eseo bwatneunde masitseo boideora.*
李明: 恩。在中国看过叫《大长今》的电影看起来很好吃。

현수: 그럼 한국요리집에 가자. 내가 살게.
Hyeonsu: *Geureom han-gukyorijibe gaja. Naega salge.*
贤洙: 那去韩国料理店吧。我请。

이명: 너무 고마워.
Imyeong: *Neomu gomawo.*
李明: 太谢谢了。

현수: 음식도 한 나라의 문화를 이해하는데 필요하거든.
Hyeonsu: *Eumsikdo han naraui munhwareul ihaehaneunde piryohageodeun.*
贤洙: 饮食对了解一个国家的文化是必要的。

잠시후 *Jamsihu* 稍后

현수: 이건 김치찌개이고 저건 청국장이라 해. 그리고 너 앞에 놓인 것은 한국 대표음식 김치야.
Hyeonsu: *Igeon gimchijjigaeigo jeogeon cheonggukjang-ira hae. Geurigo neo ape noin geoseun han-guk daepyo-eumsik gimchiya.*
贤洙: 这是泡菜汤,那个是臭酱汤。还有你前面的是韩国的代表菜泡菜。

이명: 중국에 있을 때 많이 들어 봤었는데 직접 먹어 보니까 참 맛있구나.
Imyeong: Jungguge itseul ttae mani deureo bwatneunde jikjeop meogeo bonikka cham masitguna.
李明: 在中国时听说过，真正吃起来还真好吃。

직원: 어서 오세요. 몇 분이세요?
Jigwon: Eoseo oseyo. Myeot buniseyo?
职员: 欢迎光临。几位？

이명: 세 명입니다.
Imyeong: Se myeong-imnida.
李明: 3位。

직원: 이 쪽으로 오세요. 여기 메뉴판입니다. 어떤 요리를 주문하시겠습니까?
Jigwon: I jjogeuro oseyo. Yeogi menyupanimnida. Eotteon yorireul jumunhasigetseumnikka?
职员: 请到这儿来。这是菜单。想点什么菜？

이명: 삼겹살 3인분 주세요.
Imyeong: Samgyeopsal saminbun juseyo.
李明: 要三份五花肉。

직원: 오늘은 돼지갈비가 특가인데요. 하실래요?
Jigwon: Oneureun dwaejigalbiga teukgaindeyo. Hasillaeyo?
职员: 今天猪排是特价。要吗？

이명: 아니요.
Imyeong: Aniyo.
李明: 不要。

직원: 마실 것은 무엇으로 할래요?
Jigwon: Masil geoseun mueoseuro hallaeyo.
职员: 喝的要什么？

이명: 소주 두 병과 맥주 한 병 주세요.
Imyeong: Soju du byeonggwa maekju han byeong juseyo.
李明: 两瓶烧酒和一瓶啤酒。

직원: 네, 알겠습니다. 잠깐만 기다리세요.
Jigwon: Ne, algetseumnida. Jamkkanman gidariseyo.
职员: 好，知道了。稍微等一会儿。

 회화보충이해
[hoehwabochung-ihae]

"직접 먹어 보니까 참 맛있네." 这里的"직접"不能翻译成"直接",此文中翻译成"真正"更为恰当。

 단어
[daneo]

中文	词性	韩文	拼音	中文	词性	韩文	拼音
臭酱汤	名词	청국장	cheonggukjang	泡菜汤	名词	김치찌개	gimchijjigae
泡菜	名词	김치	gimchi	代表	名词	대표	daepyo
文化	名词	문화	munhwa	电视剧	名词	드라마	deurama
菜单	名词	메뉴	menyu	特价	名词	특가	teukga
烧酒	名词	소주	soju0	猪排	名词	돼지갈비	dwaejigalbi

中国料理店
중국요리점

 상용문구
[sang yong mun gu]

01 자장면 한 그릇 주세요.
Jajangmyeon han geureut juseyo.
要碗炸酱面。

02 중국집에서 자장면 시켜 먹자.
Junggukjibeseo jajangmyeon sikyeo meokja.
到中国料理店吃炸酱面吧。

03 탕수육 한 그릇 주세요.
Tangsuyuk han geureut juseyo.
要一碗糖醋肉。

04 맛있게 드세요.
Masitge deuseyo.
请慢用。

05 서비스가 좋아요?
Seobiseuga joayo?
服务好吗？

06 단무지를 서비스로 주시면 안되나요?
Danmujireul seobiseuro jusimyeon andeonayo?
能送个腌萝卜吗？

 실용회화
[silyonghoehwa]

어머니: 온종일 쇼핑하느라 힘들었지? 배 고프겠다.
Eomeoni: Onjong-il syopinghaneura himdeureotji? Bae gopeugetda.
妈妈: 整天购物累吧？饿了吧？

餐饮_133

현수:	네. 배 고파서 다리에 맥이 다 풀려요.
Hyeonsu:	Ne. Bae gopaseo darie maegi da pullyeoyo.
贤洙:	是啊，饿得腿都没劲儿了。

어머니:	그러면 중국집 가서 자장면을 시켜 먹자.
Eomeoni:	Geureomyeon junggukjip gajeo jajangmyeoneul sikyeo meokja.
妈妈:	那就去中国料理店点炸酱面吃吧。

현수:	이럴 때면 자장면이 최고지요.
Hyeonsu:	Ireol ttaemyeon jajangmyeoni choegojiyo.
贤洙:	这种时候吃炸酱面是最棒的了。

어머니:	이 근처에 맛있게 하는 집 아는 거 없어?
Eomeoni:	I geuncheo-e masitge haneun jip aneun geo eopseo?
妈妈:	这附近哪里做的好吃，你知道吗？

현수:	전번에 이명이랑 같이 갔던 곳이 있어요. 서비스도 좋고 맛있어요.
Hyeonsu:	Jeonbeone imyeong-irang gachi gatdeon gosi itseoyo. Seobiseudo joko masitseoyo.
贤洙:	有上次跟李明一起去过的那家。服务好又好吃。

어머니:	그럼 빨리 가자.
Eomeoni:	Geureom ppalli gaja.
妈妈:	那快走吧。

직원:	맛있게 드세요.
Jigwon:	Masitge deoseyo.
职员:	尽情享用。

어머니:	감사합니다. 맛있겠다. 어서 먹어.
Eomeoni:	Gamsahamnida. Masitgetda. Eoseo meogeo.
妈妈:	谢谢。看起来好吃。快吃吧。

현수:	근데요, 자장면에 단무지가 있어야 제 맛이죠.
Hyeonsu:	Geondeyo, jajangmyeone danmujiga itseoya je masijyo.
贤洙:	可得有腌萝卜才好吃啊。

어머니:	이러고 보니 단무지가 없네. 저기요, 여기 단무지를 서비스로 주시면 안 돼요?
Eomeoni:	Ireogo boni danmujiga eopne. Jeogiyo, yeogi danmujireul seobiseuro jusimyeon an dwaeyo?
妈妈:	没腌萝卜啊。服务员，可不可以给我们送盘腌萝卜啊。

직원: 죄송합니다. 단무지는 원래 서비스로 드리는 것인데 제가 그만 깜박했네요. 금방 올려 드리겠습니다.
Jigwon: Joesonghamnida. Danmujineun wonrae seobiseuro deurineun geosinde jega geuman kkampakhaetneyo. Geumbang ollyeo deurigetseumnida.
职员: 对不起。腌萝卜原来就是赠送的,可我忘了。马上送来。

어머니: 이 탕수육도 먹어 봐. 맛이 괜찮아.
Eomeoni: I tangsuyukdo meogeo bwa. Masi gwaenchana.
妈妈: 这个糖醋肉也尝尝吧。味道不错。

현수: 죽여 줘요. 근데 중국의 자장면은 우리 나라의 것과 다르다네요.
Hyeonsu: Jugyeo jwoyo. Geunde junggugui jajangmyeoneun uri naraui geotgwa dareudaneyo.
贤洙: 棒极了。可听说中国的炸酱面跟我们国家的不一样啊。

어머니: 그럼, 나중에 한국 사람의 입에 맞게 고쳐진 것이지. 하지만 탕수육은 중국에서도 아마 이 맛일 거야.
Eomeoni: Geureom, najunge han-guk saramui ibe matge gochyeojin geosiji. Hajiman tangsuyukeun junggugeseodo ama I masil geoya.
妈妈: 是,后来被改的合韩国人口味了。可糖醋肉好像是在中国也是这个味儿。

会话补充理解 회화보충이해
[hoehwabochungihae]

"尝尝"也翻译成"간을 보다"。"단무지"是日式咸菜,一般吃炸酱面时当做小菜来吃。"제 맛이죠"的全文是"진정한 맛을 맛볼 수 있죠."
"중국집 가서 짜장면을시켜 먹자"这里的"중국집"是指中国料理店。

单词 단어
[daneo]

中文	词性	韩文	拼音	中文	词性	韩文	拼音
饿	动词	배고프다	baegopeuda	腿	名词	다리	dari
棒	形容词	좋다	jota	服务	名词	서비스	seobiseu
味道	名词	맛	mat	后来	副词	(그)후	geuhu
符合	动词	맞다	matda	糖醋肉	名词	탕수육	tangsuyuk
附近	名词	근처	geuncheo	尝	动词	맛보다	matboda

咖啡店
커피숍

 상용문구
[sang yong mun gu]

01 커피 한 잔 주세요.
Keopi han jan juseyo.
要杯咖啡。

02 뭘 마실래요?
Mwol masillaeyo?
想喝什么?

03 주스 한 잔 주세요.
Juseu han jan juseyo.
来杯橙汁。

04 어서 오세요. 몇 분이에요?
Eoseo oseyo, myeot buni-eyo?
欢迎光临,几位?

05 안주는 어떤 걸로 할래요?
Anjuneun eotteon geollo hallaeyo?
酒菜来点什么?

06 마른 오징어와 치킨 샐러드를 주세요.
Mareun ojing-eowa chikin saelleodeureul juseyo.
要鱿鱼干和鸡肉沙拉。

07 과일 하나 주세요.
Gwail hana juseyo.
要个果盘。

 실용회화
[silyonghoehwa]

01

직원: 어서 오십시오. 몇 분이세요?
Jigwon: Eoseo osipsio. Myeotbuniseyo?
职员: 欢迎光临。几位?

이명: 두 명이에요. 창문 옆 자리가 없어요?
Imyeong: Du myeong-ieyo. Changmun yeop jariga eopseoyo?
李明: 两位。有没有靠窗的位子?

직원: 이 쪽으로 오세요. 뭘 드실래요?
Jigwon: I jjogeuro oseyo. Meol deusillaeyo?
职员: 请到这儿来。喝什么?

이명: 잠깐만요. 얘, 넌 뭐 마실래?
Imyeong: Jamkkanmanyo. Yae, neon mo masillae?
李明: 等一会儿。嘿,你喝什么?

인수: 난 커피로 할래.
Insu: Nan keopiro hallae.
仁寿: 我要喝咖啡。

이명: 너 아침에 마셨잖아, 또 야?
Imyeong: Neo achime masyeotjana, tto ya?
李明: 你早上不是喝过了,又喝?

인수: 자꾸 졸려.
Insu: Jakku jollyeo.
仁寿: 老犯困。

02

이명: 시원한 맥주나 한잔 하자.
Imyeong: Siwonhan maekjuna hanjan haja.
李明: 喝点凉爽的啤酒吧。

인수: 좋지.
Insu: Jochi.
仁寿: 好啊。

미진:	난 됐어. 위가 좀 안 좋아서. 난 주스로 할래.
Mijin:	Nan dwaetseo. Wiga jom an joaseo. Nan juseuro hallae.
美真:	我不要。胃有点不舒服。我要喝橙汁。

이명:	그래. 괜히 술을 마셔 몸 상할라.
Imyeong:	Geurae gwaenhi sureul masyeo mom sanghalla.
李明:	好吧，别无故的喝酒伤身了。

인수:	맥주는 청도 맥주로 하자. 이명이도 있으니까.
Insu:	Maekjuneun cheongdo maekjuro haja. imyeong-ido itseunikka.
仁寿:	啤酒就来青岛啤酒吧。因为有李明。

이명:	아니야, 난 괜찮아. 이 참에 한국 맥주를 마셔보지.
Imyeong:	Aniya, nan gwaenchana. I chame han-guk maekjureul masyeoboji.
李明:	不用，我没事。趁这次试着喝韩国啤酒。

인수:	그럼 카스로 하자. 안주는 마른 오징어와 치킨 샐러드가 어때?
Insu:	Geureom kaseuro haja. Anjuneun mareun ojing-eowa chikin saelleodeuga eottae?
仁寿:	那喝卡斯吧。酒菜要鱿鱼干和鸡肉沙拉吧。

会话补充理解 회화보충이해 [hoehwabochung-ihae]

"맥주나 한잔 하자" 这里的 "한잔" 不是只喝一杯的意思。得理解成喝点啤酒。

单词 단어 [daneo]

中文	词性	韩文	拼音	中文	词性	韩文	拼音
窗	名词	창문	changmun	位子	名词	자리	jari
咖啡	名词	커피	keopi	柚子	名词	유자	yuja
胃	名词	위	wi	无故	副词	괜히	gwaenhi
鱿鱼	名词	오징어	ojing-eo	沙拉	名词	샐러드	saelleodeu

小吃
포장마차

 상용문구
[sang yong mun gu]

01 이 집에 뭐가 맛있어요?
I jibe mwoga masitseoyo?
这家什么好吃？

02 오뎅 두 개 주세요.
Odeng du gae juseyo.
要两个关东煮。

03 떡볶이 일인분 주세요.
Tteokbokki irinbun juseyo.
要一份炒年糕。

04 소주도 한 병 주세요.
Sojudo han byeong juseyo.
烧酒也来一瓶。

05 빈대떡이 있으세요?
Bindaetteok itseusyeyo?
有绿豆煎饼吗？

06 음식이 입에 맞으세요?
Eumsigi ibe majeuseyo?
菜合口味儿吗？

07 맵지 않아요?
Maepji anayo?
不辣吗？

实用会话 실용회화 [silyonghoehwa]

01

이명: 아줌마, 이 집에 뭐가 맛있어요?
Imyeong: Ajumma, i jibe mwoga masitseoyo?
李明: 老板娘，这家什么好吃啊？

아줌마: 뭘 좋아하세요? 우리 집에 음식 다 괜찮아요.
Ajumma: Mwol joahaseyo? Uri jibe eumsik da geanchanayo.
老板娘: 喜欢吃什么？我家的东西都不错。

이명: 그럼 오뎅 두개 주세요. 국물도 줘요.
Imyeong: Geureom odeng dugae juseyo. Gungmuldo jwoyo.
李明: 那拿两个关东煮吧。再来点汤。

아줌마: 보아하니 외국인인데 순대는 드셔 봤어요?
Ajumma: Boahani oegugininde sundaeneun deusyeo bwatseoyo?
老板娘: 看起来像外国人，吃过米肠吗？

이명: 처음입니다. 중국 것은 이 것과 달라요.
Imyeong: Cheo-eumimnida. Jungguge geon i geotgwa dallayo.
李明: 是第一次。中国的跟这个不一样。

아줌마: 맛 보세요. 맛있으면 사시고 입에 맞지 않으면 그냥 드릴게요.
Ajumma: Mat boseyo. Masitseumyeon sasigo ibe matji aneumyeon geunyang deurilkeyo.
老板娘: 尝尝吧。好吃的话买，不合口味儿就不要钱了。

이명: 그래도 돼요? 감사합니다. 참 맛있네요, 일 인분 주세요.
Imyeong: Geuraedo dwaeyo? Gamsahamnida. Cham masitneyo, il inbun juseyo.
李明: 那也可以吗？谢谢。真好吃，来一份吧。

아줌마: 네. 그럼 듬뿍 드릴게요.
Ajumma: Ne. geureom deumppuk deurilkeyo.
老板娘: 好。那给你满满的。

현수: 오늘은 소주 한잔 하고 싶은데.
Hyeonsu: Oneureun soju hanjan hago sipeunde.
贤洙: 今天想喝一杯。

인수: 어디 가면 좋을까?
Insu: Eodi gamyeon joeulkka?
仁寿: 去哪儿好啊?

현수: 그래도 포장마차가 싸고 맛있어. 거기로 가자.
Hyeonsu: Geuraedo pojangmachaga ssago masitseo. Geogiro gaja.
贤洙: 还是小吃店便宜又好吃。我们去那里吃吧。

인수: 그래. 거기서 마시는 소주가 별 맛이거든.
Insu: Geurae. Geogiseo masineun sojuga byeol masigeodeun.
仁寿: 是啊。在小吃店喝的烧酒别有风味啊。

현수: 떡볶이가 너무 먹고 싶어.
Hyeonsu: Tteokbokkiga neomu meokgo sipeo.
贤洙: 好想吃炒年糕。

인수: 난 빈대떡이 생각나.
Insu: Nan bindaetteogi saenggakna.
仁寿: 我想吃绿豆煎饼。

현수: 내가 다니는 단골집이 있거든. 거기 아줌마 인품도 좋고 음식도 잘해.
Hyeonsu: Naega danineun dan-goljibi itgeodeun. Geogi ajumma inpumdo joko eumsikdo jalhae.
贤洙: 有家我常去的熟地儿。那家的老板娘人品好菜也做得好。

인수: 어서 가자, 배고프다.
Insu: Eoseo gaja, baegopeuda.
仁寿: 快走吧, 我饿了。

会话补充理解   회화보충이해 [hoehwabochung-ihae]

"빈대떡이 생각나。"想吃绿豆煎饼的意思。全文是 "빈대떡이 생각나서 먹고 싶다"。
"순대를 드시다" 这里的 "드시다" 是 "먹다" 的敬语。

 단어 [daneo]

中文	词性	韩文	拼音	中文	词性	韩文	拼音
炒年糕	名词	떡볶이	tteokbokki	外国人	名词	외국인	woegugin
米肠	名词	순대	sundae	小吃	名词	간단한 음식	gandanhan eumsik
满满	名词	듬뿍	deumppuk	便宜	形容词	싸다	ssada

餐饮_141

预定与配送
예약과 배달

常用句型 상용문구
[sang yong mun gu]

•01 식사 예약을 하려고 하는데요.
Siksa yeyageul haryeogo haneundeyo.
我想预订饭桌。

•02 목요일 오후 6 시로 예약해주세요.
Mogyoil ohu yeoseotsiro yeyakaejuseyo.
预订为周四下午6点吧。

•03 음식은 주문하시겠습니까?
Eumsigeun jumunhasigetseumnikka?
想预订菜吗?

•04 몇 분입니까?
Myeot bunimnikka?
您几位?

•05 주소와 전화번호를 말씀해주세요.
Jusowa jeonhwabeonhoreul malsseumhaejuseyo.
请告诉我地址和电话号码。

•06 저희 식당을 찾아주셔서 고맙습니다.
Jeohui sikdang-eul chajajusyeoseo gomapseumnida.
谢谢你光顾我们饭店。

•07 20분후에 배달해 드리겠습니다.
Isip bunhue baedalhae deurigetseumnida.
20分后送到。

 실용회화
[silyonghoehwa]

이명: 설악산 식당이지요? 식사 예약을 하려고 하는데요.
Imyeong: Seoraksan sikdang-ijiyo? Siksa yeyageul haryeogo haneundeyo.
李明: 雪岳山饭店吗? 我想预定。

직원: 몇 분이세요? 인원수에 따라 맞는 방을 정해 드릴게요.
Jigwon: Myeot buniseyo? Inwonsue ttara matneun bang-eul jeonghae deurilkeyo.
职员: 几位啊? 按人数给您定个合适的房间吧。

이명: 모두 6명인데요. 온돌방으로 예약해주세요.
Imyeong: Modu yeoseotmyeong-indeyo. Ondolbang-euro yeyakaejuseyo.
李明: 六位。要有地热的。

직원: 네, 양식과 한식에서 어느 쪽을 주문하시겠어요?
Jigwon: Ne, yangsikgwa hansigeseo jumunhasigetseoyo?
职员: 好, 韩式和洋式中选哪一种?

이명: 한식으로 할게요. 제 이름은 이명입니다.
Imyeong: Hansigeuro halkkeyo. Je ireumeun imyeong-imnida.
李明: 韩式的吧。我的名字是李明。

직원: 저희 식당 위치는 아시죠?
Jigwon: Jeohui sikdang wichineun asijyo?
职员: 知道饭店位置吧?

이명: 네. 그리고 해물전골도 예약해주세요.
Imyeong: Ne. Geurigo haemuljeongoldo yeyakaejuseyo.
李明: 知道。我还想预定石锅海鲜。

02

직원: "엄니손" 음식점입니다.
Jigwon: Eomnison eumsikjeomimnida.
职员: 是"妈妈手"饭店。

이명: 여보세요. 식사를 주문하려 하는데 배달이 되지요?
Imyeong: Yeoboseyo. Siksareul jumunharyeo haneunde baedari doejiyo?
李明: 我想定菜。可以送餐吗?

직원: 네. 무엇을 주문하실래요?
Jigwon: Ne. Mu-eoseul jumunhasillaeyo?
职员: 可以，想定什么？

이명: 청국장, 그리고 해장국 하나 김밥 두개 주세요.
Imyeong: Cheonggukjang geurigo haejangguk hana gimbap dugae juseyo.
李明: 臭酱汤还有醒酒汤，两个紫菜包饭。

직원: 주소하고 전화번호 주세요.
Jigwon: Juso hago jeonhwabeonho juseyo.
职员: 请给我地址和电话号码。

이명: 연안동로 120번지에요. 전화번호는 64783243입니다.
Imyeong: Yeonandongro ilyigong beonji-yeyo. jeonhwabeonhoneun。
李明: 延安东路120号。电话是64783243。

직원: 가깝네요, 20분후에 배달해 드리겠습니다.
Jigwon: Gakkapneyo, isip bunhue baedalhae deurigetseumnida.
职员: 离饭店很近，20分后送到。

이명: 알겠습니다. 감사합니다.
Imyeong: Algetseumnida gamsahamnida.
李明: 知道了，谢谢。

 회화보충이해
[hoehwabochung-ihae]

"배달이 되다" 这里的 "되다" 也可以用 "가능하다"。
"에 따라" 和 "에 의하여" 是同义词，可以互换使用。

 단어
[daneo]

中文	词性	韩文	拼音	中文	词性	韩文	拼音
预定	名词	예약	yeyak	房间	名词	방	bang
炕	名词	방구들	banggudeul	炖菜	名词	전골	jeongol
位子	名词	위치	wichi	号码	名词	번호	beonho
送	名词	배달	baedal	紫菜	名词	김	gim

VIII 购物
구매

超市
슈퍼마켓

常用句型 상용문구
[sang yong mun gu]

01 치약을 사려고 하는데 어디에 있어요?
Chiyageul saryeogo haneunde eodie itseoyo?
我想买牙膏，在哪儿呢?

02 계산은 어디서 해요?
Gyesaneun eodiseo haeyo?
在哪儿结账?

03 오늘은 비누가 세일이에요.
Oneureun binuga seirieyo.
今天香皂打折。

04 엘리베이터는 어디서 타요?
ellibeiteoneun eodiseo tayo?
在哪儿坐电梯?

05 고객님, 제가 도와 드릴 것이 있습니까?
Gogaeknim, jega dowa deuril geosi itseumnikka?
您好，需要我帮忙吗?

06 모두 얼마예요?
Modu eolmayeyo?
一共是多少钱?

07 카드로 지불할 수 있어요?

Kadeuro jibulhal su itseoyo?
可以刷卡吗?

实用会话 실용회화 [silyonghoehwa]

01

이명: 치약이랑 세수비누랑 어디에 있어요?
Imyeong: *Chiyagirang sesubinurang eodie itseoyo?*
李明: 牙膏和香皂在哪儿?

직원: 2층이에요. 일층에는 주로 음식이고 삼층은 주로 옷이에요.
Jigwon: *Icheung-ieyo. Ilcheung-eneun juro eumsigigo samcheung-eun juro osi-eyo.*
职员: 在2层。一层主要是食品,三层主要是衣服。

이명: 그러면 계산은 어디에서 해요?
Imyeong: *Geureomyeon gyesaneun eodieseo haeyo?*
李明: 那在哪儿结账?

직원: 그건 일층에서 해요.
Jigwon: *Geugeon ilcheung-eseo haeyo.*
职员: 那是在一楼。

이명: 엘리베이터는 어디서 타요?
Imyeong: *Ellibeyiteoneun eodiseo tayo?*
李明: 电梯在哪儿坐啊?

직원: 동쪽으로 곧장 가면 있어요.
Jigwon: *Dongjjogeuro gotjang gamyeon itseoyo.*
职员: 一直往东侧走就有了。

이명: 그럼 2층에서 물건을 사고 일층에 내려와서 계산하면 되겠네요.
Imyeong: *Geureom icheung-eseo mulgeoneul sago naeryeowaseo gyesanhamyeon doegetneyo.*
李明: 那在二层买完东西下一层结账就可以了。

직원: 네. 혹시 필요한 것이 있으시면 어느 때든지 찾아주세요.
Jigwon: *Ne. Hoksi piryohan geosi itseusimyeon eoneuttaedeunji chajajuseyo.*
职员: 是。有什么需要的随时光临。

이명: 페리오 치약은 있어요?
Imyeong: Perio chiyageun itseoyo?
李明: 有perioe牙膏吗?

직원: 네, 오늘따라 치약은 전부 20% 세일합니다.
Jigwon: Ne, oneulttara chiyageun jeonbu isippeuro seilhamnida.
职员: 有, 赶上今天牙膏全部打8折。

이명: 그래요? 원래 하나만 사려 했는데 세일한다니 두개 주세요. 세수비누는 어느 쪽에 있어요?.
Imyeong: Geuraeyo? wonrae hanaman saryeo haetneunde seilhandani dugae juseyo. Sesubinuneun eoneu jjoge itseoyo?
李明: 是吗? 本来只想买一个, 既然是打折就买两个吧。香皂在哪儿?

직원: 저 쪽이에요. 여러가지가 있는데 고객님 피부에 맞는 걸로 골라 사세요.
Jigwon: Jeojjogieyo. Yeoreogajiga itneunde gogaeknim pibue matneun geolro golla saseyo.
职员: 那边。有很多种, 您选一下适合您皮肤的吧。

이명: 네. 이전에 쓰던 걸로 할테니 제가 고를께요. 옷걸이도 사려는데 얼마예요?
Imyeong: Ne. Ijeone sseudeon geollo halteni jega goreulkkeyo. Otgeorido sareyoneunde eolmayeyo?
李明: 嗯。就买我以前用过的, 我自己选吧。也想买衣架多少钱?

직원: 종류별로 가격이 다른데요. 800원, 1000원,1200원 짜리가 있어요.
Jigwon: Jongryubyeollo gagyeogi dareundeyo. Palbaegwon,cheonwon, cheonyibaegwon jjariga itseoyo.
职员: 按种类价格不同。有800元, 1000元, 1200元的。

이명: 1000원 짜리 두개 주세요.
Imyeong: Cheonwon jjari dugae juseyo.
李明: 要两个1000元的吧。

회화보충이해
[hoehwabochung-ihae]

가격이 다르다: 价格不一样。

단어 [daneo]

中文	词性	韩文	拼音	中文	词性	韩文	拼音
牙膏	名词	치약	chiyak	衣服	名词	옷	ot
结账	名词	계산	gyesan	往	动词	(…로)향하다	ro hyanghada
电梯	名词	엘리베이터	ellibeyiteo	随时	副词	어느때나	eoneottaena
打折	动词	할인하다	harinhada	皮肤	名词	피부	pibu
既然	副词	이미 이렇게 된 바에야	imi ireoke doen ba-eya	只	副词	단지	danji

商场
백화점

常用句型 상용문구
[sang yong mun gu]

·01 이 옷의 가격은 얼마예요?
I osui gagyeogeun eolma-yeyo?
这个衣服多少钱?

·02 그걸 좀 보여 주세요.
Geugeol jom boyeo juseyo.
看看那个吧。

·03 너무 비싸군요.
Neomu bissagunyo.
太贵了。

·04 더 싼 것은 없어요?
Deo ssan geoseun eopseoyo?
有没有更便宜点的?

·05 사이즈는 얼마예요?
Saijeuneun eolmayeyo?
尺寸是多少?

·06 이 가게는 오전 9시에 열어서 오후 6시에 닫습니다.
I gageneun ojeon ahopsie yeoreoseo ohu yeoseot sie datseumnida.
这家店上午9点开门下午6点关。

·07 또 오십시오.
Tto osipsio.
欢迎再来。

 **买用会话** 실용회화
[silyonghoehwa]

이명: 청바지를 사려고 하는데 어디 있어요?
Imyeong: Cheongbajireul saryeogo haneunde eodi itseoyo?
李明: 想买条牛仔裤，在哪儿？

직원: 네. 이 쪽으로 오세요. 마음에 드시는 걸로 골라보세요.
Jigwon: Ne. Ijjogeuro oseyo. Maeume deusineun geollo gollaboseyo.
职员: 是吗。请到这儿来。挑自己喜欢的吧。

이명: 어느 것이 요즘 유행이에요?
Imyeong: Eoneu geosi yojeum yuhaeng-ieyo?
李明: 哪条是最近流行的？

직원: 이 것이에요.
Jigwon: I geosieyo.
职员: 是这个。

이명: 그런데 저한테 어울리는지 모르겠네요. 입어 봐도 돼요?
Imyeong: Geureonde jeo hante eo-ullineunji moreugetneyo. Ibeo bwado doeyo?
李明: 可不知道我穿上合不合身。可以试穿吗？

직원: 물론이죠. 저 쪽에 탈의실이 있어요.
Jigwon: Mullonijyo. Jeo jjoge taruisiri itseoyo.
职员: 当然了。那边有试衣间。

이명: 다른 색깔은 없어요?
Imyeong: Dareun saekggalreun eopseoyo?
李明: 没有别的颜色吗？

직원: 푸른 색이 있는데요.
Jigwon: Pureun saegi itneundeyo.
职员: 有蓝色。

이명: 핀 이쁜 걸로 몇개 보여주세요.
Imyeong: Pin ippeun geollo myeotgae boyeojuseyo.
李明: 帮我挑一下几个漂亮的发卡。

직원: 골라보세요.
Jigwon: Gollaboseyo.
职员: 请选吧。

이명: 이 것이 좋네요. 얼마예요?
Imyeong: I geosi jotneyo. eolmayeyo?
李明: 这个好。多少钱?

직원: 2 만원이에요.
Jigwon: Imanwonieyo.
职员: 是两万。

이명: 너무 비싸요. 좀 싼 거 없어요?
Imyeong: Neomu bissayo. Jom ssan geo eopseoyo?
李明: 太贵了。有没有便宜点的啊?

직원: 원래 디자인이 이쁘고 재료가 비싼지라. 그럼 이건 어때요. 만원이에요. 여자애들이 하면 너무 이쁘거든요. 요즘 유행이에요.
Jigwon: Wonrae dijaini ippeugo jaeryoga bissanjira. Geureom igeon eottaeyo? Manwonieyo. Yeojaaedeuri hamyeon neomu ippeugeodeunyo. Yojeum yuhaeng-ieyo.
职员: 本来样式也好材料又贵, 所以贵点。那这个怎么样? 是一万元。女孩带上很漂亮。是最近流行的。

이명: 이쁘네요. 그럼 이 걸로 할게요.
Imyeong: Ippeuneyo. Geureom I geollo halkkeyo.
李明: 是漂亮。那就来这个吧。

 회화보충이해
[hoehwabochung-ihae]

"디자인이 이쁘고 재료가 비싼지라"的全文应该是 "디자인이 이쁘고 재료가 비싸서 값이 비싸요。"
"마음에 들다"也可以翻译成 "称心"。

단어
[daneo]

中文	词性	韩文	拼音	中文	词性	韩文	拼音
流行	动词	유행하다	yuhaenghada	试	动词	시험하다	siheomhada
穿	动词	입다	ipda	颜色	名词	색깔	saek-kkal
礼物	名词	선물	seonmul	发卡	名词	핀	pin
贵	形容词	비싸다	bissada	试衣间	名词	탈의실	tarisil
手绢	名词	손수건	sonsugeon	之类	助词	따위	ttawi

市场
시장

常用句型 상용문구
[sang yong mun gu]

01 사과 한근에 얼마예요?
Sagwa han-geune eolmayeyo?
苹果多少钱一斤?

02 싱싱한 생선 한 마리 주세요.
Singsinghan saengseon ham mari juseyo.
来一条新鲜的鱼。

03 나중에도 우리 가게에서 사세요.
Najungedo uri gageeseo sagaseyo.
以后也在我家买吧。

04 값이 올랐어요.
Gapsi ollatseoyo.
涨价了。

05 서비스로 하나 더 주세요.
Seobiseuro hana deo juseyo.
免费送一个吧。

06 김치는 새로 한 것이에요.
Gimchineun saero han geosi-eyo.
是新做的泡菜。

07 2000 원 어치만 주세요.
Icheonwon eochiman juseyo.
要2000元的。

 실용회화
[silyonghoehwa]

이명: 사과 한근에 얼마예요?
Imyeong: Sagwa han-geune eolmayeyo?
李明: 苹果多少钱一斤?

아줌마: 한국에서는 과일을 근으로 팔지 않아요. 개수로 팔아요.
Ajumma: Han-gugeseneun gwaireul geuneuro palji anayo. Gaesuro parayo.
老板娘: 在韩国水果不论斤卖。按单个卖。

이명: 그래요. 하나에 얼마예요?
Imyeong: Geuraeyo? Han gaee eolmayeyo?
李明: 是吗? 一个多少钱?

아줌마: 1000원이에요.
Ajumma: Cheonwonieyo.
老板娘: 1000元。

이명: 너무 비싸요.
Imyeong: Neomu bissayo.
李明: 太贵了。

아줌마: 요즘 사과가 많이 나오는 계절이라 싼 편이에요.
Ajumma: Yojeum sagwaga mani naoneun gyejeorira ssan pyeonieyo.
老板娘: 最近是出苹果的季节, 所以算是便宜了。

이명: 그럼. 두개만 주세요. 복숭아는 하나에 얼마예요?
Imyeong: Geureom dugaeman juseyo. Boksung-aneun hanae eolma-yeyo?
李明: 那拿两个吧。桃一个多少钱?

아줌마: 600원이에요.
Ajumma: Yukbaegwonieyo.
老板娘: 600元。

이명: 두부 하나 주세요.
Imyeong: dubu hana juseyo.
李明: 买块儿豆腐。

154_购物

아저씨: 900원이에요.
Ajeossi: Gubaegwonieyo.
老板: 900元。

이명: 지난번 까지만 해도 800원 이었잖아요?
Imyeong: Jinanbeun kkajiman haedo palbaegwon ieotjanayo?
李明: 不是上次还800元吗?

아저씨: 금방 올랐어요. 다른 가게 가봐도 같을 거예요.
Ajeossi: Geumbang ollatseoyo. Dareun gage gabwado gateul geoyeyo.
老板: 刚涨的。去别家也可能一样。

아저씨: 여기 깍두기는 새로 한 것인데 드릴까요?
Ajeossi: Yeogi kkakdugi saero han geotsi itneunde deurilkkayo?
老板: 这儿有刚做的泡萝卜块儿,要吗?

이명: 네. 1kg에 얼마예요?
Imyeong: Ne. Ilkiro-e eolmayeyo?
李明: 要。一公斤多少钱?

아저씨: 8000원입니다.
Ajeossi: Palcheonwonimnida.
老板: 8000元。

이명: 반킬로만 주세요.
Imyeong: Bankilroman juseyo.
李明: 要半公斤吧。

 회화보충이해
[hoehwabochung-ihae]

"전"是"저는"的合成词。
"대신"翻译成代替,但可根据上下文翻译为"但是"。

 단어
[daneo]

中文	词性	韩文	拼音	中文	词性	韩文	拼音
苹果	名词	사과	sagwa	水果	名词	과일	gwail
季节	名词	계절	gyejeol	桃	名词	복숭아	boksung-a
豆腐	名词	두부	dubu	腌	动词	절이다	jeorida
刚	副词	금방	guembang	本来	副词	원래	wonrae

书店
서점

常用句型 상용문구
[sang yong mun gu]

01 새로 나온 책이 없어요?
Saero naon chaegi eopseoyo?
有新出的书吗?

02 문학잡지는 어디에 있어요?
Munhakjapjineun eodie itseoyo?
文学杂志在哪儿?

03 저에게 맞는 국어사전은 어느 것이 좋아요?
Jeo-ege matneun gugeosajeoneun eoneu geosi joayo?
适合我用的国语辞典哪个好?

04 심리학에 관한 책을 소개 해주세요.
Simrihage gwanhan chaegeul sogae haejuseyo.
介绍给我关于心理学的书。

05 최신 버전은 없어요?
Cheosin beojeoneun eopseoyo?
有最新版本吗?

06 이 책이 저한테 맞네요.
I chaegi jeohante matneyo.
这书适合我。

07 이 책은 어때요?
I chaegeun eottaeyo?
这本书怎么样?

 실용회화
[silyonghoehwa]

이명: 한국어 책을 사려고 하는데요.
Imyeong: Han-gugeo chaegeul saryeogo haneundeyo.
李明: 想买韩国语书。

직원: 어떤 방면에 대해 쓴 책인지 구체적으로 설명해주세요.
Jigwon: Eotteon bangmyeone daehae sseun chaeginji guchejeogeuro seolmyeonghaejuseyo.
职员: 请具体说明是关于哪个方面的书。

이명: 저처럼 일정한 한국어 기초는 있지만 아직도 한국어 회화가 능숙하지 않은 외국인에게 맞는 책은 없어요?
Imyeong: Jeocheoreom iljeonghan han-gugeo gichoneun itjiman ajikdo han-gugeo hoehwaga neungsukhaji aneun oegukinege matneun chaegeun eopseoyo?
李明: 有没有符合像我一样虽有点韩语基础可对韩语会话不熟的外国人的书?

직원: 그럼 이 책은 어때요? 한국 생활에 많이 쓰이는 회화로 되여 있어요.
Jigwon: Geureom I chaegeun eottaeyo? Han-guk saenghware mani sseu-ineun hoehwaro doeeo itseoyo.
职员: 那这本怎么样? 介绍了很多在韩国常用的会话。

이명: 한국 문화의 소개도 있으면 좋은데요.
Imyeong: Han-guk munhwa-ui sogaedo yitseumyeon joeundeyo.
李明: 要是有介绍韩国文化的就好了。

직원: 네. 한국의 문화에서 예의범절, 전통 등이 소개 되어 있습니다.
Jigwon: Ne. Han-gugui munhwa-eseo ye-uibeomjeol, jeontong deung-I sogae doeeo itseumnida.
职员: 有。介绍了韩国文化中的礼仪,传统等。

이명: 그럼 이 책이 저한테 꼭 맞네요. 이 것을 살래요. 그리고 한중사전도 소개 해주세요.
Imyeong: Geureom I chaegi jeohante kkok manneyo. I geoseul sallaeyo. Geurigo hanjungsajeondo sogaehaejuseyo.
李明: 那这书很适合我。买这本吧。还有韩中词典也给我介绍一下吧。

이명: 음식을 만드는 걸 소개하는 책은 없어요?
Imyeong: Eumsigeul mandeuneun geol sogaehaneun chaegeun eopseoyo?
李明: 有没有介绍做料理的书？

직원: 네, 이 쪽에 있습니다.
Jigwon: Ne, I jjoge itseumnida.
职员: 有，这儿。

이명: 한국 음식을 배우려고 하는데요.
Imyeong: Han-guk Eumsigeul bae-uryeogo haneundeyo.
李明: 我想学韩国料理。

직원: 이 책은 어때요?
Jigwon: I chaegeun eottaeyo?
职员: 这本怎么样？

이명: 근데요. 여기의 음식은 만들기 복잡한 것 같아요. 만들기 쉬우면서 일상생활 많이 만드는 요리들을 소개한 책은 없어요?
Imyeong: Geundeyo. Yeogiui eumsigeun mandeulgi bokjapan geot gatayo. Mandeulgi swiumyeonseo ilsangsaenghwar mani mandeueun yorideureul sogaehan chaegeun eopseoyo?
李明: 可是这书上的料理做起来好像很复杂。有没有介绍既容易做又在日常生活中常做的料理的书？

직원: 그럼, 김치찌개, 청국장 등 이런 요리를 소개한 책을 말씀하세요?
Jigwon: Geureom gimchijjigae, cheonggukjang deung ireon yorireul sogaehan chaegeul malsseumhaseyo?
职员: 介绍泡菜汤，臭酱汤等这类料理的书吗？

이명: 네. 외국인들이 알아 보기 쉽게 상세히 설명한 책이 더 좋아요.
Imyeong: Ne. oegugindeuri ara bogi swipge sangsehi seolmyeonghan chaegi deo joayo.
李明: 是。最好是让外国人也容易看懂的书。

직원: 자, 그럼 이 책을 사세요. 아마 고객님 보시기에 알맞는 것 같아요.
Jigwon: Ja, geureom I chaegeul saseyo. Ama gogaeknim bosigie almatneun geot gatayo.
职员: 来，那买这本吧。我看您看这本合适。

회화보충이해
[hoehwabochung-ihae]

> 알아 보기 쉽다: 容易看懂。

단어
[daneo]

中文	词性	韩文	拼音	中文	词性	韩文	拼音
书	名词	책	chaek	说明	动词	설명하다	seolmyeonghada
外国人	名词	외국인	oegugin	常	副词	자주	jaju
词典	名词	사전	sajeon	传统	名词	전통	jeontong
料理	名词	요리	yori	复杂	形容词	복잡하다	bokjapada
懂	动词	알다	alda	好像	动词	마치…와 같다	machi...wa gatda

IX 运动与休闲
운동과 여가활동

田径
육상

常用句型 상용문구
[sang yong mun gu]

01 너는 어느 걸 해?
Neoneun eoneu geol hae?
你参加哪个项目？

02 100미터 달리기를 잘해.
Baek miteo dalligireul jalhae.
一百米跑是我的长项。

03 800미터는 너무 힘들어.
Palbaek miteoneun neomu himdeureo.
800米太累了。

04 스피드가 엄청 빠르다.
Seupideuga eomcheong ppareuda.
速度很快。

05 체력이 좋아.
Cheryeogi joa.
体力好。

06 매일 꾸준히 운동해.
Maeil kkujunhui yundonghae.
每天坚持训练。

07 화이팅, 힘내!
Hwaiting, himnae!
加油，使劲儿！

实用会话 실용회화 [silyonghoehwa]

이명: 너 오후에는 무슨 운동을 해?
Imyeong: Neo ohueneun museun undong-eul hae?
李明: 你下午做什么运动？

현수: 달리기를 해. 다음주 체육대회가 있거든.
Hyeonsu: Dalligireul hae. Da-eumju cheryukdaehoega itgeodeun.
贤洙: 跑步。下周有运动会。

이명: 어느 걸 해?
Imyeong: Eoneu geol hae?
李明: 参加什么项目？

현수: 100미터야.
Hyeonsu: Baekmiteoya.
贤洙: 100米。

이명: 너 폭발력이 좋은 모양이구나. 사실 나도 이번에 달리기를 하는데.
Imyeong: Neu pokballyeogi joeun moyang-iguna. Sasil nado ibeone dalligireul haneunde.
李明: 看来你的爆发力不错啊。其实我也参加赛跑。

현수: 넌 뭐해? 설마 너도 100미터야? 혹시 그렇다면 나하고 라이벌이네.
Hyeonsu: Neon mwohae? Seolma neodo baekmiteoya? Hoksi geureotamyeon nahago raibeorine.
贤洙: 你是什么项目？不会你也是100米吧？要是那样的话跟我是对手了。

이명: 걱정마. 난 800미터야.
Imyeong: Geojeongma. Nan palbaekmiteoya.
李明: 别担心，我是参加800米。

현수: 800미터는 속도도 있어야 되고 체력소모도 대단한데 많이 연습해야 겠구나.
Hyeonsu: Palbaekmiteoneun sokdodo itseoya doego cheryeoksomodo daedanhande mani yeonseuphaeya getguna.
贤洙: 800米即需要速度又消耗很多体力，你得多锻炼了。

02

이명: 헉헉, 넌 괜찮아? 난 힘들어 죽겠어.
Imyeong: Heokheok, neon gwaenchana? Nan himdeureo jukgetseo.
李明: 呼呼，你还好吗？我是累死了。

현수: 난 괜찮아.
Hyeonsu: Nan gwaenchana.
贤洙: 我还好。

이명: 좀 쉬고 해야 겠다. 오랫동안 운동 안했더니 힘 드네.
Imyeong: Jom swigo haeya getda. Oraetdong-an undong him deune.
李明: 得歇会儿了。好久没运动了，累啊。

현수: 처음 부터 무리하지마. 살살해. 나는 등짚고 뛰어넘기 더 하고 쉬어야지.
Hyeonsu: Cheo-eum buteo murihajima. Salsalhae. Naneun deungjipgo ttwiyeoneumgi deo hago swi-oeyaji.
贤洙: 一开始别太累了。轻点。我再来做会儿蛙跳后休息。

이명: 생각보다 넌 체력이 좋아.
Imyeong: Saenggakboda neon cheryeogi joa.
李明: 你比我想象的体力更好。

현수: 예전에 운동 좀 했거든.
Hyeonsu: Yejeone undong jom haetgeodeun.
贤洙: 以前稍微练过。

이명: 어쩐지 몸매가 튼튼하다 했더니만.
Imyeong: Eojjeonji mommaega tentenhada haetdeoniman.
李明: 怪不得身体那么结实。

회화보충이해
[hoehwabochung-ihae]

"예전에 운동 좀 했거든"也可以理解为以前运动做得很不错。

단어
[daneo]

中文	词性	韩文	拼音	中文	词性	韩文	拼音
下午	名词	오후	ohu	运动会	名词	운동회	undonghoe
项目	名词	항목	hangmok	赛跑	名词	(달리기)경주	dalrigigyeongju
对手	名词	라이벌	raibeol	速度	名词	속도	sokdo
休息	动词	휴식하다	hyusikada	不仅	介词	일 뿐만 아니라	il ppunman anira
结实	形容词	튼튼하다	teunteunhada	需要	动词	필요로 하다	piryoro hada

足球
축구

 상용문구
[sang yong mun gu]

01 축구를 잘해.
Chukgureul jalhae.
足球踢得好。

02 롱패스가 정확해.
Rongpaeseuga jeonghwakae.
长传精确。

03 코너킥을 해.
Koneokigeul hae.
发角球。

04 공의 속도가 빠르다.
Gong-ui sokdoga ppareuda.
球的速度快。

05 슛을 날려.
Sutseul nallyeo.
射门。

06 축구는 협동을 잘해야 돼.
Chukguneun hyeomdongeul jalhaeya dwae.
足球得配合好。

07 좀 힘들지만 너무 신난다.
Jom himdeuljiman neomu sinnanda.
有点累，可很开心。

实용회화 [silyonghoehwa]

01

현수: 너 축구를 좋아해?
Hyeonsu: Neo chukgureul joahae?
贤洙: 你喜欢足球吗?

이명: 그럼. 중국에 있을 때 자주 했거든.
Imyeong: Geureom. Jungguge itseul ttae jaju haetgeodeun.
李明: 喜欢。在中国的时候常踢。

현수: 나중에 나랑 같이 하자. 우리 축구 클럽 있거든.
Hyeonsu: Najung-e narang gachi haja. Uri chukgu keulleobi itgeudeun.
贤洙: 以后跟我一起踢吧。我们有足球俱乐部。

이명: 그러면 좋지. 한국에 온지 얼마 안돼 친구가 없어 축구를 못했었는데.
Imyeong: Geureomyeon jochi. Han-guge onji eolma andwae chinguga eopseo chukgureul motaeseotneunde.
李明: 好啊。来韩国没多长时间，朋友少，所以没能踢球。

현수: 축구는 여럿이 같이 해야 신나. 그럼 내일 보자.
Hyeonsu: Chukguneun yeoreosi gachi haeya sinna. geureom naeil boja.
贤洙: 足球是几个人一起踢才开心。那明儿见。

이명: 운동화랑 옷이 없어.
Imyeong: Undonghwarang osi eopseo.
李明: 没有球鞋和衣服。

현수: 나에게 있으니까, 빌려 줄게.
Hyeonsu: Na-ege itseunikka, billyeo julge.
贤洙: 我有，借给你吧。

이명: 고마워.
Imyeong: Gomawo.
李明: 谢谢。

02

현수: 오늘 축구 어땠어? 신났어?
Hyeonsu: Oneul chukgu eottaetseo? Sinnatseo?
贤洙: 今天踢的怎么样? 开心吗?

이명: 너무 신나게 놀았어.
Imyeong: Neomu sinnage noratseo.
李明: 玩的挺开心。

현수: 너 실력이 장난이 아니더구나. 프로선수라도 되려고 했던 거야?
Hyeonsu: Neo sillyeogi jangnani anideoguna. Peuroseonsurado doeryeogo haetdeongeoya?
贤洙: 你的实力真是不错啊。以前想成为专业选手吗?

이명: 사실 우리 아버지가 축구 선생님이셔.
Imyeong: Sasil uri abeojiga chukgu seonsaengnimisyeo.
李明: 其实我爸是足球老师。

현수: 음, 그랬구나. 그럼, 어릴때부터 축구를 했었구나. 속도가 빠르고 기술이 좋아.
Hyeonsu: Eum, geuraetguna. Geureom, eorilttaebuteo chukgureul haetseotguna. Sokdoga ppareugo gisuri joa.
贤洙: 哦, 是这样。那应该是从小开始踢球了。速度快技术也好。

이명: 근데 오늘 우리 팀과의 협동이 제대로 안 됐어. 처음이라 그런 것 같애.
Imyeong: Geunde oneul uri timgwaui hyeomdongi jedaero an dwaetseo. Cheoeumira geureon geot gatae.
李明: 可今天和我们队的配合不太好。可能是因为第一次合作吧。

현수: 우리 자주 하자. 그리고 난 헤딩이 잘 안돼. 좀 가르쳐줘.
Hyeonsu: Uri jaju haja. Geurigo nan heding-i jal andwae. Jom gareuchyeojwo.
贤洙: 我们常踢吧。还有我头球不好。教我吧。

장난이 아니다: 不错; 相当

단어
[daneo]

中文	词性	韩文	拼音	中文	词性	韩文	拼音
喜欢	动词	좋아하다	joahada	一起	副词	같이	gachi
俱乐部	名词	클럽	keulleop	配合	动词	협동하다	hyeomdonghada
实力	名词	실력	sillyeok	以前	名词	이전	ijeon
传球	名词	패스	paeseu	技术	名词	기술	gisul
其实	副词	사실은	sasireun	头球	名词	헤딩	heding

游泳，骑自行车
수영, 자전기 타기

常用句型 상용문구 [sang yong mun gu]

01 수영장이 어디에 있어?
Suyeongjang-I eodie itseo?
游泳池在哪儿？

02 샤워를 하고 수영장에 들어가야 해.
Syaworeul hago suyeongjang-e deureogaya hae.
先冲澡后进游泳池。

03 수영복을 입고 수영모자도 써.
Suyeongbogeul ipgo suyeongmojado sseo.
穿泳衣戴上泳帽。

04 물안경에 물이 들어갔어.
Muran-gyeong-e muri deureogatseo.
泳镜里进水了。

05 수영 실력이 좋아요.
Suyeong sillyeogi joayo.
游泳游得不错。

06 몸이 자꾸 가라 앉아.
Momi jakku gara anja.
身体总是下沉。

07 자전거가 멋있구나.
Jajeongeoga meositguna.
自行车漂亮。

08 자전거타기 운동은 건강에 좋아.
Jajeon-geotagi undong-eun geongang-e joa.
骑自行车运动对身体好。

实用회화 실용회화 [silyonghoehwa]

01

이명: 수영을 하려면 어디가 좋아?
Imyeong: Suyeong-eul haryeomyeon eodiga joa?
李明: 想游泳什么地方好？

현수: 해수욕장이 최고지.
Hyeonsu: Haesuyokjang-I choegoji.
贤洙: 海滨浴场最好了。

이명: 지금 겨울이 잖아.
Imyeong: Jigeum gyeo-uri jana.
李明: 现在不是冬天吗。

현수: 허허, 내가 생각이 짧았구나. 실내 수영장에 가면 돼. 우리 집 근처에 있어.
Hyeonsu: Heoheo, naega saenggagi jjalbatguna. Silnae suyeongjang-e gamyeon dwae. Uri jip geuncheo-e itseo.
贤洙: 呵呵，我想得不周到了。到室内游泳池就可以。我家附近有。

이명: 근데 한국에 와서 처음 가는거라 어떻게 해야 할지 좀 걱정돼.
Imyeong: Geunde han-guge waseo cheo-eum ganeungeora eotteoke haeya halji jom geokjeongdwae..
李明: 可是来韩国第一次去，不知怎么办，有点害怕。

현수: 아마 중국의 것과 비슷할 걸.
Hyeonsu: Ama jungguge geotgwa biseutal geol.
贤洙: 可能跟中国的一样吧。

이명: 수영복과 물안경만 챙겨가면 되겠지?
Imyeong: Suyeongbokgwa murangyeongman chaenggyeogamyeon doegetji.
李明: 只准备泳装和泳镜就可以吧？

02

현수: 나 경기용 자전거 샀어.
Hyeonsu: Na gyeonggiyong jajeongeo satseo.
贤洙: 我买了赛车。

이명: 자전거 경기에 참가 하려고?
Imyeong: Jajeongeo gyeonggie chamga haryeogo?
李明: 去参加比赛吗？

현수: 아니야, 휴일 날 자전거 타기 운동을 하려고 샀어.
Hyeonsu: Aniya, hyuil nal jajeongeo tagi undong-eul haryeogo satseo.
贤洙: 不是，休息天想做锻炼而买的。

이명: 이 운동이 신체에 좋다는 걸 알지만 너무 힘들 것 같애.
Imyeong: I undong-I sinchee jotaneun geol aljiman neomu himdeul geot gatae.
李明: 知道这个运动对健康好，可看起来很累。

현수: 대신 너무 멋있잖아.
Hyeonsu: Daesin neomu meositjana.
贤洙: 可很酷啊。

이명: 그리고 안전에도 조심해야 돼.
Imyeong: Geurigo anjeonedo josimhaeya dwae.
李明: 还有注意安全啊。

현수: 알았어. 먼거리를 달리면 배낭도 사야 겠어.
Hyeonsu: Aratseo. Meongeorireul dallimyeon baenangdo saya getseo.
贤洙: 知道，去远距离的话得买背包了。

단어
[daneo]

中文	词性	韩文	拼音	中文	词性	韩文	拼音
游泳馆	名词	수영장	suyeongjang	浴场	名词	수영장	suyeongjang
冬	名词	겨울	gyeo-ul	附近	名词	부근	bugeun
忙	形容词	바쁘다	bappeuda	冲洗	名词	샤워	syawo
比赛	名词	경기	gyeong-gi	酷	形容	쿨하다	kulhada
距离	名词	거리	geori				

游戏
게임

常用句型 상용문구
[sang yong mun gu]

01 컴퓨터 게임을 오래 하면 안 돼.
Keompyuteo geimeul orae hamyeon an dwae.
电脑游戏不可以玩久。

02 게임시합에 나가요.
Geimsihabe nagayo.
参加游戏比赛吧。

03 젊은이들이 컴퓨터 게임을 많이 해요.
Jeolmeunideuri keompyuteo geimeul mani haeyo.
年轻人玩电脑游戏玩得多。

04 재미있는 게임 가르쳐 줄게.
jaemiitneun geim gareuchyeo julge.
教你个好玩的游戏。

05 술자리에서 노는 게임을 배워.
Suljarieseo noneun geimeul baewo.
学在酒桌上玩的游戏吧。

06 게임에서 걸리면 벌칙이 있어.
Geimeseo geollimyeon beolchigi itseo.
游戏中被逮住的话有惩罚。

07 이 게임 너무 재미있다.
I geim neomu jaemiitda.
这个游戏真有意思。

 실용회화
silyonghoehwa

01

이명: 너 매일 게임한다며?
Imyeong: Neo maeil geimhandamyeo?
李明: 听说你每天玩游戏?

현수: 요즘 젊은이들 게임 안하는 사람이 몇이 돼?
Hyeonsu: Yojeum jeolmeunideul geim anhaneun sarami myeochi dwae.
贤洙: 现在的年轻人不玩游戏的有几个?

이명: 무슨 게임이야? 나도 해 볼래.
Imyeong: Museun geimiya? Nado hae bollae.
李明: 什么游戏啊? 我也玩玩儿。

현수: 넌 하지마. 중독 돼.
Hyeonsu: Neon hajima. Jungdok dwae.
贤洙: 你别玩。会上瘾的。

이명: 너만 하고 난 왜 하지 말래?
Imyeong: Neoman hago nan waehaji mallae?
李明: 就你自己玩, 怎么不让我玩呢?

현수: 나도 할 수만 있다면 게임을 끊고 싶은데 그게 쉽게 안 돼.
Hyeonsu: Nado hal suman itdamyeon geimeul kkeunko sipeunde geuge swipge an dwae.
贤洙: 可能的话我也想戒掉不玩, 可不容易啊。

이명: 적당히 하는 건 괜찮은데 너무 깊이 빠지면 안되지.
Imyeong: Joekdanghi haneun geon gwaenchaneunde neomu gipi ppajimyeon andoeji.
李明: 适当的玩还好, 可太陷进去的话不可以啊。

 酒桌

이명: 우리 게임하자.
Imyeong: uri geimhaja.
李明: 我们玩游戏吧。

수애: 좋아. 무슨 게임 할까?
Suae: Joa. Museun geim halkka?
秀爱: 好, 玩什么游戏?

运动与休闲_171

현수: 이 전에 하던 거 하자. "쥐를 잡자 쥐를 잡자 쥐쥐쥐".
Hyeonsu: I jeone hadeon geo haja. "jwireul japja jwireul japja jwijwijwi".
贤洙: 就玩以前的吧。"抓耗子，抓耗子，抓抓抓"。

이명: 근데 잡힌 사람은 뭐하지?
Imyeong: Geunde japin sarameun mwohaji?
李明: 那被抓到的做什么？

수애: 당연히 벌을 줘야지.
Suae: Dangyeonhi beoreul jwoyaji.
秀爱: 当然是罚了。

현수: 그래, 개인기자랑 하자.
Hyeonsu: Geurae, gaeingijarang haja.
贤洙: 好，演自己擅长的节目吧。

이명: 오, 좋네. 자신이 숨긴 개인기 다 한번 자랑해 보자.
Imyeong: O, jonne. Jasini sumgin gaeingi da hanbeon jaranghae boja.
李明: 哦，好啊。把自己隐藏的才能都显现出来吧。

 회화보충이해
[hoehwabochung-ihae]

벌을 받다: 受罚
게임을 하다: 玩游戏

 단어
[daneo]

中文	词性	韩文	拼音	中文	词性	韩文	拼音
每天	副词	매일	maeil	游戏	名词	게임	geim
中毒	动词	중독되다	jungdokdoeda	容易	形容词	쉽다	swipda
戒	动词	끊다	kkeunta	可惜	形容词	아깝다	akkapda
罚	动词	벌하다	beolhada	隐藏	动词	숨기다	sumgida

假日
휴일

상용문구
[sang yong mun gu]

01 휴일에는 푹 쉬어야지.
Hyuireneun puk swieoyaji.
假日要好好休息。

02 늦잠이나 실컷 자련다.
Neutjamina silkeot jaryeonda.
要好好睡懒觉了。

03 휴일에 방청소를 해야 돼.
Hyuire bangcheongsoreul haeya doe.
休息天得打扫屋子。

04 놀이공원에 놀러 가자.
Norigongwone nolleo gaja.
去游乐园玩吧。

05 만날 사람이 있어요.
Mannal sarami itseoyo.
有要见的人。

06 슈퍼에서 세일을 하니까 물건을 사러 가요.
Syupeo-eseo seireul hanikka mulgeoneul sareo gayo.
超市打折，去买东西呢。

07 쇼핑하러 갈 거예요.
Syopinghareo gal geoyeyo.
要去购物。

实用会话 실용회화 [silyonghoehwa]

01

이명: 내일 휴일인데 뭐해?
imyeong: Naeil hyuirinde mwohae?
李明: 明天休息，干嘛？

현수: 놀이 공원에 가.
Hyeonsu: Nori gong-wone ga.
贤洙: 去游乐园。

이명: 그래, 혼자 가?
imyeong: Geurae, honja ga?
李明: 是吗，一个人去吗？

현수: 아니, 여친이랑 같이 가.
Hyeonsu: Ani, yeochinirang gachi ga.
贤洙: 不是，跟女友一起去。

이명: 신나겠다. 좋은 시간 보내.
imyeong: Sinnagetda. Jo-eun sigan bonae.
李明: 一定很高兴。祝你们玩得开心。

현수: 고마워. 넌 뭐해?
Hyeonsu: Gomawo. Neon mwohae?
贤洙: 谢谢。你干什么？

이명: 이 참에 숭례문에 가볼거야.
imyeong: I chame songryemune gabolgeoya.
李明: 趁这次机会去看南大门。

현수: 숭례문은 국보 1호야. 한국에서 꼭 가 볼 만한 곳이야.
Hyeonsu: Songryemuneun gukbo il hoya. Han-gugeseo kkok gabol manhan gosiya.
贤洙: 南大门是国宝一号。在韩国是值得一看的地方。

지애: 내일 휴일인데 테니스 치러 안 갈래?
Jiae: nae-il hyu-irinde teniseu chireo an gallae?
智爱: 明天休息，不去打网球吗？

이명: 미안한데, 몸이 안 좋아. 감기에 걸렸는지 모르겠어.
Imyeong: Mianhande, Momi an joa. Gamgi geollyeotneunji moreugetseo.
李明: 不好意思，身体不舒服。可能是感冒了。

지애: 병원에 안 가도 돼?
Jiae: Byeong-wone an gado dwae?
智爱: 不去医院行吗？

이명: 아니, 그 정도는 아니고. 푹 쉬면 좋아질 것 같애. 그리고 집 청소도 하고 빨래도 좀 해야 하거든.
Imyeong: Ani, geu jeongdoneun anigo puk swimyeon joajil geot gatae. Geurigo jip cheongsodo hago ppallaedo jom haeya hageodeun.
李明: 不用，没那么严重，好好休息就行，还要打扫屋子，洗衣服。

지애: 그래. 자신의 몸은 자신이 알아 챙겨야 해.
Jiae: Geurae. Jasinui momeun jasini ara chaenggyeoya hae.
智爱: 是吗。自己的身体得自己照料。

이명: 미안해. 나중에 시간 내서 테니스 치자.
Imyeong: Mianhae. Najung-e sigan naeseo teniseu chija.
李明: 不好意思。以后抽个时间去打吧。

지애: 그 건 아무때나 해도 되니까 일단 너 몸조리나 잘해.
Jiae: Geu geon amuttaena haedo doenikka ildan neo momjorina jalhae.
智爱: 球什么时候打都可以，所以先照顾好你的身体吧。

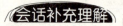 회화보충이해
[hcehwabochung-ihae]

감기에 걸리다: 得感冒

 단어
[daneo]

中文	词性	韩文	拼音	中文	词性	韩文	拼音
休息日	名词	휴일	hyu-il	游乐园	名词	놀이공원	norigong-won
度过	动词	보내다	bonaeda	国宝	名词	국보	gukbo
趁	介词	틈에	teume	值得	动词	…할 만하다	hal manhada
网球	名词	테니스	teniseu	严重	形容词	심하다	simhada
照料	动词	돌보다	dolboda	抽	动词	빼내다	ppaenaeda

节日
명절

常用句型 상용문구
[sang yong mun gu]

•01 추석이 다가왔으니 시골로 내려 가야겠어요.
Chuseogi dagawatseuni sigollo naeryeo gayagetseoyo.
快到除夕了，得回老家去了。

•02 새해 복 많이 받으세요.
Saehae bok mani badeuseyo.
祝您新年快乐。

•03 단오에 그네뛰기를 해요.
Dano-e geunettwigireul haeyo.
端午节要荡秋千。

•04 동지에는 팥죽을 먹어요.
Dongjieneun patjugeul meogeoyo.
冬至吃小豆粥。

•05 명절날에 친척들과 모여서 즐겁게 놀았어요.
Myeongjeolnare chincheokdeulgwa moyeoseo jeulgeopge noratseoyo.
节日那天和亲戚们聚在一起玩得很开心。

•06 추석에 제사를 지내야 겠어요.
Chuseoge jesareul jinaeya getseoyo.
中秋要祭祀。

•07 설날에 세배를 해요.
Seolnare sebaereul haeyo.
春节要拜年。

实用会话

이명: 이제 얼마 안 있으면 추석이잖아.
Imyeong: Ije eolma an itseumyeon chuseogi jana.
李明: 过不了多久就是中秋了。

현수: 그래, 시골로 내려 가야지.
Hyeonsu: Geurae, sigollo naeryeo gayaji.
贤洙: 是啊，得回老家了。

이명: 고향이 너무 그립다.
Imyeong: Gohyang-i neomu geuripda.
李明: 真想念故乡啊。

현수: 나도 친척들이 그리워.
Hyeonsu: Nado chincheokdeuri geuriwo.
贤洙: 我也想念亲戚们。

이명: 근데 한국에서는 추석을 어떻게 보내?
Imyeong: Geunde han-gugeseoneun chuseogeul eotteoke bone?
李明: 那韩国是怎么过中秋节的？

현수: 시골로 내려가 조상들에게 제사를 올리지.
Hyeonsu: Sigollo naeryeoga Josangdeurege jesareul olliji.
贤洙: 回乡下给祖先们祭祀。

이명: 우리 중국도 비슷한 것 같애. 허나 중국에는 추석에 많이 먹는 월병이라는 음식이 있어.
Imyeong: Uri junggugdo biseutan geot gatae. Heona junggugeneun chusoeke mani meongneun wolbyeong-iraneun eumsigi itseo.
李明: 中国也差不多。可在中国有个中秋节常吃的东西叫月饼。

이명: 내일은 설이야. 오늘은 지나간 일년을 돌이켜 봐야지.
Imyeong: Naeireun seoriya. Oneureun jinagan ilnyeoneul dorikyeo bwayaji.
李明: 明天是元旦。今天得回顾一下过去的一年了。

현수: 중국에는 설이 두개라고 들었는데?
Hyeonsu: Junggugeneun seori dugaerago deureotneunde?
贤洙: 听说中国过两次年？

이명: 맞아. 양력설보다 음력설을 더 크게 보내. 음력설은 중국에서 제일 큰 명절이야. 한국의 추석처럼 말이야.
Imyeong: Maja. Yangnyeokseolbada eumnyeokseoreul deo keuge bonae. Eumyeokseoreun junggugeseo jeil keun myeongjeoriya. Han-gugui chuseokcheoreom mariya.
李明: 对。春节比元旦是更大的节日。春节是中国的最大的节日。就像韩国的中秋一样。

현수: 그럼 음력설은 어떻게 보내?
Hyeonsu: Geureom eumnyeokseoreun eotteoke bonae?
贤洙: 那怎么过春节?

이명: 온 가족이 모여 앉아 물만두를 빚어 먹어. 어린애들은 새옷을 갈아 입고 설인사를 하러 다니지.
Imyeong: On gajogi moyeo anja mulmandureul bijeo meokji. Eorinaedeureun sae-oseul gara ipgo seorinsareul daniji.
李明: 整个家人聚一块儿包饺子吃。小孩儿们换上新衣裳去拜年。

현수: 한국에서도 설이면 어린애들이 가족분들에게 세배를 해. 세뱃돈도 받고 그러지.
Hyeonsu: Han-gugeseodo seorimyeon eorinaedeuri gajokbundeurege seonbaereul hae. Sebaetdondo batgo geureoji.
贤洙: 到了春节韩国也是小孩儿们给家人拜年。领压岁钱。

이명: 이번엔 한국에서 설을 보내게 되니까 한국의 명절문화를 배우게 되겠네.
Imyeong: Ibeonen han-gugeseo seoreul bonaege doenikka han-gugui myeongjeolmunhwareul baeuge doegetne.
李明: 这次是在韩国过年, 所以可以学韩国的节日文化了。

회화보충이해
[hoehwabochung-ihae]

설을 보내다: 过春节
시골로 내려 가다: 下乡
"많이 먹다" 可以解释为两种, 一种是吃得多, 另一种是常吃。

단어 [daneo]

中文	词性	韩文	拼音	中文	词性	韩文	拼音
中秋	名词	추석	*chuseok*	故乡	名词	고향	*gohyang*
亲戚	名词	친척	*chincheok*	献祭	动词	제사를 드리다	*jesareul deurida*
放假	动词	방학하다	*banghakada*	元旦	名词	원단	*wondan*
文化	名词	문화	*munhwa*	压岁钱	名词	세뱃돈	*sebaetdon*
最	副词	제일	*jeil*	回顾	动词	돌이켜 보다	*dorikyeo boda*

X 旅游
여행

观光计划
여행계획

 상용문구
[sang yong mun gu]

- **01** 이번 방학에 어디로 여행을 가려고 해?
  Ibeon banghage eodiro yeohaeng-eul garyeogo hae?
  这次假期想去哪儿旅行?

- **02** 여행 스케줄을 짜놨어?
  Yeohaeng seukejureul jjanwatseo.
  做好了旅行日程安排了吗?

- **03** 좋은 것을 많이 구경하고 와.
  Jo-eun geoseul mani gugyeonghago wa.
  祝你旅途愉快。

- **04** 배낭여행을 가요.
  baenang-yeohaeng-eul gayo.
  去背包旅行。

- **05** 무엇을 타고 가세요?
  Mueoseul tago gaseyo?
  坐什么去?

- **06** 남산에 갈 수 있는 하루 코스는 어때요?
  Namsane gal su itneun haru koseuneun eottaeyo?
  去南山一天的路线是什么?

07 일인당 하루 비용은 얼마예요?
Irindang haru biyong-eun eolmayeyo?
一个人一天费用是多少?

 실용회화
[silyonghoehwa]

인수: 이번 방학의 여행 스케줄은 짜놨어?
Insu: Ibeon banghagui yeohaeng seukejureun jjanwatseo?
仁寿: 定好这次的假期旅行日程了吗?

이명: 응. 동해 바다를 보고 싶어서.
Imyeong: Eung. Donghaebadareul bogo sipeoseo.
李明: 恩。我想看东海。

인수: 근데 어디로 가면 좋지?
Insu: Geunde eodiro gamyeon jochi?
仁寿: 去哪玩儿好呢?

이명: 강원도에 갈려고.
Imyeong: Gang-wondo-e gallyeogo.
李明: 想去江原道。

인수: 그럼 내가 친구들한테 물어 볼게. 강원도 어디로 가면 좋을까.
Insu: Geureom naega chin-gudeulhante mureo bolge. Gang-wondo eodiro gamyeon jo-eulkkaa.
仁寿: 那我问一下朋友们去江原道的哪儿好。

이명: 나는 인터넷에서 버스로 갈지 기차로 갈지 찾아봐야겠다.
Imyeong: Naneun inteoneseseo beoseuro galji gicharo galji chajabwayageta.
李明: 我也上网查查坐公交去还是坐火车去。

인수: 가는 길에 좋은 곳을 들르면서 구경도 해.
Insu: Ganeun gire jo-eun goseul deulreumyeonseo gugyeongdo hae.
仁寿: 在路上一边观光一边走吧。

이명: 이 거 좋은 아이디어야. 그러면 노선도 정해놔야 겠구나.
Imyeong: I geo jo-eun aidieoya. Geureomyeon noseondo jeonghaenwaya getguna.
李明: 这是个好主意。那得定路线了。

이명: 아가씨, 여행 문의 하려고 하는데요.
Imyeong: Agassi, yeohaeng munui hareogo haneundeyo.
李明: 小姐，我想咨询旅行方面的事情。

직원: 어느 지역을 관광하시려 합니까?
Jigwon: Eoneu jiyeogeul gwan-gwanghasiryeo hamnikka?
职员: 想去什么地方？

이명: 남산에 갈 수 있는 하루 코스는 어때요?
Imyeong: Namsane gal su itneun haru koseuneun eotteyo?
李明: 去南山一天的路线是什么？

직원: 이 코스는 남산, 경복궁, 여의도, 카지노 등 이에요.
Jigwon: I koseuneun namsan, gyeongbokgung, yeouido, kajino deung ieyo.
职员: 这个路程是南山，景福宫，汝矣岛，赌场等。

이명: 일인당 하루 비용은 얼마예요?
Imyeong: Irindang haru biyong-eun eolmayeyo?
李明: 一个人一天费用是多少？

직원: 5 만원이에요.
Jigwon: Omanwoni-eyo.
职员: 5万。

이명: 가이드는 중국어를 할 줄 아세요?
Imyeong: Gaideuneun junggugereul hal jul aseyo?
李明: 导游会汉语吗？

직원: 그건 딱히 모르겠는데요, 제가 알아 보고 연락드리겠습니다.
Jigwon: Geugeun ttaki moreugetneundeyo, jega ara bogo yeonrak deurigetseumnida.
职员: 那不太清楚，我问一下再跟您联系。

회화보충이해
[hoehwabochung-ihae]

"딱히" 另外一种意思是"可怜地"。 例: 집 없는 애를 딱히 여기다: 可怜无家可归的孩子
　　스케줄을 짜다: 安排日程

单词 단어 [daneo]

中文	词性	韩文	拼音	中文	词性	韩文	拼音
旅行	动词	여행하다	*yeohaenghada*	日程	名词	스케줄	*seukejul*
咨询	动词	자문하다	*jamunhada*	火车	名词	기차	*gicha*
路线	名词	코스	*koseu*	导游	名词	가이드	*gaideu*
定	动词	정하다	*jeonghada*	假期	名词	방학	*ga-ideu*

观光娱乐
관광오락

常用句型 상용문구
[sang yong mun gu]

- 01 제가 좋은 곳을 추천해 드리지요.
  Jega jo-eun goseul chucheonhae deurijiyo.
  我给你推荐个好地方吧。

- 02 온천에 가려면 어느 곳이 좋지요?
  Oncheone garyeomyeon eoneu gosi jochiyo?
  想泡温泉去哪儿好?

- 03 오늘 스케줄을 다시 한번 알려주세요.
  Oneul seukejureul dasi hanbeon alryeojuseyo.
  请再说一次今天的日程。

- 04 경복궁은 언제 지어졌어요?
  Gyeongbokgung-eun eonje jieojyeotseoyo?
  景福宫什么时候建成的?

- 05 한라산에 대해서 먼저 조금 소개 해주세요.
  Hanrasane daehaeseo meonjeo jogeum sogae haejuseyo.
  先介绍下汉拿山吧。

- 06 저녁에 카지노에서 게임을 할 수 있어요?
  Jeonyeoge kajino-eseo geimeul hal su itseoyo?
  晚上能在赌场赌钱吗?

- 07 개인적인 활동시간은 언제입니까?
  Gaeinjeogin hwaldongsiganeun eonjeimnikka?
  个人活动时间是什么时候?

가이드: 안녕하세요. 관광 가이드 박 선민입니다. 잘 부탁드립니다.
Gaideu: Annyeonghaseyo, gwangwang gaideu bak seonminimnida. Jal butakdeurimnida.
导游: 大家好。我是观光导游朴善玟。请多多关照。

이명: 오늘 스케줄을 다시 한번 알려주세요.
Imyeong: Oneul seukejureul dasi hanbeon alryeojuseyo.
李明: 请再介绍一次日程安排。

가이드: 오전에는 먼저 남산을 구경하고 오후에 여의도와 경복궁에 가 보고 저녁에 카지노에 가기로 되어 있습니다.
Gaideu: Ojeoneneun meonjeo namsaneul gugyeonghago ohue yeouidowa gyeongbokgong-e ga bogo jeonyeoge kajino-e gagiro doeeo itseumnida.
导游: 上午先去游览南山，下午去汝矣岛和景福宫，晚上要去赌场。

이명: 카지노에는 몇시쯤에 도착합니까?
Imyeong: Kajino-eneun myeotsijjeume dochakamnikka?
李明: 几点能到赌场？

가이드: 그건 여러분들의 관광하는 상황에 따라 결정돼요. 빨리 관광하면 7시 쯤에 카지노를 구경할 수 있어요.
Gaideu: Geugeon yeoreobundeurui gwan-gwanghaneun sanghwang-e ttara gyeoljeongdwaeyo. Ppalli gwan-gwanghamyeon ilgopsijjeume kajinoreul gugyeonghal su itseoyo.
导游: 那要看大家的情况决定。快点的话7点可以参观赌场。

이명: 네. 알겠습니다. 저기 앞에 보이는 것이 남산이에요?
Imyeong: Ne, Algetseumnida. Jeogi ape boineun geosi namsanieyo?
李明: 好，知道了。那前面出现的是南山吗？

가이드: 네. 이제 얼마 안 있으면 남산에 도착하게 될 것입니다. 다들 준비하세요.
Gaideu: Ne. Ije eolma an itseumyeon namsane dochakage doel geosimnida. Dadeul junbihaseyo.
导游: 是。很快就到南山了。请做好准备。

가이드: 지금으로부터 제주도 2박3일 관광코스를 알려 드리겠습니다. 첫날에는 용두암과 제주도 민속사박물관을 관광하고 다음날 새벽에 일출을 보실 분들은 성산일출봉으로 가시면

됩니다.

Gaideu: Jigeumeuro buteo jejudo ibaksamil gwan-gwangkoseureul allyeo deurigetseumnida. Cheotnareneun yongduamgwa jejudo minsoksabangmulgwaneul gwan-gwanghago daeumnal saebyeoge ilchureul bosil bundeureun seongsanilchulbong-euro gasimyeon doemnida.

导游: 现在告诉大家济州岛三天两宿观光路线。第一天是观光龙头岩和济州岛民族史博物馆，第二天凌晨想看日出的游客到胜山日出峰就可以。

현수: 월드컵 경기장도 있다던데 언제 가봐요?
Hyeonsu: Woldeukeop gyeongijangdo itdadeonde eonje gabwayo?
贤洙: 听说还有奥林匹克竞技场，什么时候去？

가이드: 둘째 날이에요. 제주도민속촌과 천지연 폭포도 관광할 수 있어요.
Gaideu: Duljjae narieyo. Jejudominsokchongwa cheonjiyeon pokpodo gwan-gwanghal su itseoyo.
导游: 是第二天。还可以游览济州岛民俗村和天地渊瀑布。

현수: 와, 신난다. 한라산도 구경하고 싶은데요.
Hyeonsu: Wa, sinnanda. Hanrasando gugyeonghago sipeundeyo.
贤洙: 哇，好开心啊。我还想去汉拿山。

가이드: 마지막 날에 한라산국립공원을 관광하겠습니다.
Gaideu: Majimak nare hanrasan-gukripgong-woneul gwan-gwanghasigeseumnida.
导游: 最后一天能去汉拿山国立公园。

현수: 한라산에 대해서 먼저 조금 소개 해주세요.
Hyeonsu: Hanrasane daehaeseo meonjeo jogeum sogae haejuseyo.
贤洙: 先介绍一下汉拿山吧。

가이드: 한라산은 한국에서 제일 높은 산으로서 해발은 1950m이고 현무암으로 되어 있어요.
Gaideu: Hanrasaneun han-gugeseo jeil nopeun saneuroseo haebareun cheon-gubaek-osipmiteoigo hyeonmuameuro doeeo itseoyo.
导游: 汉拿山是韩国最高的山，海拔有1950米，由玄武岩组成。

会话补充理解
회화보충이해
[hoehwabochung-ihae]

"다들" 只能用于人，并且是两名以上。

单词 단어 [daneo]

中文	词性	韩文	拼音	中文	词性	韩文	拼音
担当	动词	맡다	matda	赌场	名词	카지노	kajino
情况	名词	상황	sang-hwang	海拔	名词	해발	haebal
准备	动词	준비하다	junbi	博物馆	名词	박물관	bakmulgwan
瀑布	名词	폭포	pokpo	公园	名词	공원	gong-won

照相
사진찍기

常用句型 상용문구
[sang yong mun gu]

01 사진이 잘 나올 것 같아요.
Sajini jal naol geot gatayo.
照出来的照片应该会很不错。

02 부탁드립니다. 저희들 사진 찍어 주시겠어요?
Butakdeurimnida. jeohuideul sajin jjigeojusigetseoyo?.
拜托您能帮我们照张相吗?

03 상반신만 나오게 찍으면 돼요.
Sangbansinman naoge jjigeumyeon dwaeyo.
只照出上半身就可以了。

04 활짝 웃으며 찍자.
Hwaljjak useumyeo jjikja.
笑开了照吧。

05 어떻게 찍어 드릴까요?
Eotteoke jjigeo deurilkkayo?
怎么照好呢?

06 뒤의 바다를 보이게 찍으세요.
Duiui badaga boige jjigeuseyo.
把后面的海照出来吧。

07 사진기가 고장났어요.
Sajingiga gojangnatseoyo.
相机坏了。

实用会话 실용회화 [silyonghochwa]

현수: 와, 이 곳이 경치가 정말 좋구나. 같이 사진 찍자.
Hyeonsu: Wa, i gosi Gyeongchiga jeongmal jokuna. gachi sajin jjikja.
贤洙: 哇，这儿的景色真好。一起照相吧。

현애: 그래. 사진이 잘 나올 것 같애.
Hyeonae: Geurae. Sajini jal naol geot gatae.
贤爱: 好。一定会照出好看的相片来。

현수: 뭐해, 빨리 와.
Hyeonsu: Mwohae, ppalli wa.
贤洙: 干什么，快过来吧。

현애: 좋아, 활짝 웃어.
Hyeonae: Joa, hwaljjak useo.
贤爱: 好，笑。

현수: 찍는다. 김치~.
Hyeonsu: Jjikneunda. Gimchi~.
贤洙: 要照了。茄子~。

현애: 잘 안 나왔어. 하나 더 찍자.
Hyeonae: Jal an nawatseo. Hana deo jjikja.
贤爱: 照的不好。再来一张吧。

현애: 부탁드립니다. 저희들 사진 찍어주시겠어요?
Hyeonae: butakdeuripnida. Jeohuideul sajin jjigeojusigetseoyo?
贤爱: 拜托您能帮我们照张相吗？

길손: 그러지요. 어떻게 찍어 드릴까요?
Gilson: geureojiyo. Eoddeoke jjigeo deurilggayo?
路人: 好的。怎么照好呢？

현애: 뒤의 바다가 보이게 찍으세요.
Hyeonae: Dwiui badaga boyige jjigeuseyo.
贤爱: 把后面的海照出来吧。

길손: 알겠어요. 자, 웃으세요. 하나, 둘, 셋, 다 됐습니다.
Gilson: algetseoyo. Ja, useuseyo. hana, dul, set, da dwaetseupnida.
路人: 明白了。来，笑一下。一、二、三，可以了。

현애: 감사합니다. 사진이 잘 됐네요.
Hyeonae: Gamsahamnida. Sajini jal dwaetneyo.
贤爱: 谢谢您。照得很好看。

길손: 좋은 추억이길 바래요.
Gilson: joeun chueogigil baraeyo.
路人: 祝您留下美好的回忆。

사진을 찍다: 照相
次文中的"김치~"是照相时常用的词，跟中国的"茄子"一样。

中文	词性	韩文	拼音
景色	名词	경치	gyeongchi
照片	名词	사진	sajin
数码	名词	디지털	dijiteol
相机	名词	카메라/사진기	kamera/sajingi

意外事故
의외사고

 상용문구
[sang yong mun gu]

01 괜찮아요?
Gwaenchanayo?
没事吗？

02 구급차 불러!
Gugeubcha bulleo!
叫救护车！

03 조금만 참아. 병원에 다 왔어.
Jogeumman chama. byeong-wone da watseo.
忍着点。医院快到了。

04 피가 안나게 싸매야 겠어.
Piga annage ssamaeya getseo.
需要包扎一下，止血。

05 너무 걱정마. 아무 문제 없을 거야.
Neomu geokjeongma, Amu munje eopseul geoya.
别太担心了，没什么问题的。

06 사람 살려요!
Saram sallyeoyo!
救命呀！

07 왜 그래? 무슨 일이야?
Wae geurae? Museuniriya?
怎么了？什么事？

实用会话 실용회화 [silyonghoehwa]

01

현애: 오빠, 왜 그러세요? 어디 불편하세요?
Hyeonae: Obba, wae geureoseyo? Eodi bulpyeonhaseyo?
贤爱: 哥哥，怎么了？哪里不舒服吗？

현수: 배가 너무 아파.
Hyeonsu: Baega neomu apa.
贤洙: 肚子很疼。

현애: 괜찮아요? 식은 땀이 나요.
Hyeonae: Gwaenchanayo? Sigeun ddami nayo.
贤爱: 没事吧？都出冷汗了。

현수: 음식을 잘못 먹었나 봐.
Hyeonsu: Eumsigeul jalmot meogeotna bwa.
贤洙: 可能是吃错东西了。

현애: 안되겠어요. 병원에 가야 할 것 같아요. 택시를 불러올게요.
Hyeonae: Andoegetseoyo. Byeong-wone gaya hal geot gatayo. Taeksireul bulreoolgeyo.
贤爱: 这样下去不行。得去医院。我去叫出租车。

잠시후 *Jamsihu* 稍后

현애: 아저씨, 빨리 병원으로 가주세요. 저의 오빠가 식중독에 걸린 것 같아요.
Hyeonae: Ajeossi, bbalri byeong-woneuro gajuseyo. Jeoui obbaga sikjungdoge geolril geot gatayo.
贤爱: 司机，快点去医院。我哥哥好像得食物中毒了。

02

이명: 아이구! 사람 살려!
Imyeong: Aigu! saramsallyeo!
李明: 哎呀！救命啊。

인수: 이명아, 왜 그래 ? 무슨 일이야?
Insu: Imyeong-a, wae geurae? Museum iriya?
仁寿: 李明，怎么了？什么事？

이명: 뱀한테 물린 것 같아.
Imyeong: Baemhante mullin geot gata.
李明: 好象被蛇咬了。

인수: 독뱀이다.
Insu: Dokbaemida.
仁寿: 是毒蛇。

이명: 내 배낭에 끈이 있어. 다리를 싸매야겠어.
Imyeong: Nae baenang-e kkeuni itseo. Darireul ssamaeyagetseo.
李明: 我背包里有绳子。需要包一下。

会话补充理解 회화보충이해
[hoehwabochung-ihae]

사람 살려: 救命
식은 땀이 나다: 出冷汗

单词 단어
[daneo]

中文	词性	韩文	拼音	中文	词性	韩文	拼音
肚子	名词	배	bae	疼	形容词	아프다	apeuda
近	形容词	가깝다	gakkapda	食物	名词	식물	sikmul
包扎	动词	싸매다	ssamaeda	绳子	名词	끈	kkeun

XI 出国，回国
출국, 귀국

出国留学
외국유학

常用句型 상용문구
[sang yong mun gu]

01 중국에 유학을 가려고 해.
Jungguge yuhageul garyeogo hae.
想去中国留学。

02 한국어를 배우러 서울대로 유학을 가.
Han-gugeoreul bae-ureo seouldaero yuhageul ga.
为了学习韩国语，我去首尔大学留学。

03 가서 많이 배워.
Gaseo mani baewo.
去那儿多学点儿。

04 그 나라의 문화를 배워.
Geunaraui munhwareul baewo.
学那个国家的文化。

05 한국 친구들을 많이 사귀고 싶어.
Han-guk chin-gudeureul mani sagwigo sipeo.
想交很多韩国朋友。

06 중국어학원에서 기초는 배워야지.
Jungguk-eohagwoneseo gichoneun baewoyaji.
应该在汉语学院学基础。

•07 가서 자주 연락해.

Gaseo jaju yeonrakae.
去那儿以后常联系。

实用会话 실용회화 [silyonghoehwa]

01

인수: 내년에 중국으로 유학을 가려고 해.
Insu: Naenyeone junggugeuro yuhageul garyeogo hae.
仁寿: 明年想去中国留学。

현수: 중국어를 배우고 싶어?
Hyeonsu: Junggugeoreul bae-ugo sipeo?
贤洙: 想学汉语了吗?

인수: 그 것도 있고 중국의 문화도 배우고 싶어.
Insu: Geu geotdo itgo junggugui munhwado bae-ugo sipeo.
仁寿: 对，还有就是想学中国文化。

현수: 지금 중국어를 많이 배우지. 두 나라간의 교류가 빈번해지니까 언어소통이 필요한 거야.
Hyeonsu: Jigeum junggugeoreul mani bae-uji. Du naraganui gyoryuga binbeonhaejinikka eoneosotong-i piryohan geoya.
贤洙: 现在学汉语的人很多。因为两国之间的交流变得频繁，所以需要语言沟通。

인수: 그래. 많은 한국기업이 중국시장으로 진출하고 있어.
Insu: Geurae. Maneun han-gukgieobi jungguksijang-euro jinchulhago itseo.
仁寿: 是啊。很多韩国企业正在进入中国市场。

현수: 그럼 중국어학원에서 기초는 배워야지.
Hyeonsu: Geureom Junggugeohagwoneseo gichoneun baewoyaji.
贤洙: 那得去汉语学院学点基础啊。

인수: 그래서 지금 중국어 학원에 다니고 있어. 생각보다 어렵더라.
Insu: Geuraeseo jigeum junggugeo hagwone danigo itseo. Saenggakboda eoryeopdeora.
仁寿: 所以现在正在汉语学院学呢。比想象的难。

현수: 열심히 해.
Hyeonsu: Yeolsimhi hae.
贤洙: 努力学吧。

지애: 내년 중국으로 유학을 간다던데 교환학생으로 가?
Jiae: Naenyeon junggugeuro yuhageul gandadeonde gyohwanhagsaengeuro ga?
智爱: 听说你明年去中国留学，是交换生吗？

인수: 응.
Insu: Eung.
仁寿: 恩。

지애: 어느 학교로 가는데?
Jiae: Eoneu hakgyoro ganeunde?
智爱: 去哪个学校？

인수: 북경대학교로 가.
Insu: Bukgyeongdaehaggyoro ga.
仁寿: 北京大学。

지애: 그러면 그 쪽에서도 유학생이 오겠구나.
Jiae: Geureomyeon geu jjogeseodo yuhaksaeong-i ogetguna.
智爱: 那样的话从那儿也有学生过来吧。

인수: 아마 그럴 거야.
Insu: Ama geureol keoya.
仁寿: 可能是吧。

지애: 가서 자주 연락해. 나도 중국에 유학을 갈 예정인데.
Jiae: Gaseo jaju yeonrakae. Nado jungguge yuhageul gal yejeong-inde.
智爱: 去了以后常联系。我也打算去中国留学。

인수: 너도 중국어를 배우려면 중국에서 생활하면서 배우는 것이 제일 좋을 걸.
Insu: Neodo junggugeoreul bae-uryeomyeon junggugeseo saenghwalhamyeonseo bae-uneun geosi jeil jo-eul geol.
仁寿: 你也想学汉语的话，最好是在中国边体验生活边学。

지애: 그래. 알았어.
Jiae: Geurae. Aratseo.
智爱: 是啊。知道了。

 회화보충이해
[hoehwabochung-ihae]

학원에 다니다: 上学院

 단어
[daneo]

中文	词性	韩文	拼音	中文	词性	韩文	拼音
留学	动词	유학하다	yuhakada	文化	名词	문화	munhwa
频繁	形容词	빈번하다	binbeonhada	企业	名词	기업	gieop
想象	动词	상상하다	sangsanghada	基础	名词	기초	gicho
体验	动词	체험하다	cheheomhada	努力	动词	노력하다	noryeokada
市场	名词	시장	sijang	打算	助动词	…려 하다	ryeo hada

护照与签证
여권과 비자

常用句型 상용문구
[sang yong mun gu]

01 여권은 어디서 발급하나요?
Yeogwoneun eodiseo balgeupanayo?
护照在哪儿办?

02 비자를 기다리시면 돼요.
Bijareul gidarisimyeon dwaeyo.
等签证就可以了。

03 사진 한장과 주민등록증을 복사해서 가져가면 돼요.
Sajin hanjanggwa jumindeungrokjeung-eul boksahaeseo gajyeogamyeon dwaeyo.
带一张照片和身份证复印件就可以了。

04 비자를 신청하세요.
Bijareul sincheonghaseyo.
请申请签证。

05 여행사에서 대행해 줍니다.
Yeohaengsa-eseo daehaenghae jumnida.
在旅行社可以代办。

06 필요한 서류들을 갖고 오세요.
piryohan seoryudeureul gatgo oseyo.
请带上必要的资料。

07 며칠이면 비자가 나오죠?
myeochirimyoen bijaga naojyo?
签证几天能下来?

 실용회화
[silyonghoehwa]

인수: 유학을 가는데 필요한 서류들을 설명해 주시겠어요?
Insu: Yuhageul ganeunde piryohan seoryudeureul seolmyeonghae jusigetseoyo?
李明: 请告诉我去留学必要的文件，好吗？

직원: 먼저 여권과 비자가 필요합니다.
Jigwon: Meonjeo yeogwon-gwa bijaga piryohamnida.
职员: 首先需要护照和签证。

인수: 어디서 발급하는지요?
Insu: Eodiseo balgeupaneunjiyo?
李明: 在什么地方办理？

직원: 서울 중국영사관과 부산 중국영사관에서만 발급합니다.
Jigwon: seo-ul jungguk-yeongsagwan-gwa busan jungguk-yeongsagwaneseoman balgeupamnida.
职员: 只在首尔中国领事馆和釜山中国领事馆签发。

인수: 그럼 비자 신청을 하러 갈 때 무엇을 준비해야 되나요?
Insu: Geureom bija sincheong-eul hareo gal ttae mueoseul junbihaeya dwanayo?
李明: 那申请签证时需要准备什么？

직원: 사진 한장과 주민등록증을 복사해서 가져가면 돼요.
Jigwon: Sajin hanjanggwa jumindeungrokjeung-eul boksahaeseo gajyeogamyeon dwaeyo.
职员: 带一张照片和身份证复印件就可以了。

인수: 비용은 얼마정도 들어요?
Insu: Biyong-eun eolmajeongdo deureoyo?
李明: 费用是多少？

직원: 6만 원입니다. 보통 발급 받는데 4,5일 걸립니다.
Jigwon: Yukman woninnida. Botong balgeup batneunde saoil geollimnida.
职员: 六万。一般四、五天就能拿到。

인수: 네, 감사합니다.
Insu: Ne, gamsahamnida.
职员: 好的，谢谢。

어머니: 비자를 신청해야지.
Eomeoni: Bijareul sincheonghaeyaji.
妈妈: 该申请签证了。

인수: 어디서 하죠?
Insu: Eodiseo hajyo?
仁寿: 在哪儿申请?

어머니: 서울 남산 근처에 있어.
Eomeoni: Seo-ul namsan geuncheo-e itseo.
妈妈: 在首尔南山附近。

인수: 우리 집은 광주인데 너무 멀잖아요.
Insu: Uri jibeun gwangjuinde neomu meoljanayo.
仁寿: 可是我们家在光州,太远了。

어머니: 근심마. 우리 동네에 중국비자를 대행하는 여행사가 있거든.
Eomeoni: Geunsimma. Uri dongnee junggukbijaruel daehaenghaneun yeohaengsaga itgeodeun.
妈妈: 别担心。我们小区有代办中国签证的旅行社。

인수: 그럼 며칠이면 비자가 나오는데요?
Insu: Geureom myeochirimyoen bijaga naoneundeyo?
仁寿: 几天后能拿到签证?

어머니: 4,5일 걸릴거야.
Eomeoni: Saoil geolrilgeoya.
妈妈: 可能得花4,5天。

 회화보충이해
[hoehwabochung-ihae]

비자를 신청하다: 申请签证
"어디서 발급하는지요?" 是在哪儿办手续的意思。

 단어
[daneo]

中文	词性	韩文	拼音	中文	词性	韩文	拼音
护照	名词	여권	yeogwon	领事馆	名词	영사관	yeongsagwan
签证	名词	비자	bija	居民身份证	名词	주민등록증	jumindeungrokjeung
复印	动词	복사하다	boksahada	申请	动词	신청하다	sincheonghada
旅行社	名词	여행사	yeohaengsa	费用	名词	비용	biyong

订机票
비행기 티켓 예약

 상용문구
[sang yong mun gu]

- 01 인천으로 가는 비행기 티켓 예약하려고 해요.
Incheoneuro ganeun bihaenggi tiket yeyakaryeogo haeyo.
我想预订去仁川的飞机票。

- 02 어느 날 몇 시에 출발하시렵니까?
Eoneu nal myeot sie chulbalhasiryeomnikka?
想订几号几点的机票?

- 03 일반석으로 주세요.
Ilbanseogeuro juseyo.
要经济舱。

- 04 성함과 여권번호를 알려주세요.
Seohamgwa yeowonbeonhoreul allyeojuseyo.
请告诉我姓名和护照号码。

- 05 날짜를 변경하려고 하는데 가능한가요?
Naljjareul byeongyeongharyeogo haneunde ganeunghangayo?
我想改变预订日期可以吗?

- 06 예약 변경되었습니다.
Yeyak byeongyeongdoeeotseumnida.
预订已经改好了。

- 07 예약을 취소하려고 해요.
Yeyageul chwisoharyeogo haeyo.
我想取消预约。

 실용회화
[silyonghoehwa]

직원:	안녕하세요, 아시아나항공입니다.
Jigwon:	Annyeonghaseyo, asianahanggong-imnida.
职员:	您好，这里是韩亚航空。

현수:	북경공항으로 가는 비행기 티켓을 예약하겠습니다.
Hyeonsu:	Bukgyeonggonghang-euro ganeun bihaenggi tikeseul yeyakagetseumnida.
贤洙:	我想预定去北京的机票。

직원:	어느 날 몇시에 출발하시겠습니까?
Jigwon:	Eoneu nal myeotsie chulbalhasigetseumnikka?
职员:	请问您需要哪天几点的航班？

현수:	1월 20일 오전으로 해주세요.
Hyeonsu:	Irwol isibil ojeoneuro haejuseyo.
贤洙:	我想要1月20号上午的。

직원:	일반석으로 할까요, 아니면 비즈니스석으로 할까요?
Jigwon:	Ilbanseogeuro halkkayo, animyeon bijeuniseuseogeuro halkkayo?
职员:	请问您想定经济舱还是商务舱？

현수:	일반석으로 해주세요.
Hyeonsu:	Ilbanseogeuro haejuseyo.
贤洙:	经济舱。

직원:	성함과 여권번호를 가르쳐 주세요.
Jigwon:	Seonghamgwa yeogwonbeonhoreol gareuchyeo juseyo.
职员:	请告诉我您的姓名和护照号码。

현수:	박현수라고 합니다. 여권번호는 SH0004712입니다.
Hyeonsu:	Bakhyeonsurago hamnida. Yeogwonbeonhoneun SHgonggonggongsachililyiimnida.
贤洙:	我叫朴贤洙。护照号码是SH0004712。

현수:	이모, 비행기 티켓 예약할 때 주의 할 점은 뭐예요?
Hyeonsu:	Imo, bihaenggi tiket yeyakal ttae juui hal jeomeun mwoyeyo?
贤洙:	姨，预定机票时应该注意些什么呢？

이모: 출국일자와 시간, 귀국일자와 시간, 체류시간 등을 꼭 재확인해야 돼.
Imo: Chulgugiljawa sigan, gwigugiljawa sigan, cheryusigan deung-eul kkok jaehwaginhaeya dwae.
姨: 一定要再次确认出国日期和时间，回国日期和时间，停留时间等。

현수: 그럼 제가 인터넷으로 예약했으니 메일을 주의해야 되겠네요.
Hyeonsu: Geureom jega inteoneseuro yeyakaetseuni meire juuihaeya doegetneyo.
贤洙: 那我在网上预定了，就得留意邮件了。

이모: 그럼. 아마 전화도 올 거야.
Imo: Geureom. Ama jeonhwado olgeoya.
姨: 当然，可能会打电话。

현수: 짐은 어떻게 하는 것이 좋아요?
Hyeonsu: Jimeun eotteoke haneun geosi joayo?
贤洙: 包裹怎么办才好呢？

이모: 꼭 필요한 것만 가지고 올라가고 나머지는 화물로 보내면 돼.
Imo: Kkok piryohan geotman gajigo ollagago nameojineun hwamullo bonaemyoen dwae.
姨: 只把必需品带上去，剩下的托运就可以。

현수: 혹시 갑자기 일이 생겨 예약 취소하려면 어떻게 하면 좋아요?
Hyeonsu: Hoksi gapjagi iri saenggyeo yeyak chwisoharyeomyon eotteoke hamyeon joayo?
贤洙: 假如突然有事想退票的话怎么办？

이모: 아마 예약 취소가 가능한지 물어봐야 하거든. 환불하려면 항공료의 10%정도 손해를 보게 될 거야.
Imo: Ama yeyak chwisoga ganeunghanji mureobwaya hageodeun. Hwanbulharyeomyeon hanggongryoui sippeurojeongdo sonhaereul boge doel geoya.
姨: 可能得问可不可以退票。结算时大概要赔偿票价的10%。

회화보충이해
[hoehwabochung-ihae]

예약 취소하다: 取消预约。
비행기 티켓을 예약하다: 预定机票

단어 [daneo]

中文	词性	韩文	拼音	中文	词性	韩文	拼音
预定	动词	예약하다	yeyakada	航班时刻表	名词	운행표	uhaengpyo
号码	名词	번호	beonho	回国	动词	귀국하다	gwigukada
出国	动词	출국하다	chulgukada	停留	动词	체류하다	cheryuhada
可能	副词	아마	ama	赔偿	动词	배상하다	baesanghada

通关
통관

常用句型 상용문구
[sang yong mun gu]

•01 짐검사를 받으셔야 합니다.
Jimgeomsareul badeusyeoya hamnida.
您的行李需要接受检查。

•02 짐을 벨트 위로 올려 주십시오.
Jimeul belteu wiro ollyeo jusipsio.
把行李放到传送带上。

•03 탑승권을 보여주세요.
Tapseunggwoneul boyeojuseyo.
请出示您的登机牌。

•04 가방에 뭐가 들어 있습니까?
Gabang-e mwoga deureo itseumnikka?
包里是什么东西?

•05 이 것은 모두 압수하겠습니다.
I geoseun modu apsuhagetseumnida.
这个得没收了。

•06 과일은 휴대할 수 없어요.
Gwailreun hyudaehal su eopseoyo.
水果不能带。

•07 수속이 끝났습니다.
Susogi kkeutnatseumnida.
手续都好了。

•08 세관을 통과하셔도 됩니다.
Segwaneul tonggwahasyeodo doemnida.
您可以过海关了。

实用会话 실용회화 [silyonghoehwa]

01

직원: 죄송하지만 짐검사를 받으셔야 합니다. 짐을 벨트 위로 올려 주십시오.
Jigwon: Joesonghajiman jimgeomsareul badeusyeoya hamnida. Jimeul belteu wiro ollyeo jusipsio.
职员: 不好意思，您的行李需要接受检查。请把行李放到传送带上。

현수: 네.
Hyeonsu: Ne.
贤洙: 好的。

직원: 현금은 얼마 갖고 계십니까?
Jigwon: Hyeongeumeun eolma gatgo gyeosimnikka?
职员: 请问您带了多少现金？

현수: 4000 달러입니다.
Hyeonsu: Sacheon dalleoimnida.
贤洙: 4000美元。

직원: 이건 무슨 약입니까?
Jigwon: Igeon museun yagimnikka?
职员: 这是什么药品？

현수: 감기약입니다.
Hyeonsu: Gamgiyagimnida.
贤洙: 是感冒药。

직원: 이 종자는 휴대할 수 없습니다. 죄송하지만 압수하겠습니다. 수속이 끝났습니다, 세관을 통과하셔도 됩니다.
Jigwon: I jongjaneun hyudaehal su eopseumnida. Joesonghajiman apsuhagetseumnida. Susogi kkeutnatseumnida. Segwaneul tonggwahasyeodo doemnida.
职员: 这个种子不能带。对不起，得没收了。手续都好了，您可以通关了。

02

 안전검사 anjeon-geomsa   安全检查

직원: 짐을 벨트에 올려주세요.
Jigwon: Jimeul belteue ollyeojuseyo.
职员: 请把行李放到传送带上。

현수: 알겠습니다.
Hyeonsu: Algetseumnida.
贤洙: 知道了。

직원: 짐에 금지된 물품이 들어간 것 같습니다.
Jigwon: Jime geumjidoen mulpumi deureogan geot gatseumnida.
职员: 有禁止携带的东西在里面。

현수: 어떤 물건이에요?
Hyeonsu: Eotteon mulgeonieyo?
贤洙: 什么东西?

직원: 라이터입니다.
Jigwon: Raiteoimnida.
职员: 是打火机。

현수: 한번만 봐 주시면 안 되겠어요?
Hyeonsu: Hanbeonman bwa jusimyoen an doegetseoyo?
贤洙: 能照顾我一次吗?

직원: 기내에 가지고 들어가실 수 없습니다. 하지만 수속카운터에 가서 부칠 수 있습니다.
Jigwon: Ginaee gajigo deureogasil su eopseumnida. Hajiman susokkaunteoe gaseo buchil su itseumnida.
职员: 不能带上飞机。但是能到值机柜台托运。

 회화보충이해
[hoehwabochung-ihae]

봐주세요: 请照顾我
돈을 갖고 있다: 带着钱

 단어
[daneo]

中文	词性	韩文	拼音	中文	词性	韩文	拼音
打火机	名词	라이터	raiteo	没收	动词	압수하다	apsuhada
行李	名词	짐	jim	现金	名词	현금	hyeon-geum
放	动词	놓다	nota	税关	名词	세관	segwan
飞机	名词	비행기	bihaenggi	托运	动词	탁송하다	taksonghada

出国前的问候，回国时的问候
출국때의 인사, 귀국때의 인사

常用句型 상용문구
[sang yong mun gu]

01 배웅하러 와줘서 고마워.
bae-unghareo wajwoseo gomawo.
谢谢你们来送我。

02 잘가, 무사히 도착해.
Jalga, musahi dochakae.
再见，一路顺风。

03 도착한 다음 전화해.
Dochakan da-eum jeonhwahae.
到了打电话。

04 이별 선물이야.
Ibyeol seonmuriya.
这是离别的礼物。

05 많이 그리울 거야.
Mani geuriwulgeoya.
会想你的。

06 너무 보고 싶었어. 그동안 잘 지냈어?
Neomu bogo sipeotseo. Geudong-an jal jinaetseo?
很想你了，那段时间过得好吗？

07 오는 길에 불편한 점은 없었어?
Oneun gire bulpyeonhan jeomeun eopseotseo?
来的路上有没有不方便的地方？

 실용회화
[silyonghoehwa]

01

이명: 배웅하러 와줘서 고마워.
Imyeong: Bae-unghareo wajwoseo gomawo.
李明: 谢谢你们来送我。

인수: 친구사이에 고맙긴.
Insu: Chin-gusaie gomapgin.
仁寿: 朋友之间谢什么。

지애: 중국에 가서 며칠 있어?
Jiae: Jungguge gaseo myeochil itseo?
智爱: 去中国呆几天?

이명: 설 보내고 바로 오려고. 한 20일쯤 있을 거야.
Imyeong: Seol bonaego baro oryeogo. Han isibiljjeum itseul geoya.
李明: 过完年马上回来。大概要呆20天左右。

지애: 이건 우리 몇이 준비한 간단한 선물이야. 받어.
Jiae: Igeon uri myeochi junbihan gandanhan seonmuriya. Badeo.
智爱: 这是我们几个准备的小礼物。拿着。

이명: 뭐 이런 것까지 준비했어. 다들 너무 고마워.
Imyeong: Mo ireon geotkkaji junbihaetseo. Dadeul neomu gomawo.
李明: 准备什么礼物啊。谢谢大家。

인수: 도착한 다음 연락해.
Insu: Dochakan da-eum yeonrakae.
仁寿: 到了打电话吧。

이명: 그래. 너희들도 잘 있어.
Imyeong: Geurae. Neohuideuldo jal itseo.
李明: 好的。你们也保重。

어머니: 현수야, 여기야!
Eomeoni: Hyeonsuya, yeogiya!
妈妈: 贤洙，这儿!

현수: 아버지, 어머니 너무 보고 싶었어요.
Hyeonsu: Abeoji, eomeoni neomu bogo sipeotseoyo.
贤洙: 爸妈，真想念你们啊。

出国，回国_209

아빠: 오는 길에 불편한 점은 없었어?
Appa: Oneun gire bulpyeonhan jeomeun eopseotseo?
爸爸: 来的路上有没有不方便的地方？

현수: 그럼요. 승무원들이 잘해줘서요.
Hyeonsu: Geureomyo. Seungmuwondeuri jalhaejwoseoyo.
仁寿: 没有。乘务员们服务的很好。

어머니: 많이 여위었구나. 아픈 데는 없어?
Eomeoni: Mani yeowieotguna. Apeundeneun eopseo?
妈妈: 瘦多了。身体还好吗？

현수: 아픈 데 없어요. 그 동안 잘 지내셨어요?
Hyeonsu: Apeun de eopseoyo. geu dong-an jal jinaesyeotseoyo?
仁寿: 挺好。爸妈都过得好吗？

아빠: 그래, 잘 지냈지.
Appa: Geurae, jal jinaetji.
爸爸: 当然，过得好。

어머니: 어서 집에 가자. 너 좋아하는 음식을 많이 준비했거든.
Eomeoni: Eoseo jibe gaja. neo joahaneun eumsigeul mani junbihaetgeodeun.
妈妈: 快回家吧。做了很多你爱吃的。

会话补充理解 회화보충이해 [hoehwabochung-ihae]

잘 있어: 保重

单词 단어 [daneo]

中文	词性	韩文	拼音	中文	词性	韩文	拼音
礼物	名词	선물	seonmul	方便	形容词	편리하다	pyeonrihada
乘务员	名词	승무원	seungmuwon				

XII 宾馆
호텔

前厅部
카운터

[sang yong mun gu]

01 방을 예약하려고 합니다.
Bang-eul yeyakaryeogo hamnida.
我要订房。

02 빈 방이 있습니까?
Bin bang-I itseumnikka?
有空房吗?

03 여기 체크 아웃하려고 하는데요.
Yeogi chekeu aut-haryeogo haneundeyo.
我想退房。

04 저희 호텔을 찾아 주셔서 감사합니다.
Jeohui hotereul chaja jusyeoseo gamsahamnida.
谢谢您光顾我们宾馆。

05 언제 쓸 방을 예약하시렵니까?
Eonje sseul bang-eul yeyakasiryeomnikka?
请问您想要定哪一天的?

06 짐은 다 챙기셨습니까?
Jimeun da chaenggisyeotseumnikka?
行李都拿好了吗?

客房部
룸

客房预订
객실 예약

实用会话 실용회화
[silyonghoehwa]

김사장: 방을 예약하려 합니다. 빈방이 있어요?
Gimsajang: Bang-eul yeyakaryeogo hamnida. Binbang-I itseoyo?
金社长: 我想预订房间，有空房吗？

직 원: 며칠에 쓸 방을 예약하시렵니까?
Jigwon: Myeochire sseul bang-eul yeyakasiryeomnikka?
职 员: 请问您想要定哪一天的？

김사장: 이번 주 목요일이요.
Gimsajang: Ibeon ju mogyoiriyo.
金社长: 这周的星期四。

직 원: 네, 빈방이 있습니다.
Jigwon: Ne. binbang-I itseumnida.
职 员: 有空房。

김사장: 가격은 어떻게 됩니까?
Gimsajang: Gagyeogeun eotteoke doemnikka?
金社长: 请问价格是多少？

직 원: 방에 따라 다른데요. 싱글룸은 12만원이고 더블룸은 16만원이에요.
Jigwon: Bang-e ttara dareundeyo. singgeullumeun sibimanwonigo deobeullumeun sipyukmanwonieyo.
职 员: 每种房间不一样。单人间是12万韩币，双人间是16万韩元。

김사장: 그럼 목요일 하루동안 쓸 수 있는 싱글룸을 하나 주세요.
Gimsajang: Geureom mogyoil harudong-an sseul su itneun singgeullumeul hana juseyo.
金社长: 那我要订星期四一天的单人间。

迎宾部
영빈부

직원: 어서 오세요. 무엇을 도와드릴까요?
Jigwon: Eoso oseyo. Mu-eoseul dowadeurilggayo?
职员: 欢迎光临。有什么需要我帮忙吗?

김사장: 전번에 방을 예약한 김기덕이라고 합니다.
Gimsajang: Jeonbeone bang-eul yeyakan gimgideogirago hamnida.
金社长: 我是上次订房的金基德。

직원: 네, 짐은 다 챙기셨습니까?
Jigwon: Ne, jimeun da chaenggisyeotseumnikka?
职员: 是吗。行李都拿好了吗?

김사장: 네, 다 챙겼습니다. 그리고 짐을 보관하려고 하는데요.
Gimsajang: Ne, da chaenggyeotseumnida. Geurigo jimeul bogwanharyeogo haneundeyo.
金社长: 是的。还有我想寄存行李。

직원: 언제쯤 찾으시겠습니까?
Jigwon: Eonjejjeum chajeusigetseumnikka?
职员: 什么时候取?

김사장: 체크 아웃 후에 찾을 겁니다.
Gimsajang: Chekeu aut hue chajeul geomnida.
金社长: 退房后取。

직원: 여기 사인 좀 해 주십시오. 이것은 짐표입니다.
Jigwon: Yeogi sain jom hae jusipsio. Igeoseun jimpyoimnida.
职员: 请在这儿签名吧。这个是行李票。

退房
체크 아웃

김사장: 여기 체크 아웃하려고 하는데요.
Gimsajang: yeogi chekeu aut-haryeogo haneundeyo.
金社长: 我要退房。

직원: 성함이 어떻게 되세요?
Jigwon: Seonghami eotteoke doeseyo?
职员: 请问您怎么称呼?

김사장: 305호실의 김기덕이라고 합니다.
Gimsajang: Samgong-ohosire gimgideogirago hamnida.
金社长: 我是305号房的金基德。

직원: 잠시만 기다려 주세요. 결제해 드리겠습니다. 객실요금은 12만원이고 서비스는 2만원입니다.
Jigwon: Jamsiman gidaryeo juseyo. Gyeoljehae deurigetseumnida. Gaeksilyogeumeun sipyimanwonigo seobiseuneun imanwonimnida.
职员: 请稍后，给您结算。房费是12万韩元，服务费是2万。

김사장: 카드로 할게요.
Gimsajang: Kadeuro halkeyo.
金社长: 用卡结算吧。

직원: 네, 여기에 사인해주세요.
Jigwon: Ne, yeogie sainhaejuseyo.
职员: 好的。请在这儿签名。

김사장: 택시 한대를 불러 주시겠어요?
Gimsajang: Taeksi handaereul bulleo jusigetseoyo?
金社长: 请帮我叫一辆出租车好吗？

직원: 알겠습니다. 저희 호텔을 찾아 주셔서 감사합니다.
Jigwon: Algetseumnida. Jeohui hotereul chaja jusyeoseo gamsahamnida.
职员: 知道了。谢谢您的光临。

 회화보충이해
[hoehwabochung-ihae]

방을 예약하다:订房 "성함이 어떻게 되세요?"是问什么名字，像这样的还有"연세가 어떻게 되세요?"，是问几岁。

 단어
[daneo]

中文	词性	韩文	拼音	中文	词性	韩文	拼音
宾馆	名词	호텔	hotel	预定	动词	예약하다	yeyakada
单人间	名词	싱글룸	singgeullum	普通间	名词	더블룸	deobeullum
退房	动词	체크 아웃	chekeu aut	行李	名词	짐	jim
停车	动词	주차하다	juchahada	结算	动词	결산하다	gyeolsan
出租	名词	택시	taeksi	卡	名词	카드	kadeu

客房部
룸

 상용문구
[sang yong mun gu]

01 계십니까?
Gyesimnikka?
在吗？

02 한 시간 후에 다시 오겠습니다.
Han sigan hue dasi ogetseumnida.
一个小时后再来。

03 깨끗이 청소해 드리겠습니다.
Kkaekkeusi cheongsohae deurigetseumnida.
会打扫干净的。

04 잠자리를 봐 드릴까요?
Jamjarireul bwa deurilkkayo?
现在可以铺床吗？

05 수고하셨습니다.
Sugohasyeotseumnida.
辛苦了。

06 아침식사를 주문했는데 아직까지 가져오지 않았어요.
Achimsiksaruel jumunhaetneunde ajikkkaji gajyeooji anatseoyo.
我订了早餐，但是还没有送过来。

07 변기의 물이 내려 가지 않아요.
Byeongiui muri naeryeo gaji anayo.
马桶的水下不去了。

08 죄송합니다. 바로 수리해 드릴게요.
Joesonghamnida. Baro surihae deurilkeyo.
不好意思，马上去给您修。

打扫房间
객실 청소

청소부: 계십니까?
Cheongsobu: Gyesimnikka?
清洁工: 有人吗?

김사장: 누구세요?
Gimsajang: Nuguseyo?
金社长: 谁啊?

청소부: 호텔 청소부인데요, 방을 청소하러 왔습니다.
Cheongsobu: Hotel cheongsobuindeyo, bang-eul cheongsohareo watseumnida.
清洁工: 我是宾馆的清洁工,来打扫屋子。

김사장: 들어오세요. 방이 좀 어지러워서 죄송합니다.
Gimsajang: Deureooseyo. Bang-I jom eojireowoseo joesonghamnida.
金社长: 请进。屋子有点乱,不好意思。

청소부: 괜찮습니다. 깨끗이 청소하겠습니다. 근데 지금 어디 나가 십니까?
Cheongsobu: Gwaenchanseumnida. Kkaekkeusi cheongsohagetseumnida. Geunde jigeum eodi nagasimnikka?
清洁工: 没事。我会清理好的。您现在要出去吗?

김사장: 네, 한시간후에 돌아 올테니 그때까지 청소를 끝낼 수 있 어요?
Gimsajang: Ne, hansiganhue dora olteni geuttaekkaji cheongsoreul kkeunnael su itseoyo?
金社长: 是,一个小时后回来。到那时能打扫完吗?

청소부: 그 시간이면 충분합니다.
Cheongsobu: Geu siganimyeon chungbunhamnida.
清洁工: 完全可以。

김사장: 그럼 수고하세요.
Gimsajang: Geureom sugohaseyo.
金社长: 那辛苦了。

客人抱怨
손님의 불만

김사장: 음식부입니까?
Gimsajang: Eumsikbuimnikka?
金社长: 是餐饮部吗?

직원: 네, 맞습니다. 무슨 일이세요?
Jigwon: Ne, matseumnida. museun iriseyo?
职员: 是,请问什么事?

김사장: 아까 30분 전에 아침식사를 주문했는데 아직까지 가져오지 않았어요.
Gimsajang: Akka samsipbunjeone achimsiksaruel jumunhaetneunde ajikkkaji gajyeooji anatseoyo.
金社长: 半个小时前订了早点,可现在还没到。

직원: 정말 죄송합니다. 바로 가져다 드리겠습니다.
Jigwon: Jeongmal joesonghamnida. Baro gajyeoda deurigetseumnida.
职员: 十分抱歉。马上送过去。

김사장: 그리고 이불을 바꿔주세요.
Gimsajang: Geurigo ibureul bakkwojuseyo.
金社长: 还有换一下被褥吧。

직원: 네, 청소부에 연락하여 식사후에 바꿔드리지요.
Jigwon: Ne, cheongsobue yeonrakhayeo siksahue bakkwodeurijiyo.
职员: 好的,跟清扫部联系饭后给您换。

김사장: 될수록 빨리 해주세요.
Gimsajang: Doelsurok ppalli haejuseyo.
金社长: 尽可能快点吧。

직원: 알겠습니다. 이번엔 실수가 없도록 하겠습니다. 죄송합니다.
Jigwon: Algetseumnida. Ibeonen silsuga eopdorok hagetseumnida. Joesonghamnida.
职员: 知道了。这次不会有失误的。对不起。

 회화보충이해 [hoehwabochungihae]

식사를 주문하다: 订餐

 단어 [daneo]

中文	词性	韩文	拼音	中文	词性	韩文	拼音
乱	形容词	어지럽다	eojireopda	清洁部	名词	청소부	cheongsobu
早点	名词	아침 식사	achim siksa	换	动词	바꾸다	bakkuda
失误	动词	실수하다	silsuhada	刚才	副词	아까	akka
小时	名词	시간	sigan	辛苦	形容词	수고하다	sugohada

XIII 社交
사교

忘记与提醒
잊음과 일깨움

 상용문구
[sang yong mun gu]

01 내가 그만 잊어버렸어.
Naega geuman ijeobeoryeotseo.
我给忘记了。

02 깜빡했어.
Kkambakaetseo.
(不小心)忘了。

03 내일 오후 약속 잊지 마.
Naeil ohu yaksok itji ma.
别忘了明天下午的约定。

04 오늘 저녁에 회식에 꼭 와.
Oneul jeonyeoge hoesige kkok wa.
今晚的聚餐一定来啊。

05 미안해, 잊고 또 준비 못했어.
Mianhae, itgo tto junbi mothaetseo.
对不起,我又忘了没准备。

06 약속한 일들을 달력에 적어.
Yaksokan ildeureul dallyeoge jeoge noa.
约好的事记在日历上。

•07 너 아니었으면 큰 일날뻔 했어.
Neo anieotseumyeon keun ilnalppeon haetseo.
要不是你就糟了。

•08 일깨워 줘서 고마워.
Ilkkaewo jwoseo gomawo.
谢谢你提醒我。

实用会话 실용회화 [silyonghoehwa]

01

이명: 내 책 가져왔어?
Imyeong: Nae chaek gajyeowatseo?
李明: 我的书拿来了吗?

인수: 무슨 책?
Insu: Museun chaek?
仁寿: 什么书?

이명: 네가 전번에 빌려간 책 오늘 돌려주기로 약속했잖아.
Imyeong: Nega jeonbeone billyeogan chaek oneul dollyeojugiro yaksokhaetjana.
李明: 你上次借去的书说好今天要还的。

인수: 아차, 내가 그만 잊어버렸어. 미안해.
Insu: Acha, naega geuman ijeobeoryeotseo. Mianhae.
仁寿: 哎呀, 我忘了。不好意思。

이명: 괜찮아. 나도 가끔씩 그래.
Imyeong: Gaenchana. Nado gakkeumssik geurae.
李明: 没关系。我也有时会那样。

인수: 요즘 기말고사 때문에 바빠서 그래.
Insu: Yojeum gimalgosa ttaemune bappaseo geurae.
仁寿: 这阵子忙期末考试, 所以忘了。

이명: 한 일에만 몰두하다 보면 그렇지. 그래서 난 약속한 일들을 달력에 적어 놓거든.
Imyeong: Han ireman molduhada bomyeon geureochi. Geuraeseo nan yaksokan ildeureul dallyeoge jeoge nokeodeun.
李明: 专心做一件事会那样的。所以我把约好的内容记在日历上。

인수: 그거 참 좋은 방법이구나. 나도 그래야겠다.
Insu: Geugeo cham jo-eun bangbeobiguna. Nado geuraeyagetda.
仁寿: 那真是个好办法。我也要学你。

02

이명: 현수야, 오늘 6시에 지애와 만나기로 했잖아.
Imyeong: Hyeonsuya, oneul yeoseotsie jiaewa mannagiro haetjana.
李明: 贤洙，不是说好今天6点跟智爱见吗。

현수: 어머, 깜빡했구나. 지금 몇시야?
Hyeonsu: Eomeo, kkamppakaetguna. Jigeum myeotsiya?
贤洙: 哎呀，忘了。现在几点了？

이명: 5시반이야. 지금 떠나면 늦지 않아.
Imyeong: Daseotsibaniya. Jigeum tteonamyeon neutji ana.
李明: 5点半了。现在出发的话不晚。

현수: 너 아니었으면 큰 일날번 했어.
Hyeonsu: Neo anieotseumyeon keun ilnalbeon haetseo.
贤洙: 没有你就出大事了。

이명: 그러기에 약속한 것은 어디에다 메모해두어야지.
Imyeong: Geureogie yaksokan geoseun eodieda memohaedueoyaji.
李明: 所以约定的事儿要写备忘录。

현수: 그래야겠다. 요즘 바빠서 약속을 해놓고 잊기 쉽거든.
Hyeonsu: Geuraeyagetda. yojeum bappaseo yaksogeul haenoko itgi swipgeudeun.
贤洙: 得那样了。最近太忙了，所以约定的东西容易忘。

이명: 빨리 가. 꾸물거리다가 늦겠다.
Imyeong: Ppalli ga. kkumulgeoridaga neutgetda.
李明: 快走。这样磨蹭就迟了。

현수: 아까 고마웠어.
Hyeonsu: Akka gomawotseo.
贤洙: 刚才谢谢你了。

会话补充理解 회화보충이해
[hochwabochung-ihae]

"깜빡했구나"，"잊어버렸어" 都解释为 "忘了"。

단어
[daneo]

中文	词性	韩文	拼音	中文	词性	韩文	拼音
书	名词	책	chaek	借	动词	빌리다	billida
期末	名词	기말	gimal	日历	名词	달력	dallyeok
忘	动词	잊다	itda	容易	形容词	쉽다	swipda
迟	形容词	늦다	neutda	磨蹭	动词	꾸물거리다	kkumulgeorida

请求，拒绝
청구와 거절

常用句型 상용문구
[sang yong mun gu]

01 한가지 부탁할 것이 있어.
Hangaji butakal geosi itseo.
有件事想拜托你。

02 내가 도울 만한 것은 도울게.
Naega doul manhan geoseun doulge.
能帮的就帮你。

03 한번만 부탁해요.
Hanbeonman butakaeyo.
就拜托你一次。

04 미안해, 이 부탁은 못 들어줘.
Mianhae, I butageun mot deureojwo.
对不起，我不能答应这个请求。

05 다음에 기회가 되면 보자.
Daeume gihoega doemyeon boja.
以后有机会再说吧。

06 선약이 있어 못 갈 것같아.
Seonyagi itseo mot gal geotgata.
已经有约了，可能去不了了。

07 이번 일에 좀 도와줘.
Ibeon ire jom dowajwo.
请帮帮这次的事。

08 모르는 문제를 가르쳐 줬으면 좋겠어.
Moreuneun munjereul gareuchyeo jwotseumyeon joketseo.
教我不会的问题就好了。

社交_223

实用会话 실용회화 [silyonghochwa]

01

현수: 이모, 한가지 부탁할 것이 있는데요.
Hyeonsu: Imo, hangaji butakal geosi itneundeyo.
贤洙: 姨，有件事想拜托你。

이모: 뭔데?
Imo: Mwonde?
姨: 什么事？

현수: 영어를 좀 가르쳐주세요.
Hyeonsu: Yeong-eoreul jom gareuchyeojuseyo.
贤洙: 教教我英语吧。

이모: 영어가 어려워?
Imo: Yeong-eoga eoryeowo?
姨: 英语难吗？

현수: 네. 아무리 해도 성적이 안 올라가요.
Hyeonsu: Ne. amuri haedo seongjeogi an ollagayo.
贤洙: 是啊。怎么学成绩也上不去。

이모: 너에게 가르쳐주고 싶지만 난 상업영어가 전문이라 니가 배우기에는 적합하지 않아.
Imo: Neo-ege gareuchyeojugo sipjiman nan sang-eop-yeong-eoga jeonmunira niga bae-ugieneun jeokaphaji ana.
姨: 我是想教你，可我的专业是商业英语，你学了不合适。

현수: 그럼 별수없이 학원을 다녀야 겠어요.
Hyeonsu: Geureom bangbeobeopsi hagwoneul danyeoya getseoyo.
贤洙: 那没办法，只能上辅导班了。

지애: 내일 저녁에 시간 돼? 영화보러 같이 가자.
Jiae: Naeil jeonyeoge sigan dwae? Yeonghwaboreo gachi gaja.
智爱: 明晚有时间吗？一起去看电影吧。

현수: 이걸 어쩌지, 선약이 있어서. 무슨 영화인데?
Hyeonsu: Igeol eojjeoji, seonyagi itseoseo. Museun yeongwainde?
贤洙: 这怎么办啊，我早有约了。什么电影啊？

지애: "추격자"라는 영화야. 지금 많은 인기를 끌고 있대.
Jiae: "CHUGYEOKJA"raneun yeonghwaya. Jigeum maneun ingireul kkeulgo itdae.
智爱: 片名是"追击者"。现在很有人气。

현수: 이 영화 나도 한번 꼭 보고 싶었는데. 너무 아쉽다.
Hyeonsu: I yeonghwa nado hanbeon kkok bogo sipeotneunde neomu aswipda.
贤洙: 这个片我也很想看。太可惜了。

지애: 그럼 언제 시간 있어? 같이 가 보자.
Jiae: Geureom eonje sigan itseo? Gachi ga boja.
智爱: 那你什么时候有时间？一起去看吧。

현수: 너 내일 저녁에 본다며?
Hyeonsu: Neo naeil jeonyeoge bondamyeo?
贤洙: 你不是明天要看吗?

지애: 괜찮아. 모레는 어때?
Jiae: Moreneun eottae?
智爱: 没事。后天怎么样?

현수: 이래도 되나? 그래 모레는 시간 나니까 같이 가자.
Hyeonsu: Iraedo doena? Geurae moreneun sigan nanikka gachi gaja.
贤洙: 这样也可以吗? 好，后天有时间，一块儿去吧。

单词

단어
[daneo]

中文	词性	韩文	拼音	中文	词性	韩文	拼音
难	形容词	어렵다	eoryeopda	英语	名词	영어	yeong-eo
适合	形容词	적합하다	jeokaphada	成绩	名词	성적	seongjeok
人气	名词	인기	ingi	先约	名词	선약	seonyak
后天	名词	모레	more	好像	副词	마치… 와 같다	machi… wa gatda

送、收礼物
선물 주고받기

常用句型 상용문구
[sang yong mun gu]

01 생일 축하해. 이 걸 받아.
Saeng-il chukahae. I geol bada.
祝你生日快乐。收下这个。

02 자그마한 성의야. 받어.
Jageumahan seong-uiya. Badeo.
小小的心意。收下吧。

03 뭐 이런 걸 사들고 와.
Mwo ireon geol sadeulgo wa.
买什么东西呀。

04 빈손으로 오면 되지.
Binsoneuro omyeon doeji.
空手来就可以了。

05 너무 고마워. 잘 쓸게.
Neomu gomawo. Jal sseulge.
真谢谢你。会好好用的。

06 비싼 것 아니니까 부담 갖지 말고 받어.
Bissan geot aninikka budam gatji malgo badeo.
不贵，别有负担收下吧。

07 맘에 들어?
Mame deureo?
满意吗？

08 예전부터 가지고 싶었던 거야.
Yejinbuteo gajigo sipeotdeon geoya.
以前就想要了。

 실용회화
[silyonghoehwa]

01

인수: 생일 축하 해.
Insu: Saeng-il chukka hae.
仁寿: 祝你生日快乐。

이명: 고마워.
Imyeong: Gomawo.
李明: 谢谢。

인수: 작은 선물이야. 마음에 들겠는지 모르겠다.
Insu: Jageun seonmuriya. Ma-eume deulgetneunji moreugetda.
仁寿: 是我的小小的礼物。不知道你喜不喜欢。

이명: 고맙다, 친구야. 근데 뭐야? 뜯어 봐도 돼?
Imyeong: Gomapda, chinguya. Geunde mwoya? Tteudeo bwado dwae?
李明: 谢谢了，朋友。什么东西啊？可以打开看看吗？

인수: 그럼. 뜯어 보면 알거야.
Insu: Geureom. Tteudeo bomyeon al geoya.
仁寿: 可以。打开就知道了。

이명: 허리띠구나. 참 멋있다.
Imyeong: heorittiguna. Cham meositda.
李明: 原来是腰带啊。真漂亮。

인수: 맘에 들어? 다행이구나.
Insu: Mame deureo? Dahaeng-iguna.
仁寿: 喜欢吗？庆幸啊。

이명: 내가 마침 허리띠를 사려 했거든. 근데 이렇게 멋진 허리띠를 선물받으니 당연히 기쁘지.
Imyeong: Naega machim hyeokttireul saryeo haetgeodeun. Geunde ireoke meotjin heorittireul seonmulbadeuni dangyeonhi gippeuji.
李明: 我刚想买个腰带来着，结果收到这么漂亮的腰带当然开心了。

이명: 이거 받아.
Imyeong: igeo badeo.
李明: 送给你。

현수: 이거 뭐야?
Hyeonsu: Igeo mwoya?
贤洙: 什么东西?

이명: 이번에 중국에 갔다가 사온 중국특산물이야.
Imyeong: Ibeone jungguge gatdaga saon junggukteuksamulniya.
李明: 这次去中国买来的中国特产。

현수: 뭐 이런 것까진 준비해왔어.
Hyeonsu: Mwo ireon geotkkaji junbihaewatseo.
贤洙: 准备什么礼物啊。

이명: 별거 아니야. 맛보라고 조금 샀어. 한번 열어 봐.
Imyeong: Byeolgeo aniya. Matborago jogeum satseo. Hanbeon yeoreo bwa.
李明: 不是贵重的东西。让你尝尝，买了点。打开看看吧。

현수: 맛있어 보이네.
Hyeonsu: Masitseo boine.
贤洙: 看起来好吃。

이명: 톈찐 꽈배기라고 해. 아마 한국인의 입에는 맞지 않을 거야
Imyeong: Tyejjin kkwabaegirago hae. Ama han-guginui ibe matji aneul geoya.
李明: 叫天津麻花。可能不合韩国人的胃口。

현수: 음, 맛있어. 좀 느끼하긴 하지만. 고마워.
Hyeonsu: Eum, masitseo. Jom neukkihagin hajiman. Gomawo.
贤洙: 嗯，好吃。就是稍微油腻。谢谢了。

 회화보충이해
[hoehwabochung-ihae]

"별거 아니야." 不能解释为什么都不是的意思，而表示不是贵重的东西。
마음에 들다: 合心, 喜欢

单词 단어
[daneo]

中文	词性	韩文	拼音	中文	词性	韩文	拼音
打开	动词	열다	yeolda	腰带	名词	허리띠	heoritti
庆幸	动词	다행이다	dahaeng-ida	特产	名词	특산	tteuksan
麻花	名词	꽈배기	kkwabaegi	胃口	比喻	구미	gumi
贵重	形容词	귀중하다	gwijunghada	原来	副词	알고 보니	algo boni

转述与转交
전달

常用句型 상용문구
[sang yong mun gu]

- 01 내일 영식이한테 학교에서 만나자고 해.
  Naeil yeongsigihante hakgyo-eseo mannajago hae.
  告诉英植明天在学校见。

- 02 이명이가 준 건데 받아.
  Imyeong-iga jun geonde bada.
  是李明给的，拿着。

- 03 현수가 너한테 내일 축구하자더라.
  Hyeonsuga neohante naeil chukguhajadeora.
  贤洙说明天要和你踢足球。

- 04 지애가 너에게 주라고 부탁하더라.
  Jiaega neo-ege jurago butakadeora.
  智爱托我把这个给你。

- 05 고맙다고 인사 전해 줘.
  Gomapdago insa jeonhae jwo.
  帮我跟他说声谢谢。

- 06 어머니께 안부를 드려라.
  Eomeonikke anbureul deuryeora.
  向妈妈传达问候。

- 07 어제 몸이 어떠냐고 선생님께서 물으시더라.
  Eoje moni eotteonyago seonsaengnimkkeseo mureusideora.
  昨天老师问我你身体怎么样。

- 08 할머니께서 나더러 너에게 주라는 것이야.
  Halmeonikkeseo nadeoreo neoege juraneun geosiya.
  奶奶让我给你的。

实用会话 실용회화 [silyonghoehwa]

현수: 엄마 어디 갔어?
Hyeonsu: Eomma eodi gatseo?
贤洙: 妈妈去哪儿了？

현애: 외삼촌집에 갔어. 아마 내일 올거야.
Hyeonae: Oesamchonjibe gatseo. Ama naeil olgeoya.
贤爱: 去舅舅家了。可能明天来。

현수: 사실 내일 친구들과 같이 제주도에 여행을 가기로 했거든.
Hyeonsu: Sasil naeil chin-gudeulgwa gachi jejudo-e yeohaeng-eul gagiro haetgeodeun.
贤洙: 其实明天我要跟朋友们一起去济州岛旅行。

현애: 그럼 식구들과 상의라도 해야지.
Hyeonae: Geureom sikgudeulgwa sang-uirado haeyaji.
贤爱: 那应该跟家人商量啊。

현수: 급히 결정한 것이라 의논할 시간도 없었어.
Hyeonsu: Geupi gyeoljeonghan geosira uirado sigando eopseotseo.
贤洙: 因为是突然做的决定，没时间商量。

현애: 그럼 언제 가?
Hyeonae: Geureom eonje ga?
贤爱: 那什么时候走？

현수: 내일 아침. 그러나 걱정마, 다 믿음직한 친구들이니까. 어머니께 잘 말씀드려.
Hyeonsu: Naeil achim. Geureona geokjeong ma, da mideumjikan chin-gudeurinikka. eomeonikke jal malsseumdeuryeo.
贤洙: 明早。别担心，都是可靠的朋友。跟妈妈好好说吧。

현애: 알았어.
Hyeonae: Aratseo.
贤爱: 知道了。

미영: 너하고 이명이 한 동네에서 살지?
Miyeong: Neohago imyeong-I han dongne-eseo salji?
美英: 你和李明是一个小区吧？

현수: 맞아.
Hyeonsu: Maja.
贤洙: 是啊。

미영: 잘 됐다. 한가지 부탁할 것이 있어.
Miyeong: Jal dwaetda. Hangaji butakhal geosi itseo.
美英: 太好了。有件事要拜托你。

현수: 뭔데?
Hyeonsu: Mwonde?
贤洙: 什么事?

미영: 이 책은 이명이 한테서 빌린 것인데 좀 대신 전해주렴?
Miyeong: I chaegeun imyeong-I hanteseo billin geosinde jom daesin jeonhaejuryeom?
美英: 这本书是跟李明借的, 帮我还给他好吗?

현수: 알았어.
Hyeonsu: Aratseo.
贤洙: 知道了。

미영: 사실 내가 직접 가서 돌려줘야 하는데 내일 외출하거든. 잘 봤다고 고맙다고 인사도 전해 줘.
Miyeong: Sasil naega jikjeop gaseo dollyeojwoya haneunde naeil. oechulhageodeun jal bwatdago gomapdago insado jeonhae jwo.
美英: 其实应该我亲自送去的, 可明天得外出。替我跟他说声谢谢。

 회화보충이해
[hoehwabochung-ihae]

잘 됐다: 太好了

 단어
[daneo]

中文	词性	韩文	拼音	中文	词性	韩文	拼音
舅舅	名词	외삼촌	oesamchon	外出	动词	외출하다	oechulhada
可靠	形容词	믿음직하다	mideumjikada	道歉	动词	사과하다	sagwahada
连忙	副词	급히	geupi	商量	动词	상의하다	sang-uihada
应该	助动词	마땅히 …해야 하다	mattanghi haeyahada	其实	副词	사실	sasil

赞同与反对
찬성과 반대

 상용문구 [sang yong mun gu]

01 이 아이디어가 너무 좋아.
I aidieoga neomu joa.
这个主意很好。

02 자, 그럼 이렇게 하자.
Ja, geureom ireoke haja.
好，那就这样吧。

03 난 반대예요. 불가능한 일이라고 봐요.
Nan bandaeyeyo. Bulganeunghan irirago bwayo.
我反对。我觉得是不可能的事。

04 이 외에 더 좋은 방법은 없어요?
I oee deo jo-eun bangbeobeun eopseoyo?
有没有其他更好的方法？

05 이 방법으로 합시다.
I bangbeobeuro hapsida.
用这个方法吧。

06 이 의견은 잠시 보류하기로 해요.
I uigyeoneun jamsi boryuhagiro haeyo.
这个意见暂时保留。

07 니가 하고 싶으면 엄마는 지지야.
Niga hago sipeumyeon eommaneun jijiya.
你想做妈妈就支持。

08 그런 건 어릴 때나 하는 짓이야.
Geureon geon eoril ttaena haneun jisiya.
那是小时候才玩的东西。

实用会话 실용회화
[silyonghoehwa]

01

현수: 어머니, 태권도 학원에 다니려고 해요.
Hyeonsu: Eomeoni, taegwondo hagwone daniryeogo haeyo.
贤洙: 妈妈，我想上跆拳道学院。

어머니: 갑자기 태권도는 왜?
Eomeoni: Gapjagi taegwondoneun wae?
妈妈: 怎么突然想学跆拳道了？

현수: 너무 운동을 안해서 몸이 나른해진 것 같아요.
Hyeonsu: Neomu undong-eul anhaeseo momi nareunhaejin geot gataya.
贤洙: 好久没做运动，全身都没劲儿了。

어머니: 태권도 하다가 너무 힘들면 어쩌니?
Eomeoni: Taegwondo hadaga neomu himdeulmyeon eojjeoni?
妈妈: 练起来太累怎么办？

현수: 괜찮아요. 알아서 적당히 할게요.
Hyeonsu: Gwaenchanayo. Araseo jeokdanghi halgeyo.
贤洙: 还好。我会适当去练的。

어머니: 니가 좋다면 해. 태권도는 몸도 튼튼하게 할 뿐만 아니라 많은 도덕적인 것도 배우거든.
Eomeoni: Niga jotamyeon hae. Taegwondoneun momdo teunteunhage hal ppunman anira maneun dodeokjeogin geotdo bae-ugeodeun.
妈妈: 你喜欢就练吧。跆拳道不仅能练出结实的身体，还能学到很多道德方面的东西。

현수: 비록 시작은 늦었지만 열심히 할게요. 허락해 주셔서 감사합니다.
Hyeonsu: Birok sijageun neujeotjiman yeolsimhi halgeyo. Heorakae jusyeoseo gamsahamnida.
贤洙: 虽然开始得晚，但是会认真练的。谢谢妈妈同意。

이명: 10월 9일 한글날이잖아. 어떤 활동으로 기념할까?
Imyeong: Siwol gu-il hangeulnarijana. Eotteon hwaldongeuro ginyeomhalgga?
李明: 10月9号不是韩文节吗。用什么活动来纪念好呢？

인수:	그럼 한글에 관한 글을 읽고 독후감을 쓰는 것이 어때?
Insu:	Geureom hangeure gwanhan geureul ilgo dokugameul sseuneun geosi eottae?
仁寿:	读有关韩文的文章，写读后感怎么样？

지애:	그 것보다 웅변의 형식으로 하는 것이 더 좋은 것 같은데.
Jiae:	Geu geotboda ungbyeonui hyeongsigeuro haneun geosi deo jo-eun geot gateunde.
智爱:	演讲的形式比那个更好吧？

이명:	그러면 분위기가 활발해질 수 있지.
Imyeong:	Geureomyeon bunwigiga hwalbalhaejil su itji.
李明:	那样的话气氛围会活跃的。

인수:	차리리 이게 낫겠다. 전번에 우리 "세종대왕"이라는 연극을 했잖아. 그 연극에서 훈민정음을 창제하는 부분을 떼내여 연극을 하는 것이 어때?
Insu:	Charari ige natgetda. Jeonbeone uri "sejongdaewang"iraneun yeon-geugeul haetjana. Geu yeon-geugeseo hunminjeong-eumeul changjehaneun bubuneul ttenaeyeo yeon-geugeul haneun geosi eottae?
仁寿:	不如这样吧。上次我们不是演了"世宗大王"吗。在那个剧当中把创造训民正音的部分截出来上演，怎么样？

이명:	이 것이 좋은 것 같다. 그럼 우리 투표를 해서 결정하기로 하자.
Imyeong:	I geosi jo-eun geot gatda. Geureom uri tupyoreul haeseo gyeoljeonghagiro haja.
李明:	这个觉得不错。那我们投票决定吧。

 회화보충이해
[hoehwabochung-ihae]

분위기가 활발해지다: 气氛活跃起来了
몸이 나른해지다: 没劲儿

단어
[daneo]

中文	词性	韩文	拼音	中文	词性	韩文	拼音
拳道	名词	태권도	taegwondo	突然	副词	갑자기	gapjagi
纪念	动词	기념하다	ginyeomhada	按照	介词	…에 따라	e ttara
结实	形容词	튼튼하다	teunteunhada	允许	动词	허락하다	heorakada
活跃	形容词	활발하다	hwalbalhada	投票	动词	투표하다	tupyohada

称赞与被称赞
칭찬과 칭찬받기

常用句型 상용문구
[sang yong mun gu]

- **01** 대단하구나. 너무 멋있다.
  Daedanhaguna, neomu meositda.
  真了不起，太帅了。

- **02** 별로 한 것도 없는데요.
  Byeollo han geotdo eopneundeyo.
  也没有什么了不起的。

- **03** 고마워. 너의 격려가 있었기 때문이야.
  Gomawo. Neoui gyeokryeoga itseotgi ttaemuniya.
  谢谢。是因为有了你的鼓励。

- **04** 아직 멀었어. 계속 노력해야 돼.
  Ajik meoreotseo. Gyesok noryeokaeya dwae.
  还早着呢。还得继续努力。

- **05** 과찬이에요. 앞으로 더 열심히 할게요.
  Gwachanieyo. Apeuro deo yeolsimhi halgeyo.
  过奖了。以后会更努力的。

- **06** 실력이 장난이 아닌데. 참 잘하더라.
  Sillyeogi jangnani aninde. Cham jalhaddeora.
  你很能干啊。真棒。

- **07** 너처럼 잘 하는 애도 드문데. 놀랐어.
  Neocheoreom jal haneun aedo deumunde. Nollatseo.
  像你一样棒的真少。真没想到。

- **08** 생각보다 잘 하는데. 이 방면에 소질이 좀 있구나.
  Saenggakboda jal haneunde. I bangmyeone sojiri jom itguna.
  比想象的更好。你在这方面有点潜力啊。

实用会话 실용회화 [silyonghoehwa]

이명: 전번에 보니까 너 수영을 참 잘하더라.
Imyeong: Jeonbeone bonikka neo suyeong-eul cham jalhadeora.
李明: 上次看你游泳游的很棒啊。

현수: 아니. 그냥 좀 할줄 알아.
Hyeonsu: Ani. Geunyang jom haljul ara.
贤洙: 没有。只是会点。

이명: 국가선수 못지 않더라.
Imyeong: Gukgaseonsu motji anteora.
李明: 我看跟国家选手差不了多少。

현수: 과찬이야. 어릴 때 부터 해온 운동이라.
Hyeonsu: Gwachaniya. Eoril ttae buteo hae-on undong-ira.
贤洙: 过奖了。其实是从小就开始的。

이명: 나도 좀 가리쳐 주렴?
Imyeong: Nado jom gareuchyeo jureyom?
李明: 可不可以教我?

현수: 그래. 근데 너도 배운지 얼마 안되는데 제법 잘 하더라. 수영에 소질이 있나봐.
Hyeonsu: Geurae. Geunde neodo bae-unji eolma andoeneunde jebeop jal hadeora. suyeong-e sojiri itnabwa.
贤洙: 可以。你没学多长时间，可是游的很不错。看来是有潜力啊。

이명: 난 아직 멀었지.
Imyeong: Nan ajik meoreotji.
李明: 我还差远了。

현수: 배우면 충분히 잘할 수 있을 것 같아.
Hyeonsu: Bae-umyeon chungbunhi jalhal su itseul geot gata.
贤洙: 你学了也完全可以游得很好。

지애: 너 노래 참 잘하더라. 어제 노래방에서 깜짝 놀랐어.
Jiae: Neo norae cham jalhadeora. Eoje noraebang-eseo KTV kkamjak nollatseo.
智爱: 你唱歌唱得很好。昨天在KTV觉得很惊讶。

현수: 사실 나 작년에 우리 학교 노래시합에서 대상을 받았었거든.
Hyeonsu: Sasil na jaknyeone uri hakgyo noraesihabeseo daesang-eul badatseotgeodeun.
其实去年我在我们学校的歌唱比赛中拿过大奖。

지애: 그랬었구나. 가수 못지 않더라.
Jiae: Geuraetseotguna. Gasu motji anteora.
是吗。真像个歌手。

현수: 고마워. 내 장래 꿈이 가수야.
Hyeonsu: Gomawo. Nae jangrae kkumi gasuya.
谢谢。当歌手是我将来的梦。

지애: 그래. 너정도의 실력은 충분히 꿈을 이룰 수 있을 거야.
Jiae: Geurae. Neojeongdoui sillyeogeun chungbunhi kkumeul irul su itseul geoya.
是吗。以你的实力完全能实现你的梦。

현수: 앞길이 험난한 것을 알지만 노력할 거야.
Hyeonsu: Apgiri heomnanhan geoseul aljiman noryeokal geoya.
知道前面的路很艰难，但是会努力的。

지애: 열심히 해. 장래 너의 성공한 모습을 기대할게.
Jiae: Yeolsimhi hae. Jangrae neoui seonggonghan moseubeul gidaehalge.
加油。期待你将来成功的样子。

 회화보충이해 [hoehwabochung-ihae]

꿈을 이루다: 圆梦了；实现了理想

 단어 [daneo]

中文	词性	韩文	拼音	中文	词性	韩文	拼音
游泳	名词	수영	suyeong	素质	名词	소질	sojil
充分	副词	충분히	chungbunhi	惊讶	动词	놀라다	nollada
当	动词	…이 되다	... I doeda	实力	名词	실력	sillyeok
期待	动词	기대하다	gidaehada	差	动词	차이가 나다	chaiga nada

批评与被批评
비평과 비평받기

常用句型 상용문구
[sang yong mun gu]

•01 시험 성적이 왜 이 모양이야. 공부를 어떻게 했길래?
Siheom seongjeogi wae I moyang-iya, gongbureul eotteoke haetseo.
成绩怎么这么差，怎么学的呀？

•02 방을 치우라 했는데 왜 아직도 이렇게 어지러워?
Bang-eul geodura haetneunde wae ajikdo ireotke eojireowo.
说了让你打扫屋子吗，为什么还这么乱？

•03 어디서 놀다가 이제서야 돌아와? 얼마나 걱정했는 줄 알아?
Eodiseo noldaga ijeseoya dorawa? Eolmana geokjeonghaetneun jul ara?
在哪儿玩现在才回来？知道有多担心你吗？

•04 이런 바보같은 짓은 이젠 그만 해!
Ireon babogateun jiseun ijen geuman hae!
别再做这样的傻事了！

•05 죄송해요. 다신 안 그럴게요.
Joesonghaeyo. Dasin an geureolkkeyo.
对不起。以后再也不会的。

•06 한번만 용서해주세요. 제가 실수를 했습니다.
Hanbeonman yongseohaejuseyo. Jega silsureul haetseumnida.
原谅我一次。是我错了。

•07 앞으로 잘 하겠으니 걱정마세요.
Apeuro jal hagetseuni geokjeongmaseyo.
以后会好好做的，放心吧。

•08 제가 잘 못했어요. 폐를 끼쳐 죄송합니다.
Jega jal motaetseoyo. Pereul kkichyeo joesonghamnida.
是我做错了。对不起，给您添麻烦了。

01

선생님:	이번 중간고사 성적이 왜 이래요?
Seonsaengnim:	Ibeon junggangosa seongjeogi wae iraeyo?
老师:	这次的期中成绩怎么这么差?

현수:	제가 태권도에 너무 집중하다 보니 그렇게 된 것 같아요.
Hyeonsu:	Jega taegwondo-e neomu jipjunghada boni geureoke deon geotgatayo.
贤洙:	可能是我太专心练跆拳道了。

선생님:	취미생활을 즐기는 것도 좋지만 지금 중요한 것은 공부잖아요.
Seonsaengnim:	Chwimisaenghwarreul jeulgineun geotdo jochiman jigeum jungyohan geoseun gongbu janayo.
老师:	做自己喜欢的课外活动是好的, 可现在重要的是学习。

현수:	제가 잘못했습니다.
Hyeonsu:	Jega jalmothaetseumnida.
贤洙:	我错了。

선생님:	계속 이렇게 나가면 내년에 재수할 수도 있어요. 앞으로 계획은 어떻게 할래요?
Seonsaengnim:	Gyeosok ireoke nagamyeon naenyeone jaesuhal sudo itseoyo. Apeuro gyehoegeun eotteoke hallaeyo?
老师:	继续这么下去的话可能明年得重读。以后打算怎么办?

현수:	일단 태권도학원은 잠시 쉬어야 겠어요. 밀린 공부부터 하나하나 해나가야 겠습니다.
Hyeonsu:	Ildan taegwondohagwoneun jamsi swieoya getseoyo. Millin gongbubuteo hanahana haenagayagetseumnida.
贤洙:	先把跆拳道停下来。把落下的功课一个个补上去。

선생님:	좋아요. 이미 이렇게 마음을 먹었으니 선생님도 도와 줄 게요.
Seonsaengnim:	Jo-ayo. Imi ireoke ma-eumeul meogeotseuni seonsaengnimdo dowa julgeyo.
老师:	好的。已经下决心了老师也会帮你的。

현수:	선생님의 소중한 말씀 고맙습니다.
Hyeonsu:	Seonsaengnimui sojunghan malsseum gomapseumnida.
贤洙:	谢谢老师的批评。

어머니:	아까 방을 청소해라 했는데 왜 이렇게 어지러워?
Eomeoni:	Akka bang-eul cheongsohaera haetneunde wae ireoke eojireowo?
妈妈:	刚才说了要打扫屋子，可还这么乱了。

현수:	그만 잠들었어요.
Hyeonsu:	Geuman jamdeureotseoyo.
贤洙:	不知不觉睡着了。

어머니:	남자라고 해서 제방도 안 치운다는 법은 없어.
Eomeoni:	Namjarago haeseo jebangdo an chiundaneun beobeun eopseo.
妈妈:	没有因为是男孩儿就不打扫屋子的道理。

현수:	제가 잘못했어요.
Hyeonsu:	Jega jalmothaetseoyo.
贤洙:	是我错了。

어머니:	몇번이나 말했는데 어머니의 말을 귀등으로 들었구나.
Eomeoni:	Myeotbeonina malhaetneunde eomeoniui mareul gwideung-euro deureotguna.
妈妈:	我都说了好几次了，把我的话当耳边风了。

현수:	한번만 용서해주세요.
Hyeonsu:	Hanbeonman yeongseoahaejuseyo.
贤洙:	原谅我这一次吧。

어머니:	다시 한번 이렇게 하면 화낸다.
Eomeoni:	Dasi hanbeon ireoke hamyeon hwanaenda.
妈妈:	再犯这样的错误就生气了。

현수:	절대 그런 일이 없을 거예요.
Hyeonsu:	Jeoldae geureon iri eopseul geoyeyo.
贤洙:	绝对不会有那样的事了。

귀등으로 듣다: 当作耳边风

단어
[daneo]

中文	词性	韩文	拼音	中文	词性	韩文	拼音
成绩	名词	성적	seongjeok	集中	动词	집중하다	jipjunghada
计划	动词	계획하다	gyeohoekada	推迟	动词	밀리다	millida
可贵	形容词	소중하다	sojunghada	绝对	副词	절대로	jeoldaero
原谅	动词	용서하다	yongseohada	睡	动词	자다	jada

祝贺与鼓励
축하와 격려

常用句型 상용문구
[sang yong mun gu]

01 우승을 한 것을 축하해.
Useung-eul han geoseul chukahae.
祝贺你。祝贺你，得到冠军。

02 생일 축하한다. 좋은 하루가 돼.
Saeng-il chukahanda. Jo-eun haruga dwae.
生日快乐。祝你有个开心的一天。

03 이 번의 글짓기 대회에서 우승을 한 것을 축하한다.
I beonui geuljitgi daehuieseo useung-eul han geoseul chukahanda.
祝贺你在这次的写作比赛上拿第一。

04 실망하지 말고 힘내. 이번 실패는 좋은 경험이 될 거야.
Silmanghaji malgo himnae. Ibeon silpaeneun jo-eun gyeongheomi doel geoya.
别失望，这次的失败会成为经验的。

05 넌 할 수 있어. 화이팅!
Neon hal su itseo, hwaiting!
你可以的，加油！

06 하면 안되는 일이 없어. 꼭 성공할 거야.
Hamyeon andoeneun iri eopseo. kkok seonggonghal geoya.
只要努力就没有做不成的事。一定会成功的。

07 축하한다. 내가 대상을 받은 것처럼 기쁘구나. 난 니가 언젠가 해낼 거라 믿었어.
Chukahanda. Naega daesang-eul badeun geotcheoreom gippeuguna. Nan niga eonjenga haenael geora mideotseo.
祝贺你。就像我拿了奖一样高兴。我一直相信你早晚会成功的。

08 조금만 더 견지하면 될 거야. 힘내.
Jogeumman deo gyeonjihamyeon doel geoyo. Himnae.
在坚持一点会成功的。加油。

实用会话 실용회화 [silyonghoehwa]

선생님: 이 번의 글짓기 대회에서 우승을 한 것을 축하한다.
Seonsaengnim: I beonui geuljitgi daehuieseo useung-eul han geuseul chukahanda.
老师: 祝贺你在这次的写作比赛中拿第一。

인수: 감사합니다.
Insu: Gamsahamnida.
仁寿: 谢谢。

선생님: 우리 반 학생이 우승을 했으니 선생님도 기쁘구나.
Seonsaengnim: Uri ban haksaeng-I useungeul haetseuni seonsaengnimdo gippeuguna.
老师: 我们班的学生拿了第一，老师也很高兴。

인수: 다 선생님의 훌륭한 지도가 있었기 때문입니다.
Insu: Da seonsaengnimui hullyunghan jidoga itseotgi ttaemunimnida.
仁寿: 都是因为有了老师出色的指导。

선생님: 워낙 니가 소질도 있고 많은 경험도 있었어. 나야 뭐 좀 수정을 했을 뿐이지.
Seonsaengnim: Wonak niga sojildo itgo maneun gyeongheomdo itseotso. Naya mwo jom sujeong-eul haetseul ppuniji.
老师: 本来你就有素质和许多经验。我就是修正了一点罢了。

인수: 선생님의 지도가 없었더라면 절대 안 됐을 것입니다. 여태껏 부족한 저에게 관심가져주시고 지도 해주신 것에 감사드립니다.
Insu: Seonsaengnimui jidoga eopseotdeoramyeon jeoldae an dwaetseul geosimnida. Yeotaekkeot bujokan jeo-ege gwansimgajiaojusigo jidorul haejusin geose gamsadeurimnida.
仁寿: 要是没有老师的指点肯定不行。谢谢老师直到现在给予这不足的我关心和指导。

선생님: 허나 훌륭한 작가가 되려면 갈 길이 멀어. 앞으로도 계속 노력하길 바란다. 넌 잘해 낼 수 있어.
Seonsaengnim: Heona hullyunghan jakgaga doellyeomyeon gal giri meoreo. Apeurodo gyeosok noryeokagil baranda. Neon jalhae nael su itseo.
老师: 可是要成为一个出色的作者，走的路长着呢。希望你以后也能继续努力。你一定会成功的。

이명: 지애야, 축하해. 꽃 받아.
Imyeong: Jiaeya, chukahae. Kkot badeo.
李明: 智爱，祝贺你。这是送给你的花。

지애: 고마워. 고작 3등을 했는데, 부끄럽다.
Jiae: Gomawo. Gojak samdeung-eul haetneunde, bukkeureopda.
智爱: 谢谢。只不过拿了第三，惭愧。

이명: 그 많은 후보자들을 물리치고 3등을 한 것만도 대단한 일이야.
Imyeong: Geu maneun hubojadeureul mullichigo samdeung-eul han geotmando daedanhan iriya.
李明: 从那么多的竞争者当中得了第三就已经很了不起了。

지애: 아까 실수만 안했더라면 더 좋았을 텐데.
Jiae: Akka silsuman anhaetdeoramyeon deo jo-atseul tende.
智爱: 刚才要是不失误的话会更好的。

이명: 다 쟁쟁한 경쟁자들이었잖아. 근데 너의 춤실력이 뛰어났어.
Imyeong: Da jaengjaenghan gyeongjangjadeuriyeotjana. Geunde neoui chumsillyeogi ttwieonatseo.
李明: 都是强劲的竞争者嘛。可你的舞技的确出色。

지애: 좀 유감이긴 해.
Jiae: Jom yugamigin hae.
智爱: 就是有点遗憾。

이명: 원래 성공하려면 실패도 여러번 겪는 법이야. 좋은 경험이 될 거야.
Imyeong: Wonrae seonggongharyeomyeon silpaedo yeoreobeon gyeokkneun beobiya. Jo-eun gyeongheomi deol geoya.
李明: 想成功就得经历多次的失败。会成为好经验的。

지애: 고마워. 앞으로 더 노력해서 지금보다 좋은 모습을 보일게.
Jiae: Gomawo. Apeuro deo noryeokaeseo jigeumboda jo-eun moseubeul boilge.
智爱: 谢谢。以后会更加努力展现更出色的我。

 회화보충이해 [hoehwabochung-ihae]

쟁쟁한 후보들: 强劲的竞争们

 단어 [daneo]

中文	词性	韩文	拼音	中文	词性	韩文	拼音
比赛	名词	시합	sibap	祝贺	动词	축하하다	chukahada
指导	动词	지도하다	jidohada	素质	名词	소질	sojil
给予	动词	주다	juda	惭愧	形容词	부끄럽다	bukkeureopda
竞争者	名词	경쟁자	gyeongjaengja	出色	形容词	훌륭하다	hullyonghada
失败	名词	실패	silpae	更加	副词	더욱	deouk

XIV 工作
업무

找工作
일자리 찾기

[sang yong mun gu]

01 이젠 대학 졸업도 다 되어가는데 일자리를 찾아 놔야지.
Ijen daehak joreopdo da doeoganeunde iljarireul chaja nwayaji.
大学快毕业了，得找个工作了。

02 어떤 일자리를 찾을지 고민이다.
Eotteon iljarireul chajeulji gominida.
不知道找什么样的工作。

03 나한테 맞는 직업을 하고 싶어. 월급이 좀 적더라도.
Nahante matneun jigeobeul hago sipeo. wolgeubi jom jeokdeorado.
就算工资低我也想做适合自己的工作。

04 요즘 불경기라서 일자리 찾기가 너무 힘들어.
Yojeum bulgyraseo iljari chatgiga neomu himdeureo.
因为最近的经济萧条，找工作很难。

05 지금은 경쟁이 심한 시대야. 좋은 일자리를 찾으려면 노력을 해야 해.
Jigeumeun gyeongjaeng-I simhan sidaeya. Jo-eun iljarireul chajeuryeomyeon noryeogeul haeya hae.
现在是竞争激烈的时代，想找好工作就得努力。

- 06 면접을 볼 때 주의해야 할 점이 무엇이에요?
  Myeonjeobeul bo tae juuihaeya hal jeomi mueotsieyo?
  面试的时候该注意的地方是什么？

- 07 이력서를 작성하는 것은 기본이에요.
  Iryeokseoreul jakseonghaneun geoseun gibonieyo.
  做简历是基本的。

- 08 이력서는 될수록 명확히 써.
  Iryeokseoneun doelsurok myeonghwaki sseo.
  简历尽量要写得明确。

实用会话 실용회화 [silyonghoehwa]

현수: 지애야, 이제 곧 대학 졸업하는데 일자리를 찾아 봐야지.
Hyeonsu: Jiaeya, ije god daehak joreophaneunde iljarireul chaja bwayaji.
贤洙：智爱，大学快毕业了，得找个工作了。

지애: 지금 찾는 중이야.
Jiae: Jigeum chatneun bwayaji.
智爱：现在正找呢。

현수: 마음에 드는 곳이 없어?
Hyeonsu: Ma-eume deuneun gosi eopseo?
贤洙：没有合适的吗？

지애: 마음에 드는 일은 월급이 적고 면접을 보자고 하는 일은 맘에 안 들어.
Jiae: Ma-eume deunneun ireun wolgeubi jeokgo myeonjeobeul bojago haneun ireun mame an deureo.
智爱：喜欢的工作薪水低，找我面试的工作，我又不喜欢。

현수: 자기 맘에 꼭 들고 월급도 많은 일자리를 어디 그리 쉽게 찾을 수 있겠어?
Hyeonsu: Jagi mame kkok deulgo wolgeupdo maneun iljaril eodi geuri swipge chajeul su itgetseo.
贤洙：自己喜欢薪水又高的工作哪儿那么容易找啊？

지애: 그래도 천천히 찾아 볼 거야. 아직도 졸업하기까지 시간이

Jiae: 꽤 있으니까.
Geuraedo cheoncheonhi chaja bol geoya. Ajikdo joreopagikkaji sigani kkwae itseunikka.
智爱: 我还是想慢慢找。离毕业还有点时间。

02

현수: 선생님, 제가 쓴 이력서 봐주실래요?
Hyeonsu: Seonsaengnim, jega sseun iryeokseo bwajusillaeyo?
贤洙: 老师，可以帮我看一下我写的简历吗？

선생님: 좋아. 이력서는 일단 정연하고 정성 들여 써야 돼. 될수록 상세하게. 그리고 너 학교에서 상 많이 탔잖아. 상을 탄 것은 아끼지 말고 다 써.
Seonsaengnim: Joa. Iryeokseoneun ildan jeongyeonhago jeongseong deuryeo sseoya dwae. Doelsurok sangsehage. Geurigo neo hakgyo-eseo sang mani tatjana. sang-eul tan geoseun akkiji malgo da sseo.
老师: 好。首先履历书应该整齐、详细地写上。还有，你不是在学校得过很多奖吗？得奖的都写上。

현수: 저는 디자이너 쪽으로 일을 하려고 하는데요. 보충할 점은 없어요?
Hyeonsu: Jeoneun dijaineo jjogeuro ireul haryeogo haneundeyo bochunghal jeomeun eopseoyo?
贤洙: 我想做设计师方面的工作，有没有补充的地方？

선생님: 이력서에서 자기의 창의와 특색을 잘 표현하면 주의를 끌 수 있어.
Seonsaengnim: Iryeokseo-eseo jagiui changuiwa teuksaegeul jal pyeohyeonhamyeon juuiruel kkeul su itseo.
老师: 如果能在简历上好好表现自己的创意和特长，就会引起注意的。

현수: 네. 제가 다시 하겠습니다.
Hyeonsu: Ne. Jega dasi hagetseumnida.
贤洙: 好。我重新做一份。

会话补充理解 회화보충이해 [hoehwabochung-ihae]

주의를 끌다: 引起注意
면접을 보다: 面试

단어
[daneo]

中文	词性	韩文	拼音	中文	词性	韩文	拼音
大学	名词	대학	daehak	工作	名词	일	il
薪水	名词	월급	wolgeup	毕业	动词	졸업하다	joreophada
履历书	名词	이력서	iryeokseo	奖	名词	상	sang
重新	副词	다시	dasi	补充	动词	보충하다	bochunghada
特色	名词	특색	teuksaek	表现	动词	표현하다	pyohyeonhada

面试
면접

 상용문구
[sang yong mun gu]

01 긴장하지 말고 자신감을 가지고 나가야 해.
Ginjanghaji malgo jasingameul gajigo nagaya hae.
别紧张，带着信心去做吧。

02 전공이 무엇입니까?
Jeon-gong-i mueotsimnikka?
专业是什么?

03 성격이 어때요?
Seonggyeogi eottaeyo?
性格怎么样?

04 자기 맡은 일에 책임감을 가지고 열심히 하는 편입니다.
Jagi mateun ire chaegimgameul gajigo yeolsimhi haneun pyeonimnida.
我是属于对自己的工作很负责用心做的人。

05 결과는 나중에 알려드리겠으니 기다려 주세요.
Gyeolgwaneun najung allyeodeurigetseuni gidaryeo juseyo.
结果以后通知，等通知就可以。

06 취미는 무엇입니까?
Chwiminen mueotsimnikka?
兴趣是什么?

07 왜 우리 회사 면접을 보게 되었습니까?
Wae uri hoesa myeonjeobeul boge doeeotseumnikka?
为什么来我公司面试呢?

08 만약 우리 회사에서 일을 하게 된다면 어떤 일을 하고 싶어요?
Manyak uri hoesa-eseo ireul hage doendamyeon eotteon ireul hago sipeoyo?
要是进我们公司上班的话想做什么事?

 실용회화 [silyonghoehwa]

01

현수: 누나, 면접 볼 때 주의 할 점이 뭐예요?
Hyeonsu: Nuna, myeonjeop bol ttae juui hal jeomi mwoyeyo?
贤洙: 姐，面试时应注意哪一点？

누나: 우선 옷차림이 단정해야 해. 남자니까 양복을 입고.
Nuna: Useon otcharimi danjeonghaeya hae. Namjanikka yangbogeul ipgo.
姐: 首先衣服要端庄。你是男的，就穿西装。

현수: 처음 해보는 거라 많이 떨려요.
Hyeonsu: Cheo-eum haeboneun geora mani tteollyeoyo.
贤洙: 是第一次所以很紧张。

누나: 자신감부터 가지고 자신이 하려는 말을 또박또박 정확히 전해야 돼. 그리고 겸손한 자세로 나가야 하거든.
Nuna: jasin-gambuteo gajigo jasini haryeoneun mareul ttobakttobak jeonghwaki jeonhaeya dwae. Geurigo gyeomsonhan jasero nagaya hageodeun.
姐: 首先要自信。把自己要说的清清楚楚地表达才行。还有态度要谦虚。

현수: 보통 어떤 면접질문을 해요?
Hyeonsu: Botong eotteon myeonjeopjilmuneul haeyo?
贤洙: 一般提什么问题？

누나: 그건 회사에 따라 다르지만 대체로 취미, 면접동기, 인생관 등을 묻지.
Nuna: Geugeon hoesa-e ttara dareujiman daechero chwimi, myeonjeopdonggi, insaenggwan mutji.
姐: 每个公司不一样，大概是兴趣啊、面试动机、人生观等。

면접관: 전공이 무엇입니까?
Myeonjeopgwan: Jeon-gong-i mueosimnikka?
面试官: 请问专业是什么？

현수: 시각 디자인입니다.
Hyeonsu: Sigak dijainimnida.
贤洙: 是视觉设计。

면접관: 어떤 일을 하고 싶습니까?
Myeonjeopgwan: Eotteon ireul hago sipseumnikka?
面试官: 想做什么工作？

현수: 전공이 디자인이니까 디자이너 쪽의 일을 하고 싶습니다.
Hyeonsu: jeon-gong-i dijaininikka jjogui ireul hago sipseumnida.
贤洙: 由于专业是设计，所以我想做设计方面的工作。

면접관: 취미는 무엇입니까?
Myeonjeopgwan: Chwiminen mueotsimnikka?
面试官: 爱好是什么？

현수: 문학 작품을 읽는 것과 음악, 미술을 좋아합니다.
Hyeonsu: Munhak jakpumeul ilneun geotgwa eumak misureul joahamnida.
贤洙: 喜欢读文学作品，还喜欢音乐和美术。

면접관: 네, 알겠습니다. 결과는 나중에 알려드리겠으니 기다려 주세요.
Myeonjeopgwan: Ne, algetseumnida. Gyeolgwaneun najunge allyeodeurigetseuni gidaryeo juseyo.
面试官: 好，知道了。结果以后会通知的，请等消息吧。

회화보충이해
[hoehwabochung-ihae]

"떨리다" 和 "긴장하다" 是同义词，都解释为紧张。

단어
[daneo]

中文	词性	韩文	拼音	中文	词性	韩文	拼音
面试	名词	면접	myeonjeop	通知	动词	통지하다	tongjihada
自信	名词	자신	jasin	谦虚	形容词	겸손하다	gyeomsonhada
动机	名词	동기	donggi	专业	名词	전공	jeongong
爱好	名词	애호	aeho	表达	动词	표현하다	pyohyeonhada
穿	动词	입다	ipda	应该	助动词	마땅히… 해야 한다	mattanghi… haeyahanda

在办公室
오피스

常用句型 상용문구
[sang yong mun gu]

01 좋은 아침. 오늘도 열심히 합시다.
Jo-eun achim. Oneuldo yeolsimhi hapsida.
早，今天也努力吧。

02 이명 씨 이 자료를 복사해서 저한테 주세요.
Imyeong ssi I jaryoreul boksahaeseo jeohante juseyo.
李明，把这个资料复印完后交给我。

03 시장조사를 나가려는데 이명 씨도 같이 가지요.
Sijangjosareul nagaryeoneunde imyeong ssido gachi gajiyo.
想去做市场调查，李明你也一起去吧。

04 내일까지 기획안을 작성해서 제출하세요.
naeilkkaji gihoeganeul jakseonghaeseo jechulhaseyo.
明天之前做好企划案并提交。

05 오늘 수고 하셨습니다. 내일 봅시다.
Oneul sugo hasyeotseumnida. naeil bopsida.
今天辛苦了。明儿见。

06 야근하는 분들에게 간식이 준비되어 있어요.
Yageunhaneun bundeurege gansigi junbidoeeo itseoyo.
给上夜班的人准备了夜宵。

07 오늘 저녁에 회식이 있어요.
Oneul jeonyeoge hoesigi itseoyo.
今晚有聚餐。

08 이명 씨를 제 사무실로 오라고 해요.
Imyeong ssireul jeoe samusillo orago haeyo.
让李明到我办公室来。

实用会话 실용회화 [silyonghoehwa]

01

동료: 회사에 적응 됩니까?
Dongryo: Hoesa-e jeogeung doemnikka?
同事: 适应公司生活吗?

현수: 점차 적응해가고 있습니다.
Hyeonsu: Jeomcha jeogeunghaegago itseumnida.
贤洙: 慢慢适应着。

동료: 직장생활에 적응하려면 시간이 좀 걸릴 거에요.
Dongryo: Jikjangsaenghware jeogeungharyeomyeon sigani jom geollil geo-eyo.
同事: 要想适应上班生活得花点时间。

현수: 네, 선배님들의 가르침이 많은 도움이 됩니다.
Hyeonsu: Ne, seonbaenimdeuri gareuchimi maneun doumi doemnida.
贤洙: 是啊,前辈们的指点对我来说是很大的帮助。

동료: 앞으로 어려운 점이 있으면 물어보세요.
Dongryo: Apeuro eoryeoun jeomi itseumyeon mureoboseyo.
同事: 以后有困难之处就说吧。

현수: 감사합니다. 앞으로 많이 부탁드립니다.
Hyeonsu: Gamsahamnida. Apeuro mani butakdeurimnida.
贤洙: 谢谢。请多多关照。

동료: 오후에 시장조사를 할 건데 같이 갈래요?
Dongryo: Ohue sijangjosaruel hal geonde gachi gallaeyo?
同事: 下午我要去市场调查,一块儿去吗?

현수: 네, 좋습니다. 저도 많이 경험해보고 싶어요.
Hyeonsu: Ne, jotseumnida. Jeodo mani gyeonheohaebogo sipeoyo.
贤洙: 好的。我也想锻炼一下。

02

실장: 오늘 회의에서 제시할 기획안은 준비 다 되었나요?
Siljang: Oneul hoeuieseo jesihal giheoganeun junbi da doeeotnayo?
室长: 在今天的会议上要提交的企划案都准备好了吗?

현수: 네. 여기요.
Hyeonsu: Ne. Yeogiyo.
贤洙: 是。在这里。

工作_255

실장: 이 자료를 10부 복사해서 한부씩 나눠주세요. 새로 개발한 프로그램인데 홍보용과 상업용 두가지로 기획안을 작성하세요.
Siljang: I jaryoreul yeol bu boksahaeseo hanbussik nanwojuseyo. Saero gaebalhan peurogeuraeminde hongboyonggwa sangeopyong dugajiro gihoeganeul jakseonghaseyo.
室长: 把这个资料复印十份每人分一份吧。是新开发的项目，分成宣传用和商业用企划案吧。

현수: 네, 알겠습니다.
Hyeonsu: Ne, algetseumnida.
贤洙: 好，知道了。

실장: 그리고 이은주 씨 제 사무실로 오라고 해요.
Siljang: A, geurigo ieunju ssi je samusilro orago haeyo.
室长: 还有帮我叫一下李恩珠小姐来我办公室。

현수: 지금 시장조사를 나가고 없어요.
Hyeonsu: Jigeum sijangjosareul nagago eopseoyo.
贤洙: 她现在去做市场调查了，不在办公室。

실장: 그럼 회사로 온 다음 바로 제 사무실로 오라고 해요.
Siljang: Geureom hoesaro on da-eum baro je samusillo orago haeyo.
室长: 那她回公司后直接让她到我办公室吧。

 회화보충이해 [hoehwabochung-ihae]

기획안을 작성하다: 做企划案

 단어 [daneo]

中文	词性	韩文	拼音	中文	词性	韩文	拼音
适应	动词	적응하다	jeogeunghada	困难	形容词	어렵다	eoryeopda
调查	动词	조사하다	josahada	企划案	名词	기획안	gihoegan
宣传	名词	홍보	hongbo	复印	动词	복사하다	boksahada
亲自	副词	직접	jikjeop	项目	名词	프로그램	peurogeuraem

聚餐
회식

常用句型 상용문구
[sang yong mun gu]

01 오늘 신입사원을 위해 회식이 있겠습니다.
Oneul sinipsawoneul wihae hoesigi itgetseumnida.
今天为新员工组织聚餐。

02 회식자리는 어디예요?
Hoesikjarineun eodiyeyo?
在哪儿聚餐?

03 죄송하지만 이번 회식은 못 갈 것 같아요. 집에 일이 있어서.
Joesonghajiman ibeon hoesigeun mot gal geot gatayeyo. Jibe iri itseoseo.
不好意思，这次的聚餐我可能不能去了。家里有事。

04 저는 술 못해요. 주스로 할게요.
Jeoneun sul motaeyo. Juseuro halgeyo.
我不会喝酒，喝橙汁吧。

05 자. 실장님께서 먼저 한 곡 하세요.
Ja, siljangnimkkeseo meonjeo han gok haseyo.
来，室长先来一首吧。

06 우리 회사를 위하여. 건배!
Uri heosareul wihayeo, geonbae!
为了我们的公司，干杯!

07 이명 씨, 한잔 받아요. 잘 부탁드립니다.
Imyeong ssi, hanjan badayo. Jal butakdeurimnida.
李明，我给你倒一杯。请多多关照。

08 은주씨 분위기 한번 띄워보세요.
Eunjussi bunwiga hanbeon ttuiwoboseyo.
恩珠小姐，调调气氛吧。

实用会话 실용회화 [silyonghoehwa]

실장: 오늘 신입사원을 위해 회식이 있겠습니다.
Siljang: Oneul sinipsawoneul wihae hoesigi itgetseumnida.
室长： 今天为新员工组织聚餐。

미선: 정말 오랜만에 하는 회식이군요. 화끈하게 합시다.
Miseon: Jeongmal oraenmane haneun hoesigigunyo. Hwakkeunhage hapsida.
美善： 好久没聚餐了，好好玩一次吧。

지애: 오! 신난다. 몇시에 어디서요?
Jiae: O! Sinnanda. Myeotsie eodiseoyo?
智爱： 哦！太高兴了。几点在哪儿啊？

실장: 아직 정하지는 않았는데, 지애씨가 한번 정해 볼래요?
Siljang: Ajik jeonghajineun anatneunde, Jiaesiga hanbeon jeonghae bollaeyo?
室长： 还没定呢，要不智爱你来定？

지애: 제가요? 아무래도 신입사원을 위해 하는 것이기에 현수씨더러 정하라 하세요.
Jiae: Jegayo? Amuraedo sinipsawoneul wihae haneun geosigie hyeonsussideoreo jeonghara haseyo.
智爱： 我吗？还是让贤洙定吧，这可是为新进社员组织的。

현수: 아니요, 선배님이 정해주세요.
Hyeonsu: Aniyo, seonbaenimi jeonghaejuseyo.
贤洙： 不用，前辈帮我定吧。

실장: 자, 그럼 오늘은 신입사원을 위해 회식을 하는 것이기에 서로 정도 쌓으면서 신나게 놀아 봅시다.
Siljang: Ja, geureom oneureun sinipsawoneul wihae hoesigeul haneun geosigie seoro jeongdo ssaeumyeonseo sinnage nora bopsida.
室长： 好，今天是为了新员工准备的聚餐，大家培养一下感情，尽情地玩玩吧。

지애: 그럽시다. 오늘 현수씨 신나게 놀아야 돼요.
Jiae: Geureopsida. Oneul hyeonsussi sinnage noraya dwaeyo.
智爱： 好。贤洙今天要玩得开心啊。

현수: 네, 그러나 술은 많이 못 마셔요.
Hyeonsu: Ne, geureona sureun mani mot masyeoyo.
贤洙: 好的，但是酒不能喝多。

미선: 그럼 술은 적당히 하고 너무 무리하지 마세요.
Miseon: Geureom sureun jeokdanghi hago neomu murihaji maseyo.
美善: 那适当喝点。别太过度了。

실장: 노래방은 내가 한턱 낼 테니 현수씨 노래실력도 알아 봅시다.
Siljang: Noraebang-eun naega hanteok nael teni hyeonsussi noraesillyeokdo ara bopsida.
室长: 歌厅我请，要看看贤洙的歌唱实力了。

지애: 현수씨 노래 좀 한다고 들었는데 여기서 먼저 들어 볼까요?
Jiae: Hyeonsussi norae jom handago deureotneunde yeogiseo meonjeo deureo bolkkayo?
智爱: 听说贤洙唱歌不错，那在这儿先听一听吧？

실장: 자, 박수로 환영합시다.
Siljang: Ja, baksuro hwanyeonghapsida.
室长: 好，掌声欢迎。

 회화보충이해
[hoehwabochung-ihae]

노래 좀 한다: 唱歌唱得不错   화끈하게 놀다: 玩得开心

 단어
[daneo]

中文	词性	韩文	拼音	中文	词性	韩文	拼音
聚餐	名词	회식	hoesik	定	动词	정하다	jeonghada
社员	名词	사원	sawon	培养	动词	키우다	kiuda
开心	形容词	기쁘다	gippeuda	适当	形容词	적당하다	jeokdanghada
听	动词	듣다	deutda	歌厅	名词	노래방	noraebang

XV 自然
자연

节气与天气
절기와 날씨

 상용문구
[sang yong mun gu]

01 오늘은 날씨가 너무 좋아.
Oneureun nalssiga neomu joa.
今天天气真好。

02 온종일 비만 구질구질 내리니까 우울해진다.
Onjong-il biman gujilgujil naerinikka uulhaejinda.
一整天都下雨，心情很郁闷。

03 눈이 펑펑내리니까 밖에 나가서 눈싸움이나 하자.
Nuni peongpeongnaerinikka bakke nagaseo nunssaumina haja.
雪下得很大，去外边打雪仗吧。

04 오늘 오후에 비가 올테니 나갈 때 우산 챙겨.
Oneul ohue biga olteni nagal ttae usan chaenggyeo.
今天下午有雨，出去时带雨伞。

05 너무 추워 얼어 죽는 줄 알았어.
Neomu chuwo eoreo jukneun jul aratseo.
真冷，差点冻死了。

06 더워서 온 몸이 땀투성이야.
Deowoseo on momi ttamtuseong-iya.
热得全身都是汗。

- 07 **바람이 세게 불어 모자가 날라갔어.**
  Barami sege bureo mojaga nallagatseo.
  风刮得厉害，把帽子吹飞了。

- 08 **기후가 너무 건조하다.**
  Gihuga neomu geonjohada.
  气候真干燥。

 실용회화
[silyonghoehwa]

01

이명: 오늘 날씨 너무 좋다. 구름 한 점 없잖아.
Imyeong: Oneul nalssi neomu jota. Gureum han jeom eopjana.
李明: 今天天气真好。万里晴空啊。

현수: 이런 날에는 여행이라도 떠나는 게 좋겠어.
Hyeonsu: Ireon nareneun yeohaeng-irado tteonaneun ge joketseo.
贤洙: 像这样的天气能去旅行就好了。

이명: 근데 한국의 기후는 습해서 가을에도 피부가 상하지 않아.
Imyeong: Geunde han-gugui gihuneun seupaeseo ga-eurido pibuga sanghaji ana.
李明: 韩国的气候湿润，虽然是秋天，却不伤皮肤。

현수: 북경은 기후가 건조하다며?
Hyeonsu: Bukgyeongeun gihuga geonjohadamyeo?
贤洙: 听说北京的气候干燥?

이명: 응. 가을에 바람도 세게 불어서 로션을 발라야 돼.
Imyeong: Eung. Ga-eure baramdo sege bureoseo rosyeoneul ballaya dwae.
李明: 恩。秋天风大，得抹润肤霜。

현수: 그러고 보니 너 한국에 금방 올 때보다 피부가 많이 좋아진 것 같애.
Hyeonsu: Geureogo boni neo han-guge geumbang ol ttaeboda pibuga mani joajin geot gatae.
贤洙: 你的皮肤看起来比刚来韩国的时候好多了。

이명: 그래. 여기의 겨울 날씨가 어떨지 궁금하다.
Imyeong: Geurae. Yeogiui gyeoul nalssiga eotteolji gunggeumhada.
李明: 是啊。不知道这儿冬天的天气怎么样。

지애: 오늘은 날씨가 너무 흐렸어. 비가 올 것 같아.
Jiae: Oneureun nalssiga neomu heuryeotseo. Biga ol geot gata.
智爱: 今天天气太阴沉了。感觉要下雨。

현수: 일기예보에 비가 온다고 했어.
Hyeonsu: Ilgiyebo-e biga ondago haetseo.
贤洙: 天气预报说有雨。

지애: 그럼 넌 우산을 챙겼어?
Jiae: Geureom neun usaneul chaenggyeotseo?
智爱: 那你带雨伞了吗?

현수: 당연하지. 지금 한창 장마철이라서 비가 자주 와.
Hyeonsu: Dangyeonhaji. Jigeum hanchang jangmacheiraseo biga jaju wa.
贤洙: 当然。现在正是雨季，常下雨。

지애: 이런 날에는 나도 몰래 기분도 가라앉아.
Jiae: Ireon nareneun nado mollae gibundo garaanja.
智爱: 像这样的天不知不觉心情就沉闷了。

현수: 난 빗물이 옷에 튀기는 것이 싫어.
Hyeonsu: Nan bitmuri ose twigineun geosi siro.
贤洙: 我最烦雨水溅到衣服上。

지애: 이제 가을이 되면 날씨도 한결 좋아질 걸.
Jiae: Ije ga-euri doemyeon nalssido han-gyeol joajil geol.
智爱: 到了秋天天气会好多的。

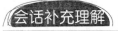
회화보충이해
[hoehwabochung-ihae]

기분이 가라앉다, 기분이 침울하다: 心情沉闷
바람이 세다: 风大

单词 단어 [daneo]

中文	词性	韩文	拼音	中文	词性	韩文	拼音
天气	名词	날씨	nalssi	湿润	形容词	습하다	seuphada
干燥	形容词	건조하다	geonjohada	雨伞	名词	우산	usan
抹	动词	바르다	bareuda	沉闷	形容词	침울하다	chimulhada
冷	形容词	춥다	chupda	心情	名词	기분	gibun

环境
환경

 상용문구 [sang yong mun gu]

·01 앞이 탁 트이는 초원을 보기는 처음이야.
Api tak teuineun chowoneul bogineun cheo-eumiya.
第一次看到一望无际的草原。

·02 물이 오염없이 맑아.
Muri oyeomeopsi malga.
水没有污染，很清澈。

·03 환경보호는 매 사람마다 해야할 일이야.
hwan-gyeongbohoneunmae sarammada haeyahal iriya.
环境保护是每个人应当做的事。

·04 자원봉사활동에 참가하려 해.
jawonbongsahwaldong-e chamgaharyeo hae.
想参加志愿者活动。

·05 이 쓰레기들을 언제 다 주워?
I sseuregideureul eonje da juwo?
这些垃圾什么时候能捡完？

·06 환경이 좋구나. 수림 속에 온 것 같아.
Hwangeong-i jokuna. Surim soge on geot gata.
环境好啊。像进入了森林。

·07 우리의 세상은 우리가 지켜야 해.
Uriui sesang-eun uriga jikyeoya hae.
我们的世界由我们来守护。

·08 쓰다 버린 전지도 오염이 커.
Sseuda beorin jeonjido oyeomi keo.
用完扔掉的电池污染也大。

 실용회화
[silyonghoehwa]

이명: 서울대학교 캠퍼스 환경이 너무 좋아.
Imyeong: Seouldaehakgyo kaempeoseu hwan-gyeong-i neomu joa.
李明: 首尔大学的环境真好。

현수: 그래. 녹화가 너무 잘 됐어.
Hyeonsu: Geurae. Nokwaga neomu jal dwaetseo.
贤洙: 是啊。绿化很好。

이명: 북경대학교도 환경이 좋아. 연못도 있고 나무들이 많아 수림 속에 온 것 같이 느껴지는 곳도 있어.
Imyeong: Bukgyeongdaehakyodo hwan-gyeong-i joa. yeonmotdo itgo namudeuri mana surim soge on geot gachi neukkyeojineun gotdo itseo.
李明: 北京大学的环境也不错。有池塘也有树，有的地方感觉像森林。

현수: 좋은 환경은 이렇게 사람을 상쾌하게 만드나 봐.
Hyeonsu: Jo-eun hwan-gyeong-eun ireoke sarameul sangkwaehage mandeuna bwa.
贤洙: 好的环境这么让人感到愉快啊。

이명: 그런데 세계적으로 환경문제가 너무 심각해.
Imyeong: Geureonde segyejeogeuro hwan-gyeongmunjega simgakhae.
李明: 可是全球环境问题很严重。

현수: 우리부터 주위의 환경을 보호해야 겠다.
Hyeonsu: Uributeo juwiui hwan-gyeong-eul bohohaeya getda.
贤洙: 从我们开始应该把周围的环境保护好。

이명: 이번 방학에 해변가 환경보호 자원봉사 활동이 있는데 같이 안 갈래?
Imyeong: Ibeon banghage haebyeon-ga hwan-gyeongboho jawonbongsa hwaldong-i itnende gachi an gallae?
李明: 这个假期有海滨环保志愿者活动，你参加吗?

현수: 좋아.
Hyeonsu: Joa.
贤洙: 去。

이명: 괜찮아? 안 힘들어?
Imyeong: Gwaenchana? An himdeureo?
李明: 还好吗？不累吗？

현수: 괜찮아. 근데 쓰레기가 너무 많아서 마음이 아파.
Hyeonsu: Gwaenchana. Sseuregiga neomu manaseo ma-eumi apa.
贤洙: 还好。垃圾多得让人伤心。

이명: 그래. 좀 더 환경의식이 있었다면 환경이 더 좋아질 텐데.
Imyeong: Geurae. Jom deo hwan-gyeonguisiki iteotdamyeon hwan-gyeong-i deo joajil tende.
李明: 是啊。自觉点环境会更好的。

현수: 파지는 그렇다 치고 비닐봉지는 오염이 더 심하대.
Hyeonsu: Pajineun geureota chigo binilbongjineun oyeomi deo simhadae.
贤洙: 先不说废纸，塑料袋子的污染更厉害。

이명: 나도 들었어. 쓰다 버린 전지도 오염이 크니까 따로 버려야 하는데.
Imyeong: Nado deureotseo. Sseuda beorin jeonjido oyeomi keunikka ttaro beoryeoya haneunde.
李明: 我也听说过。用完的电池污染也很大，需要另外处理的。

현수: 우리가 사는 세상은 우리가 지켜야 하는데 많은 사람들이 그 걸 의식 못하고 있어.
Hyeonsu: uriga saneun sesang-eun uri jikyeoya haneunde maneun saramdeuri geu geol uisik motago itseo.
贤洙: 我们的世界我们要保护才行。可很多人认识不到这一点。

이명: 그러니까 이러한 활동을 거쳐 환경보호 의식을 키워야 해. 나도 오늘 봉사 활동을 통해 더 한층 느껴지는 바가 있어.
Imyeong: Geureonikka ireohan hwaldong-eul geochyeo hwan-gyeongboho uisigeul kiwoya hae. Nado oneul bongsa hwaldong-eul tonghae deo hancheung neukkyeojineun baga itseo.
李明: 所以得通过这样的活动让人们增强环境保护意识。我也通过今天的志愿者活动有了进一步的认识。

회화보충이해
[hoehwabochungihae]

가슴이 아프다, 마음이 아프다: 心疼, 伤心

단어
[daneo]

中文	词性	韩文	拼音	中文	词性	韩文	拼音
环境	名词	환경	hwan-gyeong	绿化	名词	녹화	nokwa
森林	名词	삼림	samrim	保护	动词	보호하다	bohohada
严重	形容词	심하다	simhada	自觉	形容词	자각적이다	jagakjeogida
电池	名词	건전지	geonjeonji	另外	副词	따로	ttaro

动植物
동식물

常用句型 상용문구 [sang yong mun gu]

01 토끼가 귀여워서 한 마리 기르려고.
Tokkiga gwiyeowoseo han mari gireuryeogo.
兔子很可爱，所以想养一只。

02 애완견을 기르려면 위생에 주의해야 돼.
Aewan-gyeoneul gireuryeomyeon wisaeng-e juuihaeya dwae.
要养宠物狗就得注意卫生。

03 기린은 목이 길어 물을 마실 때 불편하겠다.
Girineun mogi gireo mureul masil ttae bulpyeonhagetda.
长颈鹿的脖子长，所以喝水时不方便。

04 동물원엔 참 신기한 동물들이 많아.
Dongmulwonen cham singihan dongmuldeuri mana.
动物园里稀奇的动物多着呢。

05 동물은 인류의 친구야.
Dongmureun inryuui chin-guya.
动物是人类的朋友。

06 이 나무는 백년이 넘었대.
I namuneun baeknyeoni neomeotdae.
听说这棵树已经超过一百年了。

07 알로에는 몸에 좋은 것이니까 약재로도 써.
Alloeneun mome jo-eun geosinikka yakjaerodo sseo.
芦荟对身体好，也当作药材来用。

08 국화를 화분에 옮겨.
Kukwareul hwabune omgyeo.
把菊花移到花盆里去。

실용회화
[silyonghoehwa]

01

지애: 오랜만에 동물원에 와 본다.
Jiae: Oraenmane dongmurwone wa bonda.
智爱: 好久没来动物园了。

현수: 어릴 적에는 매일 오고 싶었는데 이젠 별로 안 오고 싶어.
Hyeonsu: Eoril jeogeneun maeil ogo sipeotneunde yijen byeollo an ogo sipeo.
贤洙: 小时候天天想来，现在就不想经常来了。

지애: 그러나 지금 와서 보니 사뭇 다른 느낌이야.
Jiae: Geureona jigeum waseo boni samut dareun neukkimiya.
智爱: 可现在来看倒别有感受。

현수: 저 사자 봐. 얼핏 보기에 얌전해 보여도 성 나면 엄청 무서울걸.
Hyeonsu: Jeo saja bwa. Eolpit bogie yamjeonhae boyeodo seong namyeon eomcheong museoulgeol.
贤洙: 看那只狮子。乍一看温顺，可发起怒来很可怕吧。

지애: 그러나 철창에 갇혀서 주는 먹이만 먹다보니 많이 온순해진 것 같애.
Jiae: Geureona cheolchang-e gachyeoseo juneun meogiman meokdaboni mani gwiyeowojin geot gatae.
智爱: 可在铁笼子就吃给喂的东西，温顺了很多。

현수: 인류가 자연을 얼마나 파괴했으면 자연에서 자유로이 살 이런 동물들이 여기에서 갇혀있게 됐겠어.
Hyeonsu: Inryeoga jayeoneul eolmana pagoehaetseumyeon jayeoneseo jayuroi sal ireon dongmuldeuri yeogieseo gachyeoitge dwaetgetseo.
贤洙: 人类破坏自然多严重啊，该在大自然里生活的这些动物们被关起来了。

지애: 사람과 동물은 한 세상에서 조화롭게 살아야 해.
Jiae: Saramgwa dongmureun han sesang-eseo johwaropge saraya hae.
智爱: 人类和动物应该在一个地球上和谐地生活。

현수: 야, 알로에가 이렇게 커? 누가 가꾼 거야?
Hyeonsu: Ya, allo-ega ireoke keo? Nuga gakkun geoya?
贤洙: 喂，什么芦荟这么大呀？谁种的？

自然_269

인수: 엄마가 가꾼 거야. 꽤 오래 된 것이야.
Insu: Eommaga gakkungeoya. Kkwae orae doen geosiya.
仁寿: 妈妈种的。有段时间了。

현수: 알로에가 몸에 그렇게 좋다던데. 특히 소염에 좋대.
Hyeonsu: Allo-ega mome geureoke jotadeonde teuki soyeome jotae.
贤洙: 听说芦荟对身体很好。特别是对消炎好。

인수: 엄마가 후두에 염증이 심해서 자주 드셔.
Insu: Eommaga hudue yeomjeung-i simhaeseo jaju deusyeo.
仁寿: 我妈咽喉发炎严重，所以常吃。

현수: 그럼 이 선인장은 뭐에 좋아?
Hyeonsu: Geureom I seoninjangeun mwo-e joa?
贤洙: 那这个仙人掌对哪儿好？

인수: 이런 거 하나 방에 두면 공기가 좋아진대.
Insu: Ireon geo hana bang-e dumyeon gonggiga joajindae.
仁寿: 把它放在屋里，空气就会变好。

현수: 식물이란 사람에게 참 좋은 것이구나.
Hyeonsu: Sikmuriran saramege cham jo-eun geosiguna.
贤洙: 植物真是对人体好。

 회화보충이해 [hoehwabochung-ihae]

방에 두다: 放在家里   알로에를 가꾸다: 种芦荟
얼핏 보다: 咋一看

 단어 [daneo]

中文	词性	韩文	拼音	中文	词性	韩文	拼音
动物园	名词	동물원	dongmurwon	感受	名词	느낌	neukkim
温顺	形容词	온순하다	onsunhada	可怕	形容词	무섭다	museopda
破坏	动词	파괴하다	pagoehada	自然	名词	자연	jayeon
消炎	动词	소염하다	soyeomhada	植物	名词	식물	sikmul

灾害
재해

常用句型 상용문구
[sang yong mun gu]

01 작년의 가뭄때문에 손실이 컸어.
Jaknyeonui gamumttaemune sonsiri keotseo.
因为干旱损失很大。

02 홍수에 잠긴 길거리는 사람들이 거닐 수 없어.
Hongsue jamgin gilgeorineun saramdeuri geonil su eopseo.
被洪水浸没的街使人没法走动了。

03 태풍방지를 해야 된다고 텔레비전에서 강조하더라.
Taepungbangjireul haeya doendago tellebijeoneseo gangjohadeora.
电视上强调要预防台风。

04 예방을 잘해서 될수록 손해를 줄여야 되는데.
Yebang-eul jalhaeseo Doelsurok sonhaereul juryeoya doeneunde.
要好好预防, 尽量把损失降低。

05 눈사태에 집이 허물어졌어.
Nunsataee jibi heomureojyeotseo.
因为雪崩房子倒塌了。

06 인간이 일으킨 재해는 자연이 인류에 대한 보복이야.
Ingani ireukin jaehaeneun jayeoni inryue daehan bobogiya.
人类引起的灾害是自然对人类的报复。

07 지진으로 깔려 죽은 사람이 많아.
Jijineuro kkallyeo jugeun sarami mana.
因为地震压死的人多。

08 자연재해는 때론 정말 무섭기도 해.
Jayeonjaehaeneun ttaeron jeongmal museopgido hae.
自然灾害有时真可怕。

实用会话 실용회화 [silyonghoehwa]

이명: 어제 일본에 태풍이 불어서 큰 손해를 입었어.
Imyeong: Eoje ilbone taepung-I bureoseo keun sonhaereul ibeotseo.
李明: 昨天在日本刮台风，说是受灾很严重。

현수: 어머, 그럼 한국에는 영향이 없어?
Hyeonsu: Eomeo, geureom han-gugeneun yeonghyang-I eopseo?
贤洙: 哎呀，那对韩国没有影响吗？

지애: 아마 며칠후에 그 영향으로 부산 쪽으로 태풍이 불 거야.
Jiae: Ama myeochilhue geu yeonghyang-euro busan jjogeuro taepung-I bul geoya.
智爱: 可能因为那个影响釜山那边也会刮台风的。

현수: 그럼 예방조치를 취해야 되겠구나.
Hyeonsu: Geureom yeobangjochireul chwihaeya doegetguna.
贤洙: 那得采取预防措施了。

이명: 될수록 손해를 줄여야 되는데.
Imyeong: Doelsurok sonhaereul juryeoya doeneunde.
李明: 得尽可能减少损失啊。

지애: 자연은 때론 정말 무섭기도 해.
Jiae: Jayeoneun ttaeron jeongmal museopgido hae.
智爱: 自然有时也很可怕。

현애: 오빠 자연재해에는 어떤 것이 있어?
Hyeonae: Oppa, jayeonjaehaeeneun eotteon geosi itseo?
贤爱: 哥哥，自然灾害里有什么？

현수: 지진, 화산폭발, 홍수, 가뭄, 태풍 등이 있어.
Hyeonsu: Jijin, hwasanpokpal, hongsu, gamum, taepung deung-I itseo.
贤洙: 地震，火山爆发，洪水，干旱，台风等。

현애: 그럼 자연재해는 왜 일어나지?
Hyeonae: Geureom jayeonjaehaeneun wae ireonaji?
贤爱: 那为什么发生自然灾害？

272_自然

현수: 지구가 많이 손상되었거나 혹은 이유없이 일어나는 경우도 있지.
Hyeonsu: Jiguga mani sonsangdoeeotgeona hogeun iyueopsi ireonaneun gyeong-udo itji.
贤洙: 有时因为地球损伤严重，有时无缘无故地发生。

현애: 인류가 일으킨 자연재해도 있어?
Hyeonae: Inryuga ireokin jayeonjaehaedo itseo?
贤爱: 也有人为发生的灾害吗？

현수: 산불이라든가 대기오염 등이 있지. 허나 자연의 힘으로 일어난 재해는 회복이 빠르나 인류의 원인으로 일어나는 경우는 회복하기가 힘들지. 그러기에 자연을 보호해야 돼.
Hyeonsu: Sanburiradeunga daegioyeom deung-I itji. Heona jayeonui himeuro ireonan jaehaeneun hoebogi ppareuna inryuui wonineuro ireonaneun gyeong-uneun hoebogi himdeulji. Geureugie jayeoneul bohohaeya dwae.
贤洙: 有山火，大气污染等等。以自然的力量发生灾害恢复时间短，可人为发生的灾害就很难恢复了。所以要保护自然。

현애: 오빠는 아는 것이 정말 많아.
Hyeonae: Oppaneun aeun geosi jeongmal mana.
贤爱: 哥哥懂的真多。

 회화보충이해
[hoehwabochung-ihae]

이유없이：无缘无故　손해를 입다：受损失

 단어
[daneo]

中文	词性	韩文	拼音	中文	词性	韩文	拼音
台风	名词	태풍	taepung	损失	名词	손실	sonsil
预防	动词	예방하다	yebanghada	实施	动词	실시하다	silsihada
灾害	名词	재해	jaehae	发生	动词	일어나다	ireonada
污染	名词	오염	oyeom	恢复	动词	회복하다	hoebokada
干旱	名词	가뭄	gamum	影响	动词	영향 주다	yeonghyang juda

自然资源
자연자원

상용문구
[sang yong mun gu]

01 석유자원은 이라크에 많아.
Seogyujawoneun irakeue mana.
伊拉克石油资源丰富。

02 물자원이 결핍되어 전쟁도 일어나요.
Muljawoni gyeolpipdoeo jeonjaengdo ireonayo.
水资源缺少也会引起战争。

03 어떤 자연자원은 언젠가 다 고갈될 수 있어.
Eotteon Jayeonjawoneun eonjenga da gogaldoel su itseo.
有的自然资源终究会枯竭的。

04 새로운 에너지자원을 개발해야 돼.
Saeroun eneojijawoneul gaebalhaeya doe.
得开发新的能源。

05 석탄이 많이 나는 곳은 동부 쪽이야.
Seoktani mani naneun goseun dongbu jjogiya.
煤炭多的地方是东部。

06 태양 열을 이용하는 온수기를 사용하세요.
Taeyang yeoleul iyonghaneun onsugireul sayonghaseyo.
使用太阳能热水器吧。

07 중국은 자원대국이야.
Junggugeun jawondaegugiya.
中国是资源大国。

08 지나치게 개발한 결과 환경도 파괴됐어.
jinachige gaebalhan gyeolgwa hwan-gyeongdo pagoedwaetseo.
过度开采导致了环境的破坏。

实用会话 실용회화 [silyonghoehwa]

01

이명: 중국에는 광물자원이 많아.
Imyeong: Junggugeneun gwangmuljawoni mana.
李明： 中国的矿产资源多。

현수: 자원대국이잖아.
Hyeonsu: Jawondaegugijana.
贤洙： 资源大国嘛。

이명: 그러나 일인당 소유량은 적거든.
Imyeong: Geureona irindang soyuryang-eun jeokgeodeun.
李明： 可人均所有量少啊。

현수: 석유는 많아?
Hyeonsu: Seogyuneun mana?
贤洙： 石油多吗?

이명: 석유는 그리 많지 않지만 석탄이 많아.
Imyeong: Seogyuneun geuri manchi anchiman seoktani mana.
李明： 石油不那么多，可煤炭多。

현수: 물자원은 어때?
Hyeonsu: Muljawoneun eottae?
贤洙： 水资源多吗?

이명: 화북지역은 적고 남부지역은 풍부해.
Imyeong: Hwabukjiyeogeun jeokgo nambujiyeogeun pungbuhae.
李明： 华北地区少，南部地区是丰富的。

02

이명: 한국의 자연자원은 많아?
Imyeong: Han-gugui jayeonjawoneun mana?
李明： 韩国的自然资源多吗?

현수: 광물자원은 적지만 수자원은 풍부해.
Hyeonsu: Gwangmuljawoneun jeokjiman sujawoneun pungbuhae.
贤洙： 矿产物资源少，可水资源丰富。

이명: 그래서 한국의 물값이 싸구나.
Imyeong: Geuraeseo hangugui mulgapsi ssaguna.
李明: 所以韩国的水费便宜啊。

현수: 그 원인도 있어.
Hyeonsu: Geu wonindo itseo.
贤洙: 也有那个原因。

이명: 많은 자연자원은 재생적인 것이 아니므로 적당히 개발하고 아껴써야 해.
Imyeong: Maneun jayeonjawoneun jaesaengjeogin geosi animeuro jeokdanghi gaebalhago akkyeosseoya hae.
李明: 很多自然资源不是再生的，所以要适当开采并且要珍惜。

현수: 맞아. 될수록 새로운 에너지자원을 개발해야 돼.
Hyeonsu: Maja. Doelsurok saeroun eneojijawoneul gaebalhaeya dwae.
贤洙: 对，尽可能开发新的能源。

이명: 태양에너지, 바람에너지 등 이런 에너지자원을 많이 개발하면 자연환경도 보호되고 좋을 것 같다.
Imyeong: Taeyang-eneoji, barameneoji deung I reon eneojijawoneul mani gaebalhamyeon jayeonhwan-gyeongdo bohodoego jo-eul geotgatda.
李明: 多开发太阳能，风能等这样的能源的话能保护自然，多好啊。

会话补充理解 회화보충이해
[hoehwabochung-ihae]

자원을 채굴하다: 开采资源

단어
[daneo]

中文	词性	韩文	拼音	中文	词性	韩文	拼音
资源	名词	자원	jawon	矿物	名词	광물	gwangmul
石油	名词	석유	seogyo	开发	动词	개발하다	gaebalhada
工程	名词	공사	gongsa	保护	动词	보호하다	bohohada
再生	动词	재생하다	jaesaenghada	丰富	形容词	풍부하다	pungbuhada

XVI 情感
감정

高兴与悲伤
기쁨과 슬픔

상용문구
[sang yong mun gu]

01 와. 신난다. 춤이라도 추고 싶어.
Wa, sinnanda. Chumirado chuga sipeo.
哇，好开心啊。想跳个舞。

02 기뻐서 눈물이 날라 한다.
Gippeoseo nunmuri nalla handa.
高兴得快流眼泪了。

03 아침부터 기분이 상쾌해.
Achimbuteo gibuni sangkwaehae.
早晨开始就心情好。

04 기분 좋은 하루였어.
Gibun jo-eun haruyeotseo.
是心情好的一天。

05 안색이 왜 이리 안좋니? 무슨 일이 생겼어?
Ansaegi wae iri anjonni? museun iri saenggyeotseo?
脸色为什么这么差？出什么事了？

06 울지마. 나쁜 일은 다 지나갈 거야.
Uljima. nappeun ireun da jinagal geoya.
别哭了。不好的事都会过去的。

- 07 슬퍼하지마. 이제부터 좋은 일만 생길 거야.
Seulpeohajima. Ijebuteo jo-eun ilman saenggil geoya.
别伤心，以后只有好事的。

- 08 기분도 나쁜데 소주 한잔 하러 가자.
Gibundo nappeunde suju hanjan hareo gaja.
心情不好，去喝一杯烧酒吧。

实用会话 실용회화 [silyonghoehwa]

01

지애: 방학에 북경으로 여행을 가기로 했어.
Jiae: Banghage bukgyeong-euro yeohaeng-eul gagiro haetseo.
智爱: 假期决定去北京旅行。

현수: 집에서 허락했어?
Hyeonsu: Jibeseo heorakaetseo?
贤洙: 家里允许了吗？

지애: 응. 너무 신난다. 언젠가 한번 꼭 가고 싶었는데.
Jiae: Eung. Neomu sinnanda. Eonjenga hanbeon kkok gago sipeotneunde.
智爱: 恩。太高兴了。一直想去来着。

현수: 혼자 가는 거야?
Hyeonsu: Honja ganeun geoya?
贤洙: 一个人去吗？

지애: 아니, 단체여행이야. 이렇게 정작 가게 된다니 꿈만 같애. 너무 즐거워.
Jiae: Ani, dancheyeohaeng-iya. Ireoke jeongjak gage doendani kkumman gatae. Neomu jeulgeowo.
智爱: 不是，是团体旅行。现在能去北京就像做梦一样。太高兴了。

현수: 니가 이렇게 좋아하는 건 처음이야. 정말 가고 싶었구나.
Hyeonsu: Niga ireoke joahaneun geon cheo-eumiya. Jeongmal gago sipeotguna.
贤洙: 头一次看你这么高兴。看来真是想去来着。

지애: 소원이었으니까.
Jiae: Suwoniyeotseunikka.
智爱: 这是我的愿望啊。

이명: 요즘 너 안색이 안 좋은데?
Imyeong: Yojeum neo ansaegi an jo-eunde?
李明: 怎么最近你的脸色那么差?

현수: 집에 일이 좀 생겨서.
Hyeonsu: Jibe iri jom saenggyeoso.
贤洙: 家里出了点事。

이명: 무슨 일인데? 말해 봐.
Imyeong: Museum irinde? Malhae bwa.
李明: 什么事? 说出来吧。

현수: 엄마가 요즘 건강이 안 좋으셔.
Hyeonsu: Eommaga yojeum geon-gang-i an jo-eusyeo.
贤洙: 妈妈这几天身体不好。

이명: 그래? 마음이 아프지만 집에 들어가서 밝은 모습을 보여 드려. 잘 보살펴 드리고.
Imyeong: Geurae? Ma-eumi apeujiman jibe deureogaseo balgeun moseubeul boyeodelyeo. Jal bosalpyeo deurigo.
李明: 是吗? 虽然伤心, 可是回去一定要开心点。好好照顾妈妈。

현수: 알았어.
Hyeonsu: Aratseo.
贤洙: 知道了。

이명: 내일 너희 집에 문병 갈게.
Imyeong: naeil neohui jibe munbyeong galge.
李明: 明天我去探病。

회화보충이해
[hoehwabochung-ihae]

문병을 가다: 探病

단어
[daneo]

中文	词性	韩文	拼音	中文	词性	韩文	拼音
允许	动词	허락하다	heorakada	高兴	形容词	기쁘다	gippeuda
愿望	名词	소원	sowon	梦	名词	꿈	kkum
脸色	名词	안색	ansaek	伤心	动词	슬퍼하다	seulpeohada
探病	名词	문병	munbyeong	虽然	副词	하지만	hajiman

喜欢与厌恶
좋아함과 싫어함

상용문구
[sang yong mun gu]

•01 니가 즐겨하는 일은 뭐야?
Niga jeulgyeohaneun ireun mwoya?
你喜欢做什么事?

•02 난 영어 선생님이 좋아.
Nan yeong-eo seonsaengnimi joa.
我喜欢英语老师。

•03 난 빅뱅 팬이야. 노래도 잘하고 얼굴도 잘 생기고.
Nan bikbaeg paeniya. Noraedo jalhago eolguldo jal saenggigo.
我是bikbang的歌迷。歌唱得好，长得又帅。

•04 게임을 즐긴다고 밤낮없이 해도 돼?
Geimeul jeulgindago bamnat-eopsi haedo dwae?
喜欢游戏也不能不分昼夜玩啊?

•05 난 매운 걸 싫어해.
Nan mae-un geol sireohae.
我不喜欢辣的。

•06 영미가 날 싫어하는 걸 알아. 하지만 난 친하게 지내고 싶어.
Yeongmiga nal sireohaneun geol ara. Hajiman nan chinhage jinaego sipeo.
我知道英美讨厌我。可我想和她好好相处。

•07 시끄러운 건 딱 질색이야. 좀 조용한 곳으로 가자.
Sikkeureoun geon ttak jilsaegiya. Jom joyonghan goseuro gaja.
我最烦闹哄哄的。去安静点的地方吧。

•08 농구를 별로 좋아하지 않아. 그래도 축구가 최고지.
Nonggoreul byeollo joahaji ana. Geuraedo chukguga choegoji.
不怎么喜欢篮球。还是足球最棒。

实用会话 실용회화 [silyonghoehwa]

학교식당 Hakgyosikdang 学校食堂

지애: 난 영어 선생님이 너무 좋아.
Jiae: Nan yeong-eo seonsaengnimi neomu joa.
智爱: 我很喜欢英语老师。

현수: 나도. 우리들의 입장에서 많이 생각해주셔.
Hyeonsu: Nado. Urideuri ipjang-eseo mani saenggakhaejusyeoseo.
贤洙: 我也是。他总是站在我们的立场上考虑。

지애: 맞아. 또 얼마나 자상하셔. 난 그런 선생님이 좋더라.
Jiae: Maja. tto eolmana jasanghasyeo. Nan geureon seonsaengnimi joteora.
智爱: 对。还那么热心啊。我就喜欢那样的老师。

현수: 벌써 다 먹었어.
Hyeonsu: Beolsseo da meogeotseo.
贤洙: 这么快吃完了?

지애: 이 반찬 내가 좋아하는 거라 급히 먹었더니만 벌써 다 먹었어.
Jiae: I banchan naega joahaneungeora geupi meogeotdeoniman beolsseo da meogeotseo.
智爱: 这个菜是我喜欢的，所以吃得急，不知不觉就吃完了。

현수: 그렇다고 그렇게 빨리 먹으면 체해.
Hyeonsu: Geureotago geureoke ppalli meogeumyeon chehae.
贤洙: 那也是，吃那么快会伤胃的。

이명: 저녁에 PC방 안 갈래?
Imyeong: Jeonyeoge pissi bang an gallae?
李明: 晚上不去网吧吗?

현수: 왜?
Hyeonsu: Wae?
贤洙: 为什么?

이명: 게임하러 가자.
Imyeong: Geimhareo gaja.
李明: 去打游戏。

현수: 난 그런 거 싫어해.
Hyeonsu: Nan geureon geo sireohae.
贤洙: 我不喜欢打。

이명: 어, 그래. 그럼 컴퓨터로 보통 뭐해?
Imyeong: Eo, geurae. Geureom keompyuteoro botong mwohae?
李明: 哦，是吗。那你用电脑一般干什么？

현수: 채팅도 하고 영화를 봐.
Hyeonsu: Chaetingdo hago yeonghwareul bwa.
贤洙: 聊天或看电影。

이명: 알았어. 니가 싫다면 나 혼자 갈래.
Imyeong: Aratseo. niga siltamyeon na honja gallae.
李明: 知道了。你不喜欢就我自己去了。

 회화보충이해
[hoehwabochung-ihae]

벌써 다 했다: 不知不觉就做完了；这么早就做完了。

 단어
[daneo]

中文	词性	韩文	拼音	中文	词性	韩文	拼音
喜欢	形容词	좋아하다	joahada	立场	名词	입장	ipjang
歌迷	名词	팬	paen	伤胃	动词	체하다	chehada
游戏	名词	게임	geim	聊天	名词	채팅	chaeting
电影	名词	영화	yeonghwa	一般	副词	보통	botong

愤怒与苦恼
분노와 고뇌

 상용문구
[sang yong mun gu]

- 01 야, 너 말 다 했어?
  Ya, neo mal da haetseo?
  喂，你说完了吗？

- 02 이 건 너무 심한 거 아냐?
  I geon neomu simhan geo anya?
  这是不是太过分了？

- 03 너 어떻게 나한테 이럴 수 있어?
  Neo eotteoke nahante ireol su itseo?
  你怎么可以这样对我呢？

- 04 열받아 진정이 안된다. 꼭 끝을 보고야 말 거야.
  Yeolbada jinjeong-I andoenda. Kkok kkeuteul bogoya mal geoya.
  气得不能镇定啊。一定要干到底。

- 05 성적이 떨어져서 어떻게 하면 좋아?
  Seongjeogi tteoreojyeoseo eotteoke hamyeon joa.
  成绩下去了，怎么办好啊？

- 06 내일 어버이날인데 뭘 준비하면 될까?
  Naeil eobeoinarinde mwol junbihamyeon doelga?
  明天是父母节，准备什么好呢？

- 07 제출해야 될 논문을 못 완성해서 어쩌지?
  Jechulhaeya doel nonmuneul mot wanseonghaeseo eojjeoji?
  要交的论文没写完怎么办？

- 08 감이 떠오르지 않아 글이 안 나와.
  Gami tteooreuji ana geuri an nawa.
  没有灵感写不出文章。

实用会话 실용회화 [silyonghoehwa]

01

인수: 누가 널 건드렸어? 왜 화를 내?
Insu: Nuga neol geondeuryeotseo? Wae hwareul nae?
仁寿: 谁惹你了？为什么发火？

현수: 준호가 내 허락도 없이 내 책을 가져 갔어.
Hyeonsu: Junhoga nae heorak eopsi nae chaegeul gajyeo gatseo.
贤洙: 俊浩没有经过我的同意把我的书拿走了。

인수: 걔가 잘못했지만 그냥 참아.
Insu: Gyaega jalmothaetjiman geu-nyang chama.
仁寿: 虽然是他错了，但你也要忍着。

현수: 근데 내 책에 마구 낙서까지 했으니 더 화가 나.
Hyeonsu: Geunde nae chaege magu nakseokkaji haetseuni deo hwaga na.
贤洙: 可是他在我的书上乱写，所以更恼火。

인수: 그 건 좀 심해. 내가 먼저 준호와 말해 볼게. 이런 일 가지고 서로 마음이 상하지 않게. 혹시 오해일지도 모르잖아.
Insu: Geu geon jom simhae. Naega meonjeo junhowa malhae bolge. Ireon il gajigo seoro ma-eumi sanghaji anke. Hoksi ohaeiljido moreujana.
仁寿: 那个有点过分了。我先跟俊浩谈谈。别因这些事互相伤感情了。或许是个误会。

02

지애: 요즘 머리가 아파. 스트레스도 쌓이고.
Jiae: Yojeum meoriga apa. Seuteureseudo ssaigo.
智爱: 这几天头疼啊。压力也大。

현수: 왜? 무슨 일이 있어.
Hyeonsui: Wae? Museum iri itseo.
贤洙: 为什么？有什么事？

지애: 얼마 전에 어머니랑 약속했거든. 이번의 영어고사에서 꼭 높은 점수를 따겠다고.
Jiae: Eolma jeone eomeonirang yaksokhaetgeodeun. Ibeonui yeong-eo gosa-eseo kkok nopeun jeomsureul ttagetdago.
智爱: 前几天跟我妈说好了要在这次的英语考试考个好成绩。

현수: 혹시 복습이 잘 안 됐어?
Hyeonsu: Hoksi bokseubi jal an dwaetseo?
贤洙: 难道你没复习好？

지애: 응. 이번까지 낙제 점수를 맞으면 엄마한테 면목이 없어.
Jiae: Eung. Ibeonkkaji nakje jeomsureul majeumyeon eommahante myeonmogi eopseo.
智爱: 嗯。连这次也不及格的话我真没脸见我妈。

현수: 이렇게 고민할 것이 아니라 지금이라도 안 늦었어. 열심히 해봐. 내가 도울게.
Hyeonsu: Ireoke gominhal geosi anira jigeumirado an neujeoseo. Yeolsimhi haebwa. Naega doulge.
贤洙: 别就这样干苦恼。现在也不晚，努力看看。我帮你。

지애: 정말이지? 고마워.
Jiae: Jeongmariji? Gomawo.
智爱: 真的？谢谢。

 회화보충이해
[hoehwabochung-ihae]

면목이 없다: 没脸
성이 나다, 화가 나다: 生气

 단어
[daneo]

中文	词性	韩文	拼音	中文	词性	韩文	拼音
惹	动词	건드리다	geondeurida	生气	动词	화내다	hwanaeda
乱写	动词	낙서하다	nakseohada	同意	名词	동의	dongui
误会	名词	오해	ohae	压力	名词	스트레스	seuteureseu
努力	动词	노력하다	noryeokada	苦恼	名词	고민	gomin

担心与紧张
걱정과 긴장

常用句型 상용문구
[sang yong mun gu]

01 내일 시합에 나가는데 제대로 할 수 있을까?
Naeil sihabe naganeunde jedaero hal su itseulgga?
明天去参加比赛，不知道能不能好好整。

02 걱정한다고 될 일이 아닌데 계속 신경 쓰여요.
Geokjeonghandago doel iri aninde gyeosok sin-gyeong sseuyeoyo.
不是担心可以解决的事，可还是担心。

03 제발 잘 돼야할텐데…
Jebal jal dwaeyahaltenden…
千万得有好结果啊……

04 내일 발표를 어떻게 할지 걱정이 태산이야.
Naeil balpyoreul eotteoke halji geokjeong-I taesaniya.
非常担心明天的发表。

05 긴장해서 말을 버벅거려.
Ginjanghaeseo maril beobeokgeoryeo.
紧张得结巴了。

06 다리가 떨리고 아무 것도 생각안나.
Dariga tteolligo amu geotdo saenggakanna.
腿发软，什么都想不起来了。

07 긴장하지 마, 말을 더듬지 말고.
Ginjanghaji ma, mareul deodeumji malgo.
别紧张，别结巴。

지애: 내일 역사시간에 내가 발표할 차례야. 제대로 할 수 있을지 걱정이다.
Jiae: Naeil yeoksasigane naega balpyohal charyeya. Jedaero hal su itseulji geokjeong-ida.
智爱: 明天的历史课该我发表了。我很担心能不能做得好。

현수: 준비한 대로 하면 되지.
Hyeonsu: Junbihan tdaero hamyeon doeji.
贤洙: 按准备的来就可以。

지애: 난 강단에만 올라가면 너무 떨려서 말이 제대로 안 나와.
Jiae: Nan gangdaneman ollagamyeon neomu tteollyeoseo mari jedaero an nawa.
智爱: 我一站在讲台就紧张得说不出话。

현수: 내가 한가지 방법을 알려줄게.
Hyeonsu: Naega hangaji bangbeobeul allyeojulge.
贤洙: 我教你个方法。

지애: 뭔데?
Jiae: Mwonde?
智爱: 什么?

현수: 거울을 보고 많이 연습해. 그러면 훨씬 좋아질 거야.
Hyeonsu: Geoureul bogo mani yeonseupae. Geureomyeon hwolssin joajil geoya.
贤洙: 照着镜子多练练。那样会更好的。

지애: 그래?
Jiae: Geurae?
智爱: 是吗?

 历史课

현수: 좀 있으면 니가 발표할 차례야.
Hyeonsu: Jom itseumyeon niga balpyeohal charyeya.
贤洙: 待会儿就该你了。

지애:	어쩌지? 긴장해서 다리가 떨려.
Jiae:	*Eojjeoji? Ginjanghaeseo dariga tteollyeo.*
智爱:	怎么办好啊？紧张得腿发软。

현수:	넌 할 수 있어. 꼭 자신을 이겨야 해.
Hyeonsu:	*Neon hal su itseo. Kkok jasineul igyeoya hae.*
贤洙:	你能行。一定要战胜自己。

지애:	니가 알려준 방법대로 연습하니까 괜찮을 것 같애.
Jiae:	*Niga allyeojun bangbeopdaero yeonseuphanikka gwaenchaneul geot gatae.*
智爱:	按你说的方法去练了，应该还好吧。

현수:	강단에 올라가서도 거울을 보면서 강의한다고 생각해. 화이팅!
Hyeonsu:	*Gangdane ollagaseodo geoureul bomyeonseo gang-uihandago saenggakae. Hwaiting!*
贤洙:	上讲台也要想象对着镜子讲课就行。加油。

지애:	후~, 그래. 어차피 할 거 확실하게 해야지.
Jiae:	*Hu~, geurae. Eochapi hal geo hwaksilhage haeyaji.*
智爱:	呼~, 好。反正该做的就得做好。

 회화보충이해
[hoehwabochung-ihae]

다리가 나른하다, 다리가 떨리다 : 腿发软
"떨리다"的本意是"颤动","紧张"是引申意。

 단어
[daneo]

中文	词性	韩文	拼音	中文	词性	韩文	拼音
发表	动词	발표하다	*balpyohada*	担心	动词	걱정하다	*geokjeonghada*
紧张	形容词	긴장하다	*ginjanghada*	战胜	动词	전승하다	*jeonseunghada*
方法	名词	방법	*bangbeop*	按着	介词	…에 따라	*...e ttara*
镜子	名词	거울	*geoul*	软	形容词	나른하다	*nareunhada*

吃惊与感叹
경악과 감탄

常用句型 상용문구
[sang yong mun gu]

•01 깜짝이야. 놀랬잖아.
Kkamjjagiya, nollaetjana.
吓一跳。

•02 와. 멋있다. 다른 세상에 온 것 같애.
Wa, meositda. Dareun sesang-e on geot gatae.
哇，真漂亮。来到了世外桃源似的。

•03 어머나. 저 것 좀 봐. 신기하다.
Eomeona, jeo geot jom bwa. sin-gihada.
妈呀，看那个。真神奇。

•04 헉. 어쩜 이런 일이 생길 수 있어? 참 불행이구나.
Heok, eojjeom ireon iri saenggil su itseo. Cham bulhaeng-iguna.
怎么会发生这样的事呢？真不幸。

•05 야. 골이다!
Ya, gorida!
呀，进球了!

•06 우와. 역시 니가 최고야.
Uwa, Yeoksi niga choegoya.
哇塞，还是你最棒。

•07 아. 경치가 그림같구나.
A, gyeongchiga geurimgatguna.
啊，风景像画一样。

•08 괜찮아? 어디가 아픈데?
Gwaenchana? Eodiga apeunde?
还好吗？哪儿疼？

 실용회화
[silyonghoehwa]

어머니:	현수야! 왜 피를 이렇게 많이 흘렸어?
Eomeoni:	Hyeonsuya! Wae pireul ireoke mani heullyeotseo?
妈妈:	贤洙! 为什么流这么多血啊?

현수:	별 것 아니에요. 자전거 타다 넘어진 것 뿐이에요.
Hyeonsu:	Byeol geot aniyeyo. Jajeongeo tada neomeojin geot ppunieyo.
贤洙:	没事。骑自行车摔倒罢了。

어머니:	얼마나 다쳤기에 상처가 이렇게 커?
Eomeoni:	Eolmana dachyeotgie sangcheoga ireoke keo?
妈妈:	伤得多严重啊, 伤口那么大?

현수:	괜찮아요.
Hyeonsu:	Gwaenchanayo.
贤洙:	还好。

어머니:	괜찮긴! 얼마나 아팠겠어! 다행히 다리가 상했으니 말이지 눈이라도 다쳤으면 큰 일 날뻔 했구나. 어서 병원에 가자.
Eomeoni:	Gwaenchankin! Eolmana apatgetseo? Dahaenghi dariga sanghaetseuni mariji nunirado dachyeotseumyeon keun il nalbbeon haetguna. Eoseo byeong-wone gaja.
妈妈:	好什么呀! 多疼啊! 幸亏伤的是腿, 要是伤到眼睛什么的, 那就糟了。快去医院吧。

현수:	이런 작은 상처로 병원까지 갈 필요 없어요. 약이나 바르면 돼요.
Hyeonsu:	Ireon jageun sangcheoro byeongwonkkaji gal piryo eopseoyo. Yagina bareumyeon dwaeyo.
贤洙:	就这点小伤不用去医院了。擦点药就好了。

어머니:	깜짝 놀랬어. 그럼 약방 갔다오겠으니 잠시만 기다려.
Eomeoni:	Kkamjjak nollaetseo. Geureom yakbang gatdaogetseuni jamsiman gidaryeo.
妈妈:	吓我一跳了。那我去趟药店, 稍等会儿。

누나:	야! 정말 멋있구나. 폭포가 너무 멋있어!
Nuna:	Ya! Jeongmal meositguna. Pokpoga neomu meositseo!
姐姐:	呀! 真漂亮。瀑布真漂亮。

현수:	그래요. 물줄기들이 너무 아름다워요.
Hyeonsu:	Geuraeyo. Muljulgideuri neomu areumdawoyo.
贤洙:	是啊。水柱真漂亮。

누나:	물방울을 봐. 보석 같아.
Nuna:	Mulbang-ureul bwa. Boseok gata.
姐姐:	看看水珠。像宝石。

현수:	누나, 시나 한 수 읊어보세요.
Hyeonsu:	Nuna, sian han su eulpeoboseyo.
贤洙:	吟首诗吧。

누나:	이럴 때엔 이백의 "여산 폭포를 바라보며"를 읊어야 하나?
Nuna:	Ireol ttaeen ibaegui "yeosan pokporeul barabomyeo"reul eulpeoya hana?
姐姐:	这样的时候应该吟首李白的"望庐山瀑布"吗？

현수:	난 이 풍경을 그림으로 그리고 싶어요.
Hyeonsu:	Nan I punggyeong-eul geuromeuro geurogo sipeoyo.
贤洙:	我真想画这个风景。

누나:	이 참에 이 폭포를 배경으로 사진이나 한 장 찍자.
Nuna:	I chame I pokporeul baegyeong-euro sajinina han jang jjikja.
姐姐:	趁这次以瀑布为背景，照个相吧。

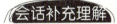
[hoehwabochung-ihae]

사진을 찍다: 照相	시를 읊다: 吟诗
깜짝놀라다: 吓一跳	깜짝이야: 吓一跳

단어
[daneo]

中文	词性	韩文	拼音	中文	词性	韩文	拼音
血	名词	피	pi	流	动词	흐르다	heureuda
骑	动词	타다	tada	医院	名词	병원	byeong-won
药店	名词	약방	yakbang	瀑布	名词	폭포	pokpo
擦	动词	바르다	bareuda	宝石	名词	보석	boseok

抱怨与无奈
원망과 부득이함

常用句型 상용문구
[sang yong mun gu]

01 왜 아직까지 안 오는 거야? 약속한 시간이 언젠데.
Wae ajikkkaji an oneun geoya. Yaksokan sigani eonjende.
怎么到现在还不来？约定的时间早过了。

02 고작 이 것밖에 안 줘요? 좀 더 주세요.
Gojak igeotbakke an jwoyo? Jom deo juseyo.
就给这些吗？再给点吧。

03 왜 쟤만 특별대우예요? 우리도 해주세요.
Wae jyaeman teukbyeoldae-ueyo? Urido haejuseyo.
为什么只有他是特别待遇？我们也要。

04 짜증나. 나만 일을 시켜.
Jjajeungna. Naman ireul sikyeo.
真烦。就让我干活。

05 어이가 없어. 어떻게 할 수도 없고.
Eoiga eopseo. Eotteoke hal sudo eopgo.
真无奈。也不能做什么。

06 어쩔 수 없어. 운이 좋지 않는가 봐.
Eojjeol su eopseo. Uni jochi anneun-ga bwa.
没办法。是运气不好。

07 방법이 없지. 다음 기회에 보자.
Bangbeobi eopji. Daeum gihoee boja.
没办法。等下次机会吧。

08 내 몫이 아니라 생각해. 좋게 생각할게.
Nae moksi anira saenggakae. Jotge saenggakhalge.
就认为不是我自己的份儿。会往好处想的。

实用会话 실용회화 [silyonghoehwa]

01

현애: 오빠가 가르쳐준 이 수학문제 틀렸잖아.
Hyeonae: Oppaga gareuchyeojun I suhak munje teullyeotjana.
贤爱: 哥哥教我的数学题错了。

현수: 그랬어? 어디 보자.
Hyeonsu: Geuraetseo? Eodi boja.
贤洙: 是吗？我看看。

현애: 이 봐. 내가 풀었던 방법으로 하면 정답이 나오는데 어제 오빠가 기필코 자기 방법대로 풀라고 해서 틀렸잖아.
Hyeonae: I bwa. Naega peureotdeon bangbeobeuro hamyeon jeongdabi naoneunde eoje oppaga gipilko jagi bangbeopdaero pureorago haeseo teullyeotjana.
贤爱: 看。按我的方法解的话是正确的，可哥哥非得让我照你的方法解，所以错了。

현수: 그럴구나. 미안. 내가 너 실력을 무시했구나.
Hyeonsu: Geureokuna. Mian. Naega neo sillyeogeul musihaetguna.
贤洙: 是呀。对不起。我忽视你的实力了。

현애: 안그러면 어제 숙제는 만점인데.
Hyeonae: An-geureomyeon eoje sukjeneun manjeominde.
贤爱: 要不是这样，昨天的作业应该是满分。

02

현수: 너무 유감스러워.
Hyeonsu: Neomu yugamseureowo.
贤洙: 太遗憾了。

인수: 무슨 일인데?
Insu: Museun irinde?
仁寿: 什么事？

현수: 다음주에 축구시합이 있는데 연습을 하다가 그만 발목이 삐었어.
Hyeonsu: Da-eumjue chukgusihabi itneunde yeonseubeul hadaga geuman balmogi bbieotseo.
贤洙: 下周有足球比赛，可练习时歪了脚踝。

인수: 불쌍하구나. 니가 많이 기대하는 시합이었는데.
Insu: Bulsssanghaguna. Niga mani gidaehaneun sihabieotneunde.
仁寿: 真可怜。是你很期待的比赛来着啊。

현수: 어쩔 수 없어. 운이 좋지 않는가 봐.
Hyeonsu: Eojjeol su eopseo. Uni jochi anneun-ga bwa.
贤洙: 没办法。可能运气不好吧。

인수: 다음에 또 기회가 있잖아. 그 때 가서 잘 해봐.
Insu: Da-eume tto giheoga itjana. Geu ttae gaseo jal haebwa.
仁寿: 下次还有机会嘛。到那时好好踢。

현수: 알았어.
Hyeonsu: Aratseo.
贤洙: 知道了。

 회화보충이해
[hoehwabochung-ihae]

발목이 삐다: 歪脚踝
문제를 풀다: 解题

 단어
[daneo]

中文	词性	韩文	拼音	中文	词性	韩文	拼音
数学	名词	수학	suhak	方法	名词	방법	bangbeop
遗憾	形容词	유감스럽다	yugamseureopda	错	动词	틀리다	teullida
自信	名词	자신	jasin	坚持	动词	견지하다	gyeonjihada
运气	名词	운수	unsu	机会	名词	기회	gihoe

冤枉
억울함

常用句型 상용문구 [sang yong mun gu]

01 억울해요. 제가 한 것이 아니에요.
Eogeulhaeyo. Jega han geosi anieyo.
冤枉啊。不是我做的。

02 함부로 말하지 마.
Hamburo malhaji ma.
不要随便乱说。

03 미안해. 억울했겠다. 네게 묻지도 않고 야단쳤으니.
Mianhae. eogulhaetgetda. Nege mutjido anko yadanchyeotseuni.
对不起,冤枉了吧。我连问都没问就斥责你了。

04 날 이해해주는 이 하나도 없어서 서러웠어요.
Nal ihaehaejuneun I hanado eopseoseo seoreowotseoyo.
没有一个人理解我,很伤心。

05 다짜고짜 이유도 묻지 않고 호통을 쳤어.
Dajjagojja iyudo mutji anko hotong-eul cheotseo.
不分青红皂白就发火了。

06 없는 이야기를 꾸며내서 사람을 억울하게 만들지 마.
Eopneun iyagireul kkumyeonaeseo sarameul eogulhage mandeulji ma.
别编造没有的事儿来冤枉别人。

07 잠깐만 저에게 해명할 기회를 주세요.
Jamkkanman jeo-ege haemyeonghal gihoereul juseyo.
给我点解释的机会好吗?

08 날 모함하려 한 작정이야.
Nal mohamharyeo han jakjeong-iya.
他想谋害我。

实用会话 실용회화 [silyonghoehwa]

01

현애: 어머니, 제가 너무 억울해요.
Hyeonae: Eomeoni, jega neomu eogulhaeyo.
贤爱: 妈妈，我很冤枉啊。

아빠: 억울하다니?
appa: Eogulhadani?
爸爸: 冤枉什么？

현애: 제가 거울을 깬 것도 아닌데 …
Hyeonae: Jega geoureul kkaen geotdo aninde
贤爱: 镜子不是我打碎的。

아빠: 그럼 누가 그랬어?
appa: Geureom nuga geuraetseo?
爸爸: 那谁干的？

현애: 오빠가 그랬대요.
Hyeonae: Oppaga geuraetdaeyo.
贤爱: 说是哥哥干的。

아빠: 그래? 미안해. 어제는 홧김에 제대로 묻지도 않고 다짜고짜 야단을 쳤구나.
appa: Geurae? Mianhae. Eojeneun hwatgime jedaero mutjido anko dajjagojja yadaneul chyeotguna.
爸爸: 是吗？对不起。昨天生气，不分青红皂白就叱责你了。

현애: 제가 얼마나 서러웠다고요.
Hyeonae: Jega eolmana seoreowotdagoyo.
贤爱: 真的很委屈。

아빠: 미안. 우리 귀여운 딸 아빠를 용서할 거지?
appa: Mian. Uri gwiyeoun ttal apparuel yongseohal geoji?
爸爸: 对不起。我的好女儿会原谅爸爸吧？

02

현수: 어제는 왜 약속을 지키지 않았어?
Hyeonsu: Eojeneun wae yaksogeul jikiji anatseo?
贤洙: 昨天为什么没遵守约定？

이명: 내가 할 소리야.
Imyeong: Naega hal soriya.
李明: 那话应该是我说的呀。

현수: 정말 너무 한다. 어제 한 시간이나 넘게 기다렸잖아. 핸드폰도 꺼져있고.
Hyeonsu: Jeongmal neomu handa. Eoje han siganina neomge gidaryeotjana. Haendeupondo kkeojyeoitgo.
贤洙: 太过分了。昨天等你等了一个多小时。连你的手机也关着。

이명: 너만 기다렸는 줄 아냐? 나도 한 시간이나 기다렸단 말이야.
Imyeong: Neoman gidaryeotneun jul anya? Nado hansiganina gidaryeotdan mariya.
李明: 就你等了吗? 我也等了一个小时。

현수: 어, 그럼 이게 어떻게 된 일이야? 우리 오후 7시에 극장 앞에서 만나기로 했잖아.
Hyeonsu: Eo, geureom ige eotteoke doen iriya. Uri ohu ilgopsie geukjang apeseo mannagiro haetjana.
贤洙: 怎么回事啊? 不是说好下午7点在剧场门口见面吗。

이명: 극장 앞이라니? 우체국 앞에서 만나기로 했잖아. 어제 문자로 약속했잖아. 믿지 못하겠으면 니가 보낸 문자를 보여줄가?
Imyeong: Geukjang-apirani? Ucheguk apeseo mannagiro haetjana. Eoje munjaro yaksokaetjana. Mitji motagetseummyeon niga bonaen munjareul boyeojulga?
李明: 剧场门口? 你说在邮局门口见面。昨天用短信约好了的。不信给你看你给我发的短信?

현수: 그랬어? 정말 미안해. 억울했지?
Hyeonsu: Geuraetseo? Jeongmal mianhae. Eogulhaetji?
贤洙: 是吗? 真的对不起。受委屈了吧?

이명: 괜찮아.
Imyeong: Gwaenchana.
李明: 没事。

 회화보충이해
[hoehwabochung-ihae]

不分青红皂白: 다짜고짜
叱责: 야단을 치다, 꾸중을 하다

单词 단어 [daneo]

中文	词性	韩文	拼音	中文	词性	韩文	拼音
冤枉	形容词	억울하다	eogulhada	原谅	动词	용서하다	yongseohada
镜子	名词	거울	geoul	打碎	动词	깨다	kkaeda
叱责	动词	야단	yadanchida	问	动词	묻다	mutda
等	动词	야단치다	gidarida	连	副词	…마저	majeo
约定	名词	약속	yaksok	遵守	动词	지키다	jikida

感动
감동

常用句型 상용문구
[sang yong mun gu]

01 감동적이야. 눈물이 날려고 해.
Gamdongjeogiya. Nunmuri nallyeogo hae.
太感动了。眼泪都快出来了。

02 가슴이 뭉클해요.
Gaseumi mungkeulhaeyo.
心酸。

03 가슴이 찡하니 저려오네요.
Gaseumi jjinghani jeoryeooneyo.
心里一阵酸。

04 눈물이 핑 돌아요.
Nunmuri ping dorayo.
眼泪在眼睛里打转。

05 나 어제 너 때문에 감동 받았다.
Na eoje neo ttaemune gamdong badatda.
我昨天被你感动了。

06 저런 감동적인 사랑을 하고 싶어.
Jeoreon gamdongjeogin sarang-eul hago sipeo.
想谈那样让人感动的恋爱。

07 고마워. 못난 날 친구로 받아줘서.
Gomawo, motnan nal chin-guro badajwoseo.
谢谢把不足的我当成朋友。

실용회화 [silyonghoehwa]

01

电影院出口

이명: 왜 말이 없어?
Imyeong: Wae mari eopseo?
李明: 为什么不说话？

현수: 아까 영화가 너무 감동 적이어서.
Hyeonsu: Akka yeonghwaga neomu gamdong jeogieoseo.
贤洙: 刚才的电影太感人了。

이명: 나도 마지막 장면을 보면서 눈물을 흘렸어.
Imyeong: Nado majimak jangmyeoneul bomyeonseo nunmureul heullyeotseo.
李明: 我也是看着最后的场面哭了。

현수: 사랑하는 여자를 위해 자신을 희생하는 남자, 너무 멋있어.
Hyeonsu: Saranghaneun yeojareul wihae jasineul huisaenghaneun namja, neomu meositseo.
贤洙: 为了喜欢的女孩儿牺牲自己的男孩儿，真酷。

이명: 난 남자가 죽을 때 정말 안타깝더라.
Imyeong: Nan namjaga jugeul ttae jeongmal antakkapdeora.
李明: 男孩儿死的时候，真的好无奈。

현수: 맞아, 영화 안에 들어가 구해주고 싶었어.
Hyeonsu: Maja, yeonghwa anne deureoga guhaejugo sipeotseo.
贤洙: 是啊，想进到电影里去救他。

이명: 아무튼 인상 깊은 영화였어.
Imyeong: Amuteun insang gipeun yeonghwayeotseo.
李明: 反正是场印象深刻的电影。

02

지애: 어쩌다 우리 집에 왔어?
Jiae: eojjeoda uri jibe watseo?
智爱: 你怎么来我家了？

현수: 너 아프다는 소리를 듣고 왔어.
Hyeonsu: Neo apeudaneun sorireul deutgo watseo.
贤洙: 听说你病了，就过来了。

지애: 근데 손에 든 건 뭐야?
Jiae: Geunde sone duen geon mwoya?
智爱: 你手里拿的是什么？

현수: 너 감기가 심하니까 밥보다 죽이 훨씬 나을 것 같아서 가져 왔어.
Hyeonsu: Neo gamgiga simhanikka bapboda jugi hwolssin na-eul geot gataseo gajyeowatseo.
贤洙: 你感冒严重，喝粥更好，所以拿来了。

지애: 어머나, 너무 고마워. 근데 니가 직접 만든 거야?
Jiae: Eomeona, neomu gomawo. Geunde niga jikjeop mandeun-geoya?
智爱: 哎哟，真谢谢你。这是你亲自做的吗？

현수: 응, 엄마한테서 배워서 만들었어. 맛있는지 모르겠다.
Hyeonsu: Eung, eommahanteseo baewoseo mandeureotseo. Masitneunji moreugetda.
贤洙: 嗯，跟妈妈学了做的。不知道好不好吃。

지애: 자, 한 입 먹어보자. 음, 맛이 끝내준다. 병이 다 나은 것 같애. 고맙다, 친구야.
Jiae: Ja, han ip meogeoboja. Eum, masi kkeutnaejunda. Byeong-I da na-eun geot gatae. Gomapda, chin-guya.
智爱: 好，我来尝一口。嗯，棒极了。感觉感冒快好了。谢谢，朋友。

회화보충이해
[hoehwabochung-ihae]

맛을 보다: 尝尝   병이 낫다: 病好了
눈물을 흘리다: 掉眼泪   인상 깊다: 印象深

단어
[daneo]

中文	词性	韩文	拼音	中文	词性	韩文	拼音
电影	名词	영화	yeonghwa	感动	动词	감동하다	gamdonghada
印象	名词	인상	insang	牺牲	动词	희생하다	huisaenghada
惋惜	形容词	안타깝다	antakkapda	粥	名词	죽	juk
感冒	名词	감기	gamgi	严重	形容词	심하다	simhada
救	动词	구하다	guhada	拿	动词	쥐다	jwida

犹豫
망설임

常用句型 상용문구
[sang yong mun gu]

01 축구하러 갈까? 말까?
Chukguhareo galkka? Malkka?
去不去踢球呢?

02 고백을 할까? 한다면 어떻게 할까?
Gobaegeul halkka? Handamyeon eotteoke halkka?
要不要告白? 告白的话怎么告白呢?

03 그만 망설이고 결심내리고 해야겠다.
Geuman mangseorigo gyeolsimnaerigo haeyagetda.
不再犹豫了, 得下决心去做了。

04 남자는 결단력이 있어야 해.
Namjaneun gyeoldannyeog-I itseoya hae.
男人应该果断。

05 안하고 후회할거면 하고 후회하라.
Anhago huhoehal geomyeon hago huhoehara.
因不做而后悔不如做完后后悔。

06 자기가 맞다고 생각하는 것은 망설임 없이 밀고 나가야 한다.
Jagiga matdago saenggakhaneun geoseun mangseorim eopsi milgo nagaya handa.
认为自己对的事应该毫不犹豫地去做。

07 이렇게 망설이기만 하다가 기회를 놓쳐.
Ireoke mangseorigiman gadaga gihowreul nochyeo.
这样犹豫下去会错过机会的。

08 지금은 망설일 때가 아니야. 결단을 내려.
Jigeumeun mangseoril ttaega aniya. Gyeoldaneul naeryeo.
现在不是犹豫的时候。决定吧。

实用会话 실용회화 [silyonghoehwa]

인수: 다음 주 우리 학교에 노래 자랑 대회가있잖아. 너 참가 안 해?
Insu: Da-eum ju uri hakgyo-e noraejarangdaehuiga itjana. Neo chamga anhae?
仁寿: 下周我们学校不是有个歌唱比赛吗，你不参加吗?

현수: 노래도 못하는데 참가했다가 망신이나 당하면 어떻게 해? 너 잘하잖아.
Hyeonsu: Noraedo motaneunde chamgahaetdaga mangsinina danghamyeon eotteoke hea? Neo jalhajana.
贤洙: 唱不好丢脸怎么办? 你唱歌不是挺好吗?

인수: 안그래도 참가할까 말까 망설이는 중이야.
Insu: An-geuraedo chamgahalkka malkka mangseorineun jung-iya.
仁寿: 你还别说，我正在犹豫着呢。

현수: 너 정도의 실력이면 당연히 참가해야지.
Hyeonsu: Neo jeongdoui sillyeogimyeon dang-yeonhi chamgahaeyaji.
贤洙: 以你的水平，当然得参加了。

인수: 이번에 실력이 쟁쟁한 후보들이 많다던데.
Insu: Ibeone sillyeogi jaengjaenghan hubodeuri mantadeonde.
仁寿: 听说这次有很多实力相当的选手。

현수: 그렇다고 해서 참가 안 하면 나중에 후회하게 돼.
Hyeonsu: Geureotago haeseo chamga an hamyeon najung huhoehage dwae.
贤洙: 要是为那个原因不参加的话，以后会后悔的。

인수: 그렇지? 알았어. 상을 받든 못 받든 참가해 보지 뭐.
Insu: Geureochi? Aratseo. Sang-eul batdeun motbatduen chamgahae boji mwo.
仁寿: 是吧? 知道了。不管拿不拿奖，去参加吧。

현수: 저 내일부터 기타를 배우려고 하는데 어떨까요?
Hyeonsu: Jeo naeilbuteo gitareul bae-uryeogo haneunde eotteolkkayo?
贤洙: 从明天开始我想学吉他，怎么样?

아버지: 좋지. 잘 배워낼 결심만 있으면 해.
Abeoji: Jochi. Jal baewonael gyeolsimman itseumyeon hae.
爸爸: 好啊。有能学好的决心就可以。

현수: 근데 여기에 시간을 많이 빼앗길까봐 망설이고 있어요.
Hyeonsu: Geunde yeogie siganeul mani bbaeatgilkkabwa mangseorigo itseoyo.
贤洙: 我怕因此耽误太多的时间，正犹豫呢。

아버지: 이제 너도 성인이니까 스스로 조절해.
Abeoji: Ije neodo seong-ininikka seuseuro jojeolhae.
爸爸: 现在你已经是成人了，自己调节吧。

현수: 기타는 어릴 때부터 배워야 하는 것인데 지금은 늦지 않았나요?
Hyeonsu: Gitaneun eoril ttaebuteo baewoya haneun geosinde jigeum neutji ananayo?
贤洙: 吉他应该从小学才对，现在不晚吗？

아버지: 노력만 하면 안되는 일이 없어. 사내자식이 결단성이 있어야지.
Abeoji: Noryeokman hamyeon andoeneun iri eopseo. Sanaejasigi gyeoldanseong-I itseoyaji.
爸爸: 只要努力没有做不成的事。男孩儿应该果断。

현수: 네. 열심히 배워 언젠가 아버지 앞에서 멋있는 공연을 보여드리겠습니다.
Hyeonsu: Ne. yeolsimhi baewo eonjenga abeoji apeseo meositneun gong-yeoneul boyeodeurigetseumnida.
贤洙: 好。我会好好学的，有朝一日会在爸爸面前献上精彩的演出。

 회화보충이해
[hoehwabochung-ihae]

기타를 치다: 弹吉他
쟁쟁한 후보들: 强有力的竞争者

 단어
[daneo]

中文	词性	韩文	拼音	中文	词性	韩文	拼音
参加	动词	참가하다	chamgahada	丢脸	名词	망신	mangsin
犹豫	动词	망설이다	mangseorida	原因	名词	원인	wonin
实力	名词	실력	sillyeok	消耗	动词	소모하다	somohada
调节	动词	조절하다	jojeolhada	演出	名词	공연	gongyeon
决心	名词	결심	gyeolsim	吉他	名词	기타	gita

相信与怀疑
믿음과 의심

常用句型 상용문구
[sang yong mun gu]

01 네가 하는 일이라면 난 안심이다.
Nega haneun iriramyeon nan ansimida.
只要是你做的事我就放心了。

02 이명이라면 믿을 만한 친구야.
Imyeong-iramyeon mideul manhan chin-guya.
李明是值得信赖的朋友。

03 날 믿어. 꼭 성공할 거야.
Nal mideo. Kkok seonggonghal geoya.
相信我。一定会成功的。

04 이 세상에 믿을 만한 사람 많지 않아.
I sesang-e mideul manhan saram manchi ana.
这世上值得信赖的人不多。

05 혹시 인수가 가져간 걸까?
Hoksi insuga gajyeogan geolkka?
是不是仁寿拿走的?

06 지애가 제대로 해낼 수 있을지 걱정이다.
Jiaega jedaero haenael su itseulji geugjeongida.
担心智爱能不能做成。

07 광일이밖에 아는 사람이 없는데, 걔가 말한 것인가?
Gwang-iribakke aneun sarami eopneunde, gyaega malhan geosinga?
知道的人只有光日, 是不是他说的呀?

08 영미가 한 일인지도 몰라.
Yeongmiga han irinjido molla.
或许是英美干的。

 실용회화
[silyonghoehwa]

01

이명: 사실 나한테 비밀이 하나 있거든.
Imyeong: Sasil nahante bimiri hana itgeodeun.
李明: 其实我有个秘密。

현수: 뭔데?
Hyeonsu: Mwonde?
贤洙: 是什么?

이명: 내가 한국에 와서 누구와도 말한 적이 없어.
Imyeong: Naega han-guge waseo nuguwado malhan jeogi eopseo.
李明: 我来韩国后跟谁都没说过。

현수: 말해봐.
Hyeonsu: Malhaebwa.
贤洙: 说说看。

이명: 내가 말하기 전에 너하고 약속 하나 하자. 나의 비밀인만큼 절대 남한테 말하면 안 돼.
Imyeong: Naega malhagi jeone neohago yaksok hana haja. Naui bimirinmankeum jeoldae namhante malhamyeon an dwae.
李明: 我说之前跟你约个定吧。因为是我的秘密, 所以绝对不能跟别人说。

현수: 날 믿어. 절대 남한테 안 말할게.
Hyeonsu: Nal mideo. Jeoldae namhante an malhalge.
贤洙: 相信我。绝对不跟别人说。

이명: 그래. 친구답다.
Imyeong: Geurae chin-gudapda.
李明: 好。够朋友。

02

인수: 내일 현수 생일날 걔 모르게 생일파티 준비하기로 했잖아.
Insu: Naeil hyeonsu saeng-ilnal gyae moreuge saeng-ilpati junbihagiro haetjana.
仁寿: 我们不是要偷偷准备贤洙的生日聚会吗?

이명: 근데?
Imyeong: Geunde?
李明: 怎么了?

인수: 현수가 눈치 챈 것 같애.
Insu: Hyeonsuga nunchi chaen geot gatae.
仁寿: 贤洙可能觉察出来了。

지애: 누가 현수한테 말했어? 우리 깜짝쇼하기로 했잖아?
Jiae: Nuga hyeonsuhante malhaetseo? Uri kkamjjaksyohagiro haetjana?
智爱: 谁跟贤洙说了？不是说好给他惊喜吗？

인수: 이명이 니가 말했지?
Insu: Imyeong-I niga malhaetji?
仁寿: 是不是李明你说的？

이명: 난 아니야.
Imyeong: Nan aniya.
李明: 我没有。

인수: 혹시 현수 동생이 이른 것 아니야? 우리 토론할 때 곁에 있었잖아.
Insu: hoksi hyeonsu dongsaeng-I ireun geot aniya? Uri toronhal ttae gyeote itseotjana.
仁寿: 或许是贤洙他妹说的吧？我们讨论的时候她在旁边了。

会话补充理解
[hoehwabochung-ihae]

눈치: 眼色；眼力架儿　　눈치 채다: 警觉
눈치가 빠르다: 机警　　…답다: 不愧是……；够

단어
[daneo]

中文	词性	韩文	拼音	中文	词性	韩文	拼音
其实	副词	사실은	sasireun	秘密	名词	비밀	bimil
约定	名词	약속	yaksok	相信	动词	믿다	mitda
聚会	名词	파티	pati	旁边	名词	곁	gyeot
偷偷地	单词结合	남몰래	nammolae	讨论	动词	토론하다	toronhada

XVII 描述
묘사

描述家人和朋友
가족과 친구에 대한 묘사

 상용문구
[sang yong mun gu]

01 아버지는 무뚝뚝하시지만 마음은 너무 자상하셔.
Abeojineun muttuttukasijiman ma-eumeun neomu jasanghasyeo.
爸爸很寡言，可心是很慈祥。

02 어머니는 후더운 분이셔. 수다도 많아.
Eomeonineun hudeoun bunisyeo. Sudado mana.
妈妈是热心的人。唠叨也多。

03 동생은 귀여워. 내 말을 잘 들어.
Dongsaeng-eun gwiyeowo. Nae mareul jal deureo.
妹妹可爱。爱听我的话。

04 이명이는 침착하고 자존심이 강한 애야.
Imyeong-ineun chimchakago jajonsimi ganghan aeya.
李明是沉着，自尊心强的人。

05 영미는 얼굴도 이쁘고 마음도 착한 애야.
Yeongmineun eolguldo ippeugo ma-eumdo chakan aeya.
英美不仅长得漂亮，心地也善良。

06 할머니는 연세가 많아서 몸이 안 좋으셔.
Halmeonineun yeonsega manaseo momi an jo-eusyeo.
奶奶因为岁数大，所以身体不好。

07 우리 선생님은 상냥하고 어머니같은 분이야.
Uri seonsaengnimeun sangnyanghago eomeonigateun buniya.
我们的老师是像妈妈一样和蔼可亲的人。

08 정환이는 자기밖에 몰라. 이기적이야.
Jeonghwanineun jagibakke molla. Igijeogiya.
贞焕自私的就知道自己。

实用会话 / 실용회화 silyonghoehwa

01

이명: 너희 아버님은 무슨 일 하셔?
Imyeong: Neohui abeonimeun museum il hasyeo?
李明: 你爸爸做什么工作？

현수: 직업이 의사야.
Hyeonsu: Jigeobi uisaya.
贤洙: 是医生。

이명: 사람들에게 건강을 되찾아주는 훌륭한 직업이구나.
Imyeong: Saramdeurege geon-gang-eul doechajajuneun hullyunghan jigeobiguna.
李明: 是给人们找回健康的好职业。

현수: 근데 너무 무뚝뚝해. 식구에게 친절한 분은 아니셔.
Hyeonsu: Guende neomu muttukttukae. Sikguege chinjeolhan buneun anisyeo.
贤洙: 可太寡言了。跟家人不是很亲切。

이명: 우리 아빠도 마찬가지야. 대체로 아버지들은 다 그런가 봐.
Imyeong: Uri appado machan-gajiya. Daechero abeojideureun da geureon-ga bwa.
李明: 我爸爸也是。爸爸们大概都那样吧。

현수: 그에 비해 우리 엄마는 자상하셔.
Hyeonsu: Geue bihae uri eommaneun jasanghasyeo.
贤洙: 比起来妈妈是亲切的。

이명: 전번에 너희 집에 놀러 갔을 때 뵙는데 너무 친절하시더라.
Imyeong: Jeonbeone neohui jibe nolleo gatseul ttae boepneunde neomu chinjeolhasideora.
李明: 上次去你家玩时见过, 是很亲切。

현수: 나와 동생은 어머니를 많이 닮았나 봐.
Hyeonsu: Nawa dongsaeng-eun eomeonireul mani dalmatna bwa.
贤洙: 我和我妹好像随我妈。

현수: 중국에 너 친구들이 많아?
Hyeonsu: Jungguge neo chin-gudeuri mana?
贤洙: 在中国你朋友多吗?

이명: 많지. 왕건이란 애가 있는데 나하고 잘 맞는 친구야.
Imyeong: Manchi. Wanggeoniran aega itneunde nahago ttakchin-guya.
李明: 多。有个叫王建的和我是铁杆朋友。

현수: 그럼 너하고 성격이랑 비슷하겠구나.
Hyeonsu: Geureom neohago seonggyeogirang biseutagetguna.
贤洙: 那和你性格差不多吧。

이명: 성격 뿐만 아니라 취미도 같아.
Imyeong: Seongyeok ppunman anira chwimido gatae.
李明: 不仅是性格连爱好也一样。

현수: 기회가 있으면 꼭 만나 보고 싶어.
Hyeonsu: Gihoega itseumyeon kkok manna bogo sipseo.
贤洙: 有机会真想见他一面。

이명: 걔한테도 한국에 친한 친구 생겼다고 했어. 그랬더니 너무 궁금해 하더라.
Imyeong: Gyaehantedo han-guge chinhan chingu saenggyeotdago haetseo. Geuraetdeoni neomu gunggeumhae hadeora.
李明: 我也跟他说了在韩国有了要好的朋友。所以他很想认识你。

현수: 펜팔친구로 사귀어야겠어.
Hyeonsu: Penpalchin-guro sagwieoyagetseo.
贤洙: 跟他交笔友好了。

 회화보충이해
[hoehwabochung-ihae]

딱친구: 铁杆朋友　　친구가 생기다: 有了朋友
엄마를 닮았다: 随我妈

 단어
[daneo]

中文	词性	韩文	拼音	中文	词性	韩文	拼音
医生	名词	의사	uisa	健康	名词	건강	geon-gang
亲切	形容词	친절하다	chinjeolhada	相比	动词	비교하면	bigyohamyeon
一样	形容词	같다	gatda	笔友	名词	펜팔친구	penpalchin-gu
职业	名词	직업	jigeop	找回	动词	되찾다	doechatda

描述性格
성격에 대한 묘사

 상용문구
[sang yong mun gu]

01 난 성격이 급해서 꾸물거리는 걸 싫어해.
Nan seongyeogi geupaeseo kkumulgeorineun geol sireohae.
因为我性子急，所以不喜欢磨蹭。

02 넌 성격이 불같아서 무서워.
Neon seonggyeogi bulgataseo museowo.
你性格火爆得让人害怕。

03 자존심이 강해서 쉽게 말을 못하겠어요.
Jajonsimi ganghaeseo swipge mareul motagetseoyo.
自尊心强得不敢轻易说话。

04 수미는 까다로운 애야, 친해지기 어려워.
Sumineun kkadaroun aeya, Chinhaejigi eoryeowo.
秀美是挑剔的人，很难亲近。

05 너무 이기적이니까 친구가 없어.
Neomu igijeoginikka chin-guga eopseo.
因为太自私了，所以没有朋友。

06 마음이 넓어서 어지간한 일로는 화를 안내.
Ma-eumi neolbeoseo eojiganhan illoneun hwareul annae.
心胸宽广，不会为一般的事生气的。

07 성격이 느려도 정도가 있지.
Seonggyeogi neuryeodo jeongdoga itji.
性子慢也得有个限度呀。

08 단순한 애여서 거짓말을 해도 믿어.
Dansunhan aeyeoseo geojitmareul haedo mideo.
是个单纯的孩子，说谎话也信。

实用会话 실용회화 [silyonghoehwa]

01

이명: 인수가 어떤 땐 무서워.
Imyeong: Insuga eotteon ttaen museowo.
李明: 仁寿有的时候很可怕。

현수: 왜? 너무 착한데.
Hyeonsu: Wae? Neomu chakande.
贤洙: 为什么? 很善良啊。

이명: 착하지. 근데 걔는 무슨 일을 한다면 너무 극단적으로 하는 것 같애.
Imyeong: Chakaji. Geunde gyaeneun museum ireul handamyeon neomu geukdanjeogeuro haneun geot gatae.
李明: 是善良。可他要做什么事就好像做得太极端了。

현수: 무슨 일이 있었는데?
hyeonsu: Museum iri itseotneunde.
贤洙: 有什么事吗?

이명: 걔가 요즘 소설에 재미를 붙였거든. 그래서 요즘 거의 하루 종일 소설만 읽어.
Imyeong: Gyaega yojeum soseore jaemireul buchyeotgeodeun. geuraeseo yojeum geoui harujong-il soseolman ilgeo.
李明: 他最近喜欢上了看小说。所以最近几乎整天看小说。

현수: 걔가 원래 좀 그런 면이 있어.
hyeonsu: Gyaega wonrae jom geureon myeoni itseo.
贤洙: 他本来有那样的一面。

이명: 그에 비하면 난 쉽게 질리는 스타일이야
Imyeong: Geue bihamyeon nan swipge jilrineun seutairiya.
李明: 跟他相比我是个爱腻烦的性格。

현수: 꾸준히 하는 것이 중요해.
Hyeonsu: Kkujunhi haneun geosi jungyohae.
贤洙: 坚持不懈是很重要的。

지애: 내가 또 책을 안가져 왔어.
Jiae: Naega tto chaegeul angajyeo watseo.
智爱: 我又忘了拿书了。

현수: 전번에도 한번 그랬었잖아.
Hyeonsu: Jeonbeonedo hanbeon geuraetseotjana.
贤洙: 上次也忘拿了吧。

지애: 난 성격이 너무 급해서 잘 빠뜨려.
Jiae: Nan seonggyeogi neomu geupaeseo jal ppatteuryeo.
智爱: 我性子太急了，丢三落四的。

현수: 넌 나와 성격이 반대야. 난 좀 느린 편이라서.
Hyeonsu: Neon nawa seonggyeogi bandaeya. Nan jom neurin pyeoniraseo.
贤洙: 你和我性格相反。我是有点慢腾腾的。

지애: 그래도 꼼꼼해서 실수가 적어서 좋아.
Jiae: Geuraedo kkomkkomhaeseo silsuga jeogeoseo joa.
智爱: 可是很细心不出错多好啊。

현수: 빨리 움직여야 할 때 느리게 행동해서 꾸지람도 들어.
Hyeonsu: Ppalli umjigyeoya hal ttae neuroge haengdonghaeseo kkujiramdo deureo.
贤洙: 得赶紧行动的时候慢腾腾的，所以挨骂。

지애: 사람마다 자기 타고난 성격이 있나봐.
Jiae: Sarammada jagi tagonan seonggyeogi itnabwa.
智爱: 每个人都有自己的性格。

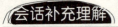 회화보충이해
[hoehwabochung-ihae]

잘 빠뜨리다: 丢三落四

 단어
[daneo]

中文	词性	韩文	拼音	中文	词性	韩文	拼音
可怕	形容词	무섭다	museopda	善良	形容词	착하다	chakada
极端	名词	극단	geukdan	几乎	副词	거의	geoui
性格	名词	성격	seonggyeok	急	形容词	급하다	geupada
失误	名词	실수	silsu	本来	名词	본래	bonrae
相反	形容词	반대되다	bandaedoeda	慢腾腾	动词	꾸물거리다	kkumulgeorida

描述外貌和衣着
외모와 의상에 대한 묘사

常用句型 상용문구
[sang yong mun gu]

•01 눈이 크고 맑아. 빠져들겠다.
Nuni keugo malga. Ppajyeodeulgetda.
眼睛又大又明亮。被吸引住了。

•02 눈웃음이 매력적이야.
Nunuseumi maeryeokjeogiya.
笑眼有魅力。

•03 조각같은 얼굴이기에 인기가 많아.
Jogakgateun eolgurigie ingiga mana.
像雕塑般的脸，所以很有人气。

•04 몸매가 모델 못지 않아.
Mommaega model motji ana.
身材不比模特差。

•05 잠바가 몸에 딱 맞아.
Jambaga mome ttak maja.
夹克正合身。

•06 넌 핑크색이 어울려.
Neon pingkeusaegi eoullyeo.
粉红色适合你。

•07 그런 옷까지 소화해낼 수 있어.
Geureon otkkaji sohwahaenael su itseo.
那样的衣服也能穿。

•08 의상에서도 카리스마가 넘쳐.
Uisang-eseodo kariseumaga neomchyeo.
在衣着上流露出超凡的魅力。

 실용회화
[silyonghoehwa]

현수: 넌 어느 스타를 좋아해?
Hyeonsu: Neon eoneu seutareul joahae?
贤洙: 你喜欢哪位明星？

성은: 난 장동건이 최고야.
Seong-eun: Nan jangdonggeoni choegoya.
圣恩: 我觉得张东健是最棒的。

현수: 어디가 좋아?
Hyeonsu: Eodiga joa?
贤洙: 他哪儿好啊?

성은: 연기력은 물론 얼마나 잘 생겼어. 부리부리한 눈에 날이 선 코, 훤칠한 키. 정말 동화속의 왕자 같애.
Seong-eun: Yeon-giryeogeun mullon eolmana jal saenggyeotseo. Buriburihan nune nari seon ko, hwonchiran ki. Jeongmal donghwasogui wangja gatae.
圣恩: 不但演技好，长的又帅啊。大大的眼睛，坚挺的鼻子，高高的个子。真像童话中的王子。

현수: 난 역시 송혜교가 좋아.
Hyeonsu: Nan yeoksi songhegyu joa.
贤洙: 我还是喜欢宋慧乔。

성은: 일본에서 인기 많다며?
Seong-eun: Ilboneseo ingiga mantamyeo?
圣恩: 听说她在日本很有人气?

현수: 응. 매력적인 눈웃음, 찬란한 미소가 사람을 녹여.
Hyeonsu: Eung. Maeryeokjeogin nunuseum chanranhan misoga sarameul nogyeo.
贤洙: 嗯。迷人的笑眼，灿烂的微笑让人痴迷啊。

현수: 저 옷이 너무 멋있지 않아?
Hyeonsu: Jeo osi neomu meositji ana?
贤洙: 那件衣服是不是很漂亮?

영미: 요즘 저런 모자 달린 옷이 유행이래.
Yeongmi: Yojeom jeoreon moja dallin osi yuhaeng-irae.
英美: 最近流行像那样带帽子的衣服。

현수: 내가 보기엔 좀 거추장스러운 것 같은데 멋있긴 멋있어.
Hyeonsu: Naega bogien jom geochujangseureoun geot gateunde meositgin meositseo.
贤洙: 我看有点花哨，可好看是好看。

영미: 난 그래도 흰 티에 청바자가 제일 좋더라. 자연스럽고 편해 보여서.
Yeongmi: Nan geuraedo huin tie cheongbajiga jeil joteora. Jayeonseureopgo pyeonhaeboyeoseo.
英美: 我还是白短袖配个牛仔裤最好看。看起来自然又舒服。

현수: 이젠 나이도 있는데 하이힐 구두에 짧은 치마랑 입어.
Hyeonsu: Ijen naido itneunde haihil gudue jjalbeun chimarang ibeo.
贤洙: 已经不小了，该穿穿高跟鞋和短裙了。

영미: 그럼 너무 성숙돼 보이지 않을까?
Yeongmi: Geureom neomu seongsukdwae boiji aneukka?
英美: 那会显得太成熟吧?

현수: 넌 몸매가 좋으니까 섹시해.
Hyeonsu: Neon mommaega jo-eunikka seksihae.
贤洙: 你身材好，性感。

 회화보충이해
[hoehwabochung-ihae]

나이가 있다: 有把年纪

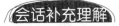 단어
[daneo]

中文	词性	韩文	拼音	中文	词性	韩文	拼音
喜欢	动词	좋아하다	joahada	明星	名词	스타	seuta
迷人	形容词	매력적이다	maeryeokjeogida	融化	动词	녹다	nokda
成熟	形容词	성숙되다	seongsukdoeda	童话	名词	동화	donghwa
性感	形容词	섹시하다	seksihada	牛仔裤	名词	청바지	cheongbaji
麻烦	形容词	거추장스럽다	geochujang seureopda	人气	名词	인기	ingi

描述存在和拥有
존재와 소유에 대한 묘사

 상용문구
[sang yong mun gu]

01 우리집에는 자가용이 있어.
Urijibeneun jagayong-I itseo.
我家有私家车。

02 너한테 컴퓨터가 있어?
Neohante keompyuteoga itseo?
你家有电脑吗?

03 요즘 유행인 핸드폰을 샀어.
Yojeum yuhaeng-in haendeuponeul satseo.
买了最近流行的手机。

04 내가 입은 옷이 요즘 최신 유행이야.
Naega ibeun osi yojeum choesin yuhaeng-iya.
我穿的衣服是最近最流行的。

05 너한테 재미있는 책이 있으면 빌려줘.
Neohante jaemiitneun chaegi itseumyeon billyeojwo.
你那里有好看的书就借给我吧。

06 나에겐 자격증만 해도 열개나 돼.
Na-egen jagyeokjeungman haedo yeolgaena dwae.
资格证我就有十个。

07 이번 달에 알바를 해서 돈을 많이 벌었어.
Ibeon dare albareul haeseo doneul mani beoreotseo.
这个月做了兼职挣了很多钱。

08 나한테 오토바이가 있는데 탈래?
Nahante otobaiga itneunde tallae?
我有辆摩托车,想骑吗?

이명: 난 한국에 와서 처음 보는 건데 김치냉장고 말이야. 그 것이 너무 좋더라.
Imyeong: Nan han-guge waseo cheo-eum boneun geonde gimchi-naengjanggo mariya. Geu geosi meomu joteora.
李明: 我来韩国第一次见泡菜冰箱。真好。

현수: 한국사람들은 집집마다 거의 다 있어.
Hyeonsu: Han-guksaramdeureun jipjipmada geoui da yiseo.
贤洙: 韩国人几乎家家都有的。

이명: 오, 난 부자집만 갖추는 것인가 했어.
Imyeong: O, nan bujajipman gatchuneun geosinga haetseo.
李明: 哦，我以为只有富人家才有呢。

현수: 그거야 자기 집은 물론 자가용 하나는 있어야 될 걸.
hyeonsu: Geugeoya jagi jibeun mullon jagayong hananeun itseoya doel goel.
贤洙: 那个吗，自己的房子是必须的，得有辆轿车吧。

이명: 그럼 너네 집은 생활이 괜찮은 편이구나.
imyeong: Geureom neone jibeun saenghwari gwaenchaneun pyeoniguna.
李明: 那你家的生活水平算不错的了。

현수: 그런가?
hyeonsu: Geureon-ga?
贤洙: 是吗？

지애: 너한테 쉐익스피어의 "햄리트" 라는 책이 있어?
Jiae: Neohante sweikseupi-eo-ui haemriteuraneun chaegi itseo?
智爱: 你有莎士比亚的《哈姆雷特》那本书吗？

현수: 있어. 볼래?
hyeonsui: Itseo. Bollae?
贤洙: 有。看吗？

지애: 응. 숙제가 세계명작 독후감을 써오는 것이야.
Jiae: Eung. Sukjega segyemyeongjak dokugameul sseooneun geosiya.
智爱: 嗯。作业是写世界名著的读后感。

현수:	그럼 진작 말하지. 나한테 세계명작은 많아.
hyeonsu:	Geureom jinjak malhaji. Nahante segyemyeongjageun mana.
贤洙:	那早说呀。我这儿世界名著多着呢。

지애:	나한테 맞는 것들을 소개해주렴.
Jiae:	Nahante matneun geotdeureul sogaehaejuryeom.
智爱:	介绍几个合适的给我吧。

현수:	"죄와 벌" 그리고 "돈키호테"가 재밌어.
hyeonsu:	Joewa beol geurigo donkihotega jaemitseo.
贤洙:	《罪与罚》和《堂吉诃德》有意思。

지애:	책이 많은 걸 보니까 많이 읽었겠다.
Jiae:	Chaegi maneun geol bonikka mani ilgeotgetda.
智爱:	书挺多的，看来你读的也不少吧。

현수:	한국작가들이 쓴 소설책도 꽤 있는데 절반은 읽었봤어.
hyeonsu:	Han-gukjakgadeuri sseun soseolchaekdo kkwae itneunde jeolbaneun ilgeobwatseo.
贤洙:	韩国作家写的也有不少，可只读了一半。

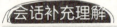 회화보충이해
[hoehwabochung-ihae]

생활이 괜찮다: 生活水平不错。

 단어
[daneo]

中文	词性	韩文	拼音	中文	词性	韩文	拼音
冰箱	名词	냉장고	naengjianggo	水平	名词	수준	sujun
具备	动词	갖추다	gatchuda	程度	名词	정도	jeongdo
读后感	名词	독후감	dokugam	世界	名词	세계	segye
读	动词	읽다	ikda	写	动词	쓰다	sseuda
作家	名词	작가	jakga	书	名词	책	chaek

描述兴趣爱好
취미에 대한 묘사

常用句型 상용문구
[sang yong mun gu]

01 난 축구를 좋아해서 틈만 나면 해.
Nan chukgureul joahaeseo timman namyen hae.
我喜欢足球，有空就出去踢。

02 헬스장에서 몸을 가꾸는 것이 나의 취미야.
Helseujang-eseo momeul gakkuneun geosi naui chwimiya.
去健身房锻炼身体是我的爱好。

03 음식중에서 회를 제일 즐겨 먹어.
Eumsikjung-eseo hoereul jeil jeulgyeo meogeo.
料理当中最喜欢吃生鱼片。

04 컴퓨터 게임을 하고 싶어
Keompyuteo geimeul hago sipeo.
想玩电脑游戏。

05 같은 취미를 가지면 친구끼리 빨리 친해지잖아.
Gateun chwimireul gajimyeon chin-gukkiri ppalli chinhaejijana.
有相同的兴趣的话可以很快就混熟。

06 취미생활을 하는 것도 좋지만 적당히 해야 돼.
Chwimisaenghwareul haneun geotdo jochiman jeokdanghi haeya dwae.
自己的兴趣爱好很重要，可应该适度。

07 낚시질을 마음껏 하고 싶은데 시간이 없어요.
Naksijireul ma-eumkkeot hago sipeunde sigani eopseoyo.
想尽情的钓鱼，可没时间。

08 피아노를 치는 것이 나한테는 향수예요.
Pianoreul chineun geosi nahanteneun hyangsuyeyo.
弹钢琴对于我来说是享受。

实用会话 실용회화 [silyonghoehwa]

01

지애: 넌 취미가 뭐야?
Jiae: Neon chwimiga mwoya?
智爱: 你的兴趣是什么？

현수: 수영이야.
Hyeonsu: Suyeong-iya.
贤洙: 是游泳。

지애: 나도 수영장에 몇번 다녀봤는데 수영을 할 줄 모르니까 재미없더라.
Jiae: Nado suyeongjang-e myeotbeon danyeobwatneunde suyeong-eul hal jul moreunikka jaemieopdeora.
智爱: 我也去过几次游泳池，可不会游泳没意思。

현수: 나도 처음에 다이어트를 하느라 수영을 배웠어.
Hyeonsu: Nado cheo-eume daieoteureul haneura suyeong-eul baewotseo.
贤洙: 我开始也是为了减肥才学的。

지애: 수영으로 다이어트도 돼?
Jiae: Suyeong-euro daieoteudo dwae?
智爱: 游泳也能减肥吗？

현수: 그럼. 그런데 수영을 배우고 나니까 물위에서 자유자재로 떠있는 기분이 너무 좋아.
Hyeonsu: Geureom. Geureonde suyeong-eul bae-ugo nanikka murueswo jayujajaero tteoitneun gibuni neomu jo-a.
贤洙: 那是。可学会游泳后，在水上自由自在地漂浮的感觉很好。

지애: 나도 느껴보고 싶다.
Jiae: Nado neukkyeobogo sipda.
智爱: 我也想感受一下。

현수: 나중에 내가 가르쳐 줄게. 그리고 물이 몸에 닿는 느낌도 너무 좋아.
Hyeonsu: najunge naega gareuchyeo julge. Geurigo muri moume dangnen neukkim do neomu joa.
贤洙: 以后我教你。还有受水的压力感觉很好。

현수: 넌 매일 농구를 하러 다니더라.
Hyeonsu: Neon maeil nonggureul hareo danideora.
贤洙: 看你每天打篮球啊。

이명: 응. 하루라도 안하면 온몸이 근질근질거려.
Imyeong: Eung. Harurado anhamyeon onmomi geunjilgeunjilgeoryeo.
李明: 嗯。一天不打就全身不舒服。

현수: 뭐가 그렇게 재미있어?
Hyeonsu: Mwoga geureoke jaemiitseo?
贤洙: 什么东西那么有意思?

이명: 서로 공을 주고 받으며 같이 점수를 따는 것이 너무 뿌듯해.
Imyeong: Seoro gong-eul jugo gachi jeomsureul ttaneun geosi neomu ppudeutae.
李明: 互相传递球，配合得分的感觉很爽。

현수: 그건 축구와 비슷하구나.
Hyeonsu: Geugeon chukguwa biseutaguna.
贤洙: 那点跟足球差不多。

이명: 그리고 친구를 사귀고 우정을 쌓는데도 좋거든.
Imyeong: Geurigo chin-gureul sagwigo ujeong-eul ssanneundedo jokeodeun.
李明: 对交友，培养感情也好。

현수: 동감이야.
Hyeonsu: Donggamiya.
贤洙: 同感。

회화보충이해
[hoehwabochung-ihae]

친구를 사귀다: 交友
自由自在【成语】자유자재(하다). 조금도 제한이나 속박이 없는 상태
打篮球: 농구를 치다
受压力: 압력을 받다. 此文的压力是本意, 不能理解成 "스트레스"。

단어
[daneo]

中文	词性	韩文	拼音	中文	词性	韩文	拼音
减肥	名词	다이어트	daieoteu	感受	名词	느낌	neukkim
全身	名词	전신	jeonsin	漂浮	动词	떠돌다	tteodolda
每天	名词	매일	maeil	配合	动词	협력하다	hyeomryeokhada
同感	动词	동감하다	donggam	传递	动词	전달하다	jeondalhada

描述过去的经历
지나간 경력에 대한 묘사

상용문구 [sang yong mun gu]

01 난 작년에 큰 병에 걸려 입원한 적이 있어.
Nan jaknyeone keun byeng-e geollyeo ibwonhan jeogi itseo.
我去年得了大病住过医院。

02 3년 전에 글짓기 대회에서 대상을 받았었거든.
Sam nyeon jeone geuljitgi daehoeeseo daesang-eul badatseotgeodeun.
三年前我在写作大赛上拿过冠军。

03 고등학교에 입학해서부터 공부만 했어.
Godeunghakgyo-e ipakhaeseobuteo gongbuman haetseo.
上高中以后一直学习了。

04 어릴 때부터 태권도를 해왔어요.
Eoril ttaebuteo taegwondoreul haewatseoyo.
从小开始练跆拳道了。

05 작년에 경복궁에 간 적이 있어.
Jaknyeone gyeongbokgung-e gan jeogi itseo.
去年去过景福宫。

06 어제 이명이를 만났어.
Eoje imyeong-ireul mannatseo.
昨天见着李明了。

07 전번 겨울방학에 중국에 갔었어.
Jeonbeon gyeoulbanghage jungguge gatseotseo.
上次的寒假去了中国。

08 넌 만리장성에 간 적이 있어?
Neon manrijangseong-e gan jeogi itseo?
你去过万里长城吗?

买用会话 실용회화 [silyonghoehwa]

이명: 난 이번의 북경 올림픽 개막식을 구경했어.
Imyeong: Nan ibyeonui bukgyeong ollimpik gaemaksigeul gugyeonghaetseo.
李明: 我这次观看了北京奥运会的开幕式。

현수: 텔레비전에서 봤는데 너무 멋있더라.
Hyeonsu: Tellebijeoneseo bwatneunde neomu meositdeora.
贤洙: 我在电视上看过，非常精彩。

이명: 현장에서 보면 더 멋있어.
Imyeong: Hyeonjang-eseo bomyeon deo meosiseo.
李明: 到现场看，更壮观。

현수: 출연자들도 많았다며?
Hyeonsu: Chulyeonjadeuldo manatdamyeo?
贤洙: 听说演员也挺多？

이명: 모두 2008 명 되는 출연자들이 공연을 했어.
Imyeong: Modu icheonpal myeong doeneun churyeonjadeuri gong-yeoneul haetseo.
李明: 一共是2008名演员演出了。

현수: 이번의 개막식을 준비하느라 감독이 고생 많았겠다.
Hyeonsu: Ibeonui gaemaksigeul junbihaneura gamdogi gosaeng manatgetda.
贤洙: 为了准备这次的开幕式，导演应该很辛苦。

이명: 감독이 장예모인데 정말 중국 최고의 감독답더라.
Imyeong: Gamdogi jang-yemoinde jeongmal jungguk choegoui gamdokdapdeora.
李明: 导演是张艺谋，不愧是中国最好的导演。

지애: 어제 지하철로 내려가는 계단에서 한 할머니께서 많은 짐을 든 것을 보았어.
Jiae: Eoje jihacheollo naeryeoganeun gyedaneseo han halmeonikkeseo maneun jimeul deun geoseul boatseo.
智爱: 昨天在地铁的台阶上看见了一位奶奶拎着很多东西下台阶。

현수: 그래서 도와 드렸어?
Hyeonsu: Geuraeseo dowa deuryeotseo?
贤洙: 帮忙了吗？

지애:	근데 마침 나도 두손에 짐을 가득 지고 있었거든.
Jiae:	Geunde machim nado dusone jimeul gadeuk jigo itseotgeodeun.
智爱:	可正好我两手也拿着满满的东西。
현수:	그래도 도와 드려야지.
Hyeonsu:	Geuraedo dowa deuryeoyaji.
贤洙:	那也得帮忙啊。
지애:	그래야 되는데 선뜻 나서게 안되더라. 이때 한 어린아이가 나서더니 할머니를 도와 드리는게 아니겠어?
Jiae:	Geuraeya doeneunde seontteut naseoge andeodeora. Ittae han eorinaiga naseodeoni halmeonireul dowa deurineun-ge anigetseo?
智爱:	应该得帮，可怎么也伸不出手了。这时候来了一位小孩儿帮助了奶奶。
현수:	참 착한 애구나.
Hyeonsu:	Cham chakan aeguna.
贤洙:	真是个好孩子。
지애:	너무 후회되고 얼굴이 뜨겁더라.
Jiae:	Neomu huheodeogo eolguri tteugeopdeora.
智爱:	真是后悔又脸红。

 회화보충이해
[hoehwabochung-ihae]

짐을 들다: 拎东西　　부끄럽다: 脸红

 단어
[daneo]

中文	词性	韩文	拼音	中文	词性	韩文	拼音
奥运会	名词	올림픽	ollimpik	开幕式	名词	개막식	gaemaksik
可观	形容词	가관이다	gagwanida	辛苦	形容词	수고하다	sugohada
地铁	名词	지하철	jihacheol	阶梯	名词	계단	gyedan
帮忙	动词	돕다	dopda	后悔	动词	후회하다	huhoehada

描述将来的打算
장래의 계획

常用句型 상용문구
[sang yong mun gu]

- **01** 난 선생님이 되는 게 꿈이야.
  Nan seonsaengnimi doeneun kkumiya.
  当老师是我的梦。

- **02** 이제 사업가가 돼서 돈을 많이 벌 거야.
  Ije sa-eopgaga dwaeseo doneul mani beol geoya.
  以后成为企业家，会赚很多钱的。

- **03** 새해부터 계획을 세워서 꿈을 이룰 거야.
  Saehaebuteo gyehoegeul sewoseo kkumeul irul geoya.
  新年开始定好计划，去实现梦想。

- **04** 다음 달에는 이 일을 끝내야지.
  Da-eum dareneun I ireul kkeutnaeyaji.
  下个月要把这事做个了结。

- **05** 내년에는 일본에 유학을 갈 거야.
  Myeongnyeoneneun ilbone yuhageul gal geoya.
  明年想去日本留学。

- **06** 이번 방학에는 수영을 배워야 겠어요.
  Ibeon banghageneun suyeong-eul baewoya getseoyo.
  这次的假期得学游泳。

- **07** 내일 나와 같이 선생님 댁에 가자.
  Naeil nawa gachi seonsaengnim daege gaja.
  明天和我去老师家吧。

- **08** 이 일은 나중에 하기로 해요.
  I ireun najunge hagiro haeyo.
  这个事以后再办吧。

实用会话 실용회화
[silyonghoehwa]

아버지: 새해가 다 됐는데 계획은 세웠어?
Abeoji: Saehaega da dwaetneunde gyeheogeun sewotseo?
爸爸: 新年快到了，定好计划了吗?

현수: 네.
Hyeonsu: Ne.
贤洙: 定好了。

아버지: 올해의 계획을 들어보자꾸나.
Abeoji: Olhae-ui gyehoegeul deureobojakkuna.
爸爸: 听听今年的计划吧。

현수: 일단 자동차 운전 면허증을 딸 예정입니다. 그다음 여름 방학에는 자원봉사 활동에 참가하려고요.
Hyeonsu: Ildan jadongcha unjeon myeonheojeung-eul ttal yejeongimnada. Geuda-eum yeoreum banghageneun jawonbongsahwaldong-e chamgaharyeogoyo.
贤洙: 首先要考到驾照。然后暑假要参加志愿者活动。

아버지: 학습방면의 계획은 없어?
Abeoji: Hakseupbangmyeonui gyehoegeun eopseo?
爸爸: 有没有学习方面的计划?

현수: 제가 배운 전공지식을 실천에 응용하려고 실습을 준비하고 있습니다.
Hyeonsu: Jega bae-un jeongongjisigeuljeongongjisigeul silcheone eung-yongharyeogo silseubeul junbihago itseumnida.
贤洙: 想把自己所学的应用于实践，所以准备实习呢。

아버지: 그래. 세운 계획이 연말에 다 이루어지길 바란다.
Abeoji: Geurae. Se-un gyehoegi yeonmare da iruoejigil baranda.
爸爸: 好。到了年末，希望你能实现定好的计划。

지애: 너 대학교 교수가 되는 것이 꿈이지?
Jiae: Neo daehakgyo gyosuga doeneun geosi kkumijii?
智爱: 想成为大学教授是你的梦想吧?

현수: 그래. 일단 대학원에 들어가야지.
Hyeonsu: Geurae. Ildan daehagwone deureogayaji.

贤洙: 是。首先得考研了。

지애: 그럼 지금부터 열심히 준비해야겠구나.
Jiae: Geureom jigeumbuteo yeolsimhi junbihaeyagetguna.
智爱: 那从现在开始得好好准备了。

현수: 연말에 시험이 있으니까 상세한 계획표를 작성해야 할 것 같아.
Hyeonsu: Yeonnare siheomi itseunikka sangsehan gyehoekpyoreul jakseonghaeya hal geot gata.
贤洙: 年末有考试，所以要打详细的计划了。

지애: 나중에 교수가 되면 우리 학교에 남을 거야? 아니면 다른 학교로 갈 거야?
Jiae: najunge gyosuga deomyeon uri hakgyo-e nameul geoya? animyeon dareun hakgyoro gal geoya.
智爱: 以后当上教授，要留我们学校吗，还是去别的学校？

현수: 그건 아직 생각 못했어. 그 때 상황을 봐서 결정해야 돼.
Hyeonsu: Geugeon ajik saenggak motaetseo. Geu ttae sanghwangeul bwaseo gyeoljeonghaeya dwae.
贤洙: 那个还没想。到那时再说。

지애: 꼭 시험에 합격해서 어엿한 교수님이 되길 바란다.
Jiae: Kkok siheome hapgyeokhaeseo eoyeotan gyosunimi doegil baranda.
智爱: 一定要考上啊，希望你能当一个堂堂的教授。

 회화보충이해
[hoehwabochung-ihae]

대학원에 응시하다: 考研　　표를 작성하다: 填表
계획을 세우다: 定计划

 단어
[daneo]

中文	词性	韩文	拼音	中文	词性	韩文	拼音
计划	名词	계획	gyehoek	实习	动词	실습하다	silseupada
驾照	名词	운전 면허증	unjeonmyeonheojeung	方面	名词	방면	bangmyeon
应用	动词	응용하다	eung-yonghada	希望	名词	희망	huimang
教授	名词	교수	gyosu	堂堂	形容词	어엿하다	eoyeotada
详细	形容词	상세하다	sangsehada	留	动词	남다	namda

XVIII 社会
사회

国家
국가

 상용문구
[sang yong mun gu]

01 어느 나라에 가보고 싶어?
Eoneu nara-e gabogo sipeo?
想去哪个国家看看?

02 프랑스 파리가 낭만의 도시야.
Peurangseu pariga nangmanui dosiya.
法国巴黎是浪漫都市。

03 일본은 경제가 발달한 나라야.
Ilboneun gyeongjega baldalhan naraya.
日本是经济发达的国家。

04 이라크는 석유가 많이 나는 나라야.
Irakeuneun seogyuga mani naneun naraya.
伊拉克是多出产石油的国家。

05 중국의 인구는 세계인구의 5분의 1이야.
Jungguge in-guneun segein-guui obunui iriya.
中国的人口是世界人口的五分之一。

06 한국에는 맛있는 음식이 너무 많아.
Han-gugeneun masitneun eumsigi neomu mana.
韩国好吃的东西很多。

•07 러시아는 국토면적이 제일 큰 나라야.
Reosianeun guktomyeonjeogi jeil keun naraya.
俄罗斯是国土面积最大的国家。

•08 영국의 수도 런던은 날씨가 안 좋아.
Yeongguui sudo reondeoneun nalssiga an joa.
英国的首都伦敦的天气不好。

 실용회화
[silyonghoehwa]

01

인수: 넌 어느 나라에 한번 가보고 싶어?
Insu: Neon eoneu nara-e hanbeon gabogo sipeo?
仁寿: 你想去哪个国家？

현수: 많지. 유럽으로 가고 싶은데.
Hyeonsu: Manchi. Yureobeuro gago sipeunde.
贤洙: 多着呢。想去欧洲。

인수: 유럽 어디?
Insu: Yureop eodi?
仁寿: 欧洲的哪儿？

현수: 프랑스 파리, 영국의 런던, 특히는 이태리의 로마에 가고 싶어.
Hyeonsu: Peurangseu pari, yeonggugui reondeon, teukineun itaeriui roma-e gago sipeo.
贤洙: 法国巴黎呀，英国伦敦呀，特别是想去意大利的罗马。

인수: 가고 싶은 곳도 많구나. 난 가까운 중국으로 가보고 싶어.
Insu: Gago sipeun gotdo mankuna. Nan kakkaun bugeunui junggugeuro gabogo sipeo.
仁寿: 想去的地方真多啊。我想去附近的中国。

현수: 중국도 명승고적이 많아서 가볼만한 곳이야.
Hyeonsu: Junggukdo myeongseunggojeogi manaseo gabolmanhan gosiya.
贤洙: 中国的名胜古迹多，值得一去。

인수: 넌 한번 가봤지? 이번 방학에 나도 가볼 생각이야.
Insu: Neon hanbeon gabwatji? Ibeon banghage nado gabol sanggagiya.
仁寿: 你去过一次吧？这个假期我也想去一次。

지애: 우리 나라는 서비스가 너무 좋아.
Jiae: Uri naraneun seobiseuga neomu joa.
智爱: 我们的国家服务真好。

현수: 서비스가 좋다니?
Hyeonsu: Seobiseuga jotani?
贤洙: 服务好?

지애: 음식점도 그렇고 호텔도 그렇고 가는 곳마다 서비스가 잘 돼있어.
Jiae: Eumsikjeomdo geureoko hoteldo geureoko ganeun gotmada seobiseuga jal dwaeitseo.
智爱: 饭店也好宾馆也是，能去的地方服务都好。

현수: 그래서 우리 나라를 "편리한 나라"라고도 해.
Hyeonsu: Geuraeseo uri nararul "pyeonrihan nara"ragodo hae.
贤洙: 所以说韩国也叫"方便的国家"。

지애: 일종 나라가 발달한 표징이기도 하단다.
Jiae: Iljong naraga baldalhan pyojing-igido handanda.
智爱: 是一种国家发达的标志。

현수: 근데 우리 나라보다 서비스가 더 좋 은 나라가 있지.
Hyeonsu: Geunde uri naraboda seobiseuga deo jo en naraga itji.
贤洙: 可有比我们国家服务更好的国家。

지애: 어느 나란데?
Jiae: Eoneu narande?
智爱: 哪个国家?

현수: 바로 일본이야
Hyeonsu: Baro ilboniya.
贤洙: 就是日本。

 단어
[daneo]

中文	词性	韩文	拼音	中文	词性	韩文	拼音
欧洲	名词	유럽	yureop	附近	名词	부근	bugeun
名胜古迹	名词	명승고적	myeongseunggojeok	服务	名词	서비스	seobiseu
发达	动词	발달하다	baldalhada	方便	形容词	편리하다	pyeonrihada
标志	名词	징표	pyojing	地方	名词	곳	got

战争
전쟁

常用句型 상용문구
[sang yong mun gu]

01 전쟁으로 사람이 많이 죽었어.
Jeonjaeng-euro sarami mani jugeotseo.
因战争死了很多人。

02 인류의 평화를 위해 전쟁은 있어서는 안돼.
Inryuui pyeonghwareul wihae jeonjaeng-eun itseoseoneun andwae.
为了人类的和平不能有战争。

03 나라와 나라 사이의 전쟁은 왜 일어나는 것일까?
Narawa nara saiui jeonjaeng-eun wae ireonaneun geosilkka?
国家和国家之间的战争为什么会爆发呢?

04 미국과 이라크의 전쟁은 그 당시 세계적인 화제였어.
Migukgwa irakeuui jeonjaeng-eun geu dangsi segyejeogin hwajeyeotseo.
美国和伊拉克的战争是当时的世界性的话题。

05 인류역사는 전쟁의 역사라고 해도 과언이 아니야.
Inryuyeoksaneun jeonjaeng-ui yeoksarago haedo gwa-eoni aniya.
人类的历史称为战争的历史也不过分。

06 2차대전은 많은 사람들에게 불행을 가져다 주었어.
Ichadaejeoneun maneun saramdeurege bulhaeng-eul gajyeoda jueotseo.
二战给很多人带给了不幸。

07 전쟁이 없는 평화로운 사회에서 사는 것은 많은 사람들의 바램이야.
Jeonjaeng-i eopneun pyeonghwaroun sahoeeseo saneun geoseun maneun saramdeuri baraemiya.
生活在没有战争的世界是人们的愿望。

08 세계평화를 위해 힘을 합치자.
Segepyeonghwareul wihae himeul hapchija.
为了世界的和平团结起来吧。

实用会话 실용회화
[silyonghoehwa]

이명: 전쟁은 인류역사에서 많은 비중을 차지 해.
Imyeong: Jeonjaeng-eun inryueoksa-eseo maneun bizong chajihae.
李明: 战争在人类历史当中占很大的比例。

현수: 전쟁은 정의로운 전쟁과 정의롭지못한 전쟁으로 나뉘지.
Hyeonsu: Jeonjaeng-eun jeonguiloun jeonjaenggwa jeong-uilobji motan jeonjaeng-euro nanwiji.
贤洙: 战争分为正义性质的和非正义性质的，对吧。

이명: 맞아. 독일 나치스 당은 2차 대전 때 비정의적인 전쟁을 한 거야.
Imyeong: Maja. Dogil nachiseu dang-eun icha daejeonttae bijeong-uijeogin jeonjaeng-eul hangeoya.
李明: 对。在二战时德国纳粹党就做了非正义性质的战争。

현수: 전쟁은 참 무서운 것이야. 우리 나라 남북전쟁 때도 사람이 엄청 많이 죽었거든.
Hyeonsu: Jeonjaeng-eun cham museoun geosiya. Uri nara nambukjeonjaeng ttaedo sarami eomcheng mani jugeotgeodeun.
贤洙: 战争真是可怕的。我国南北战争时也死了很多人。

이명: 그 뿐만 아니야 재산손실도 엄청 커.
Imyeong: Geu ppunman ainira jaesansonsildo eomcheong keo.
李明: 不仅死了很多人，财产损失也很严重。

현수: 전쟁이 없는 항상 평화로운 세상에서 살고 싶어.
Hyeonsu: Jeonjaeng-I eopneun hangsang pyeonghwaroun sesang-eseo salgo sipeo.
贤洙: 我多想生活在没有战争的和平的世界啊。

현애: 오빠, 전쟁은 왜 일어나지?
Hyeonae: Oppa jeonjaeng-eun wae ireonaji?
贤爱: 哥哥，为什么会有战争？

현수: 갑자기 그건 왜?
Hyeonsu: Gapjiagi geugeon wae?
贤洙: 为什么突然问这个？

현애: 역사책에 전쟁에 관한 것이 너무 많아.
Hyeonae: Yeoksachaege jeonjaeng-e gwanhan geosi neomu mana.
贤爱: 在历史书上关于战争的内容太多。

현수: 나라와 나라간 전쟁의 근본원인은 국가이익 때문이겠지.
Hyeonsu: Narawa naragan jeonjaengui geunbonwonineun gukgaiik ttaemunigetji.
贤洙: 国家之间的战争的根本原因应该是为了国家利益吧。

현애: 외교의 방식으로 하면 안돼?
Hyeonae: Oegyoui bangsigeuro hamyeon andwae?
贤爱: 用外交的方式不可以吗?

현수: 물론 외교로 해결되지 않으니까 무력으로 하는 것이지.
Hyeonsu: Mullon oegyoro haegyeoldeoji aneunikka muryeogeuro haneun geosiji.
贤洙: 当然是用外交不能解决, 所以才用武力。

현애: 미국과 이라크가 전쟁할 때 텔레비전에서 직접 보니까 너무 신기하더라.
Hyeonae: Migukgwa irakeuga jeonjaenghal ttae tellebijeoneseo jikjeop bonikka neomu singihadeora.
贤爱: 从电视里看美国和伊拉克的战争, 感觉非常稀奇。

현수: 그 것이 현대 전쟁이야.
Hyeonsu: Geu geosi hyeondae jeonjaeng-iya.
贤爱: 那就是现代的战争。

 회화보충이해
[hoehwabochung-ihae]

전쟁을 일으키다: 引起战争
손실이 크다: 损失大

 단어
[daneo]

中文	词性	韩文	拼音	中文	词性	韩文	拼音
人类	名词	인류	inryu	历史	名词	역사	yeoksa
战争	名词	전쟁	jeonjaeng	正义	名词	정의	jeong-ui
死	动词	죽다	jukda	损失	动词	손실하다	sonsilhada
和平	名词	평화	pyeonghwa	突然	副词	갑자기	gapjagi
武力	名词	무력	muryeok	方式	名词	방식	bangsik

政治
정치

 常用句型 상용문구
[sang yong mun gu]

01 한나라당과 민주당은 한국의 주요한 정당야.
Hannaradanggwa minjudang-eun han-gugui juyohan jeongdangya.
大国家党和民主党是韩国的主要党派。

02 뉴스에는 매일 정치 당파싸움이 나온다.
Nyuseueneun maeil jeongchi dangpassaumi naonda.
新闻每天播政治纷争的内容。

03 한국의 대통령은 어느 당이야?
Han-gugui daetongryeong-eun eoneu dang-iya?
韩国的总统是哪个党派?

04 중국의 집권당은 공산당이에요.
Junggugui jipgwondang-eun gongsandang-ieyo.
中国的执政党是共产党。

05 대통령 선거에 온 국민이 관심을 기울여요.
Daetongryeong seon-gee on gukmini gwansimeul giuryeoyo.
全国民都关心总统选举。

06 부패와 탐욕가 없는 정치를 원해요.
Bupaewa tamyiogga eopneun jeongchireul wonhaeyo.
希望实行没有腐败和贪污的政治。

07 나라를 위해 국민을 위해 힘쓰는 국회의원이 되세요.
Narareul wihae gukmineul wihae himsseuneun gukhoe-uiwoni doeseyo.
做一个为国家为国民努力的国会议员吧。

08 야당들이 힘을 합쳐 정치투쟁을 벌였다.
Yadangdeuri himeul hapchyeo jeongchitujaeng-eul beoryeotda.
在野党齐心协力展开了政治斗争。

实用会话 실용회화 [silyonghoehwa]

01

이명: 지금 한국의 대통령이 이명박이지?
Imyeong: Jigeum han-gukui daetongryeong-I imyeongbagiji?
李明: 现在韩国的总统是李明博吧?

현수: 맞아. 한나라 당이지.
Hyeonsu: Maja. hannara dang-iji.
贤洙: 是。大国家党的。

이명: 그럼 한국에는 무슨 정당이 있어?
Imyeong: Geureom han-gueneun jeongdang-i itseo?
李明: 那韩国有什么政党?

현수: 민주당, 한나라당, 자유선진당, 한국사회당 등이 있어.
Hyeonsu: Minjudang, hannaradang, jayuseonjindang, han-guksahoedang deung-i itseo.
贤洙: 民主党,大国家党,自由先进党,韩国社会党等。

이명: 이중에서 제일 큰 당은 어느 당이야?
Imyeong: Ijung-eseo jeil keun dang-eun eoneu dang-iya?
李明: 当中哪个是最大的党?

현수: 한나라당과 민주당이지.
Hyeonsu: Hannaradanggwa minjudang-iji.
贤洙: 大国家党和民主党。

이명: 당파 싸움이 심해?
Imyeong: Dangpa ssaumi simhae?
李明: 党派纷争厉害吗?

현수: 한국은 좀 심한 편이야.
Hyeondu: Han-gugeun jom simhan pyeoniya.
贤洙: 韩国算是厉害的了。

02

현수: 중국에는 정당이 몇개 있어?
Hyeonsu: Junggugeneun jeongdang-i myeotgae itseo?
贤洙: 中国有几个政党?

이명: 많은데 집권당은 공산당이야.
Imyeong: Maneunde jipgwondang-eun gongsandang-iya.
李明: 多，可执政党是共产党。

현수: 중국의 총리는 내가 알아. 온가보지?
Hyeonsu: Junggugui chongrineun naega ara. ongaboji?
贤洙: 中国的总理我知道，是温家宝吧？

이명: 그래. 인민들의 많은 존경을 받고 있지.
Imyeong: Geurae. Inmindeurui maneun jon-gyeong-eul batgo itji.
李明: 对。深受人民们的尊敬。

현수: 왜?
Hyeonsu: Wae?
贤洙: 为什么？

이명: 농민들에게 많은 혜택을 주는 정책을 세웠고 전번의 사천 지진 때도 친히 현장에 가셔서 지도하시고.
Imyeong: Nongmindeurege maneun hyetaegeul juneun jeongchaegeul sewoygo jeonbeonui sacheonjijin ttaedo chini hyeonjang-e gasyeoseo jidohasigo.
李明: 制定了很多对农民实惠的政策，还有在上次的四川地震时也亲自去指导。

현수: 훌륭한 지도자가 있는 나라는 행운이야.
Hyeonsu: Hullyunghan jidojago itneun naraneun haeng-uniya.
贤洙: 有优秀的领导者的国家是幸运的。

会话补充理解 회화보충이해
[hoehwabochung-ihae]

지진이 일어나다: 发生地震   당파분쟁이 심하다: 党派纷争厉害

단어
[daneo]

中文	词性	韩文	拼音	中文	词性	韩文	拼音
总统	名词	대통령	daetongryeong	党	名词	당	dang
最	副词	제일	jeil	大	形容词	크다	keuda
地震	名词	지진	jijin	认识	动词	알다	alda
实惠	名词	혜택	hyetaek	亲自	副词	직접	jikjeop

宗教
종교

常用句型 상용문구
[sang yong mun gu]

01 세계 3 대종교는 무엇이에요?
Segye sam daejonggyoneun mueosieyo?
世界三大宗教是什么？

02 기독교를 믿는 사람이 제일 많아요.
Gidokgyoreul mitneun sarami jeil manayo.
信基督教的人最多。

03 넌 종교가 뭐야?
Neon jonggyoga moya?
你的宗教是什么？

04 절에 가서 부처님께 빌었어요.
Jeol-e gaseo bucheonimkke bireotseoyo.
去庙里拜菩萨了。

05 기도원에 가는 사람들이 있어요.
Gidowone ganeun saramdeuri itseoyo.
有去祈祷院的人。

06 한국에는 이슬람교를 믿는 사람이 적어요.
Han-gugeneun iseullamgyoreul mitneun sarami jeogeoyo.
在韩国信伊斯兰教的人少。

07 종교는 커다란 힘이 있어.
Jonggyoneun keodaran himi itseo.
宗教有莫大的力量。

08 미신과 종교를 구분할 줄 알아야 한다.
Misin-gwa jonggyoreul gubunhal jul araya handa.
要懂得区分迷信和宗教。

 실용회화
[silyonghoehwa]

지애: Jiae: 智爱:	선생님 세계에 기독교를 믿는 사람들이 얼마나 돼요? Seonsaengnim segyee gidokgyoreul mitneun saramdeuri eolmana dwaeyo? 老师，全球信奉基督教的人有多少？
선생님: Seonsaengnim: 老师:	한 20억 될 걸. Han isibeok doel geol. 大概有20亿吧。
지애: Jiae: 智爱:	그렇게나 많아요? Geureokena manayo? 那么多吗？
선생님: Seonsaengnim: 老师:	많은 서방국가에서는 기독교가 국교이니까. Maneun seobanggukga-eseoneun gidokgyoga gukgyoinikka. 很多西方国家的国教就是基督教。
지애: Jiae: 智爱:	그럼 기독교는 몇개 파별로 나뉘어요? Geureom gidokgyoneun myeotgae pabyeollo nanwieoyo? 那基督教分几个派别？
선생님: Seonsaengnim: 老师:	보통 천주교, 동정교, 개신교로 나뉘지. Botong cheonjugyo, dongjeonggyo, gaesin-gyoro nanwiji. 一般分为天主教、东正教、新教。
지애: Jiae: 智爱:	그럼 우리 나라에서 흔히 볼 수 있는 교회들은 어느 쪽에 속하지요? Geureom uri nara-eseo heuni bol su itneun gyohoedeureon eoneu jjoge sokajiyo? 那在我国能常看到的教会是属于那一派？
선생님: Seonsaengnim: 老师:	아마 개신교일 거야. Ama gaesin-gyoil geoya. 可能是新教吧。

인수: Insu: 仁寿:	세계 3 대종교가 뭔지 알아? Segye samdaejonggyoga mwonji ara? 你知道世界三大宗教是什么吗？

현수: 기독교, 불교, 이슬람교 아니야?
Hyeonsu: Gidokgyo, bulgyo, iseullamgyo aniya?
贤洙: 不是基督教、佛教、伊斯兰教吗?

인수: 그럼 각 종교들의 성전을 말해봐.
Insu: Geureom gak jonggyodeurui seongjeoneul malhaebwa.
仁寿: 那说说各宗教的圣典。

현수: 기독교는 성경이고 불교는 불경이고. 이슬람교는 잘 모르겠는데.
Hyeonsu: Gidokgyoneun seonggyeong-igo bulgyoneun bulgyeong-igo iseullamgyoneun jal moreugetneunde.
贤洙: 基督教是圣经, 佛教是佛经。伊斯兰教不知道。

인수: 코란경이야.
Insu: koran-gyeong-iya.
仁寿: 是古兰经。

현수: 어느 종교가 역사가 제일 길어?
Hyeonsu: Eoneu jonggyoga yeoksaga jeil gireo?
贤洙: 哪个宗教的历史是最长?

인수: 아마 불교일 걸. 기원전 6 세기 인도에서 발생됐다고 하던데.
Insu: Ama bulgyoil geol. Giwonjeon yuk segi indo-eseo balsaengdwaetdago hadeonde.
仁寿: 可能是佛教吧。说是公元前6世纪在印度发生的。

현수: 맞아.
Hyeonsu: Maja.
贤洙: 对.

 회화보충이해 [hoehwabochung-ihae]

기독교를 믿다: 信奉基督教
…(의 범위)에 속하다. …에 소속되다: 属于……
예: 내게 속하다: 属于我

단어
[daneo]

中文	词性	韩文	拼音	中文	词性	韩文	拼音
宗教	名词	종교	*jonggyo*	基督教	名词	기독교	*gidokgyo*
派别	名词	파별	*pabyeol*	一般	名词	보통	*botong*
圣典	名词	성전	*seongjeon*	公元前	名词	기원전	*giwonjeon*
各	代词	각	*gak*	长	形容词	길다	*gilda*

社会问题
사회문제

常用句型 상용문구
[sang yong mun gu]

•01 실업문제로 나라에서 골머리를 앓고 있어.
Sireopmunjero nara-eseo golmeorireul alko itseo.
国家为失业问题而头疼。

•02 교통이 제대로 안돼서 문제가 되고 있어.
Gyotong-i jedaero andwaeseo munjega doego itseo.
交通不畅成为了问题。

•03 부패문제는 각 나라마다 다 존재하는 사회문제야.
Bupaemunjeneun gak naramada da jonjaehaneun sahoemunjeya.
腐败问题是各国都存在的问题。

•04 나라에서 사회문제를 제때에 해결해줘야 해요.
Nara-eseo sahoemunjereul jettaee haegyeolhaejwoya haeyo.
国家应该及时解决社会问题。

•05 빈부격차가 심한 것은 빨리 해결해야 할 문제야.
Binbugyeokchaga simhan geoseun ppalli haegyeolhaeya halmunjeya.
贫富差距大是应该赶快解决的问题。

•06 나라에서 사회문제를 해결하려고 노력하고 있어요.
Nara-eseo sahoemunjereul haegyeolharyeogo noryeokago itseoyo.
国家正想努力解决社会问题。

•07 물가의 폭등을 어떻게 해결해야 좋을까요?
Mulgaui pokdeung-eul eotteoke haegyeolhaeya jo-eulkkayo?
物价暴涨怎么解决才好啊?

•08 취업난을 해결해야만 경제가 더 잘 발전할 수 있어요.
Chwieopnaneul haegyeolhaeyaman gyeongjega de jal baljeonhal su itseoyo.
只有解决就业难，经济才能更快发展。

实用会话 실용회화 [silyonghoehwa]

01

이명: 한국의 주요한 사회문제는 뭐라고 생각돼?
Imyeong: Han-gugui juyohan sahoemunjeneun mworago saenggakdwae?
李明: 你认为韩国主要的社会问题是什么?

현수: 빈부격차와 실업문제가 심각해.
Hyeonsu: Binbugyeokchawa sireopmunjega simgakhae.
贤洙: 贫富差距和失业问题。

이명: 요즘 경제위기로 인해 실업문제가 더 심해진 것 같아.
Imyeong: Yojeum gyeongjewigiro inhae sireopmunjega deo simhaejin geot gata.
李明: 最近因为经济危机, 失业问题更严重了。

현수: 그래. 많은 명문대 학생들도 취업난으로 골머리를 앓고 있어.
Hyeonsu: Geurae maneun myeongmundae haksaengdeuldo chwieopnaneuro golmeorireul alko itseo.
贤洙: 是啊。很多名牌大学的学生也因就业难而头疼。

이명: 빈부격차는 어디서 알 수 있어?
Imyeong: Binbugyeokchaneun eodiseo al su itseo?
李明: 从哪儿能看出贫富差距?

현수: 예를 들면 한국국민 5%의 사람들이 38 %의 금융자산을 소유하고 있다고 해.
Hyeonsu: Yereul deulmyeon han-gukgukmin opeuroui saramdeuri samsipalpeuroui geumyungjasaneul soyuhago itdago hae.
贤洙: 例如韩国国民中5%的人拥有38%的金融资产。

이명: 빈부격차가 심하구나.
Imyeong: Binbugyeokchaga simhaguna.
李明: 贫富差距真大。

현수: 중국에는 어떤 사회문제가 있어?
Hyeonsu: Junggugeneun eotteon sahoemunjega itseo?
贤洙: 中国存在什么社会问题?

이명: 중국에도 빈부격차가 심각해.
Imyeong: Junggugedo binbugyeokchaga simgakae.
李明: 中国的贫富差距也很大。

현수: 내가 듣기로는 동부지역과 서부지역간의 경제발전 수준이 많이 다르다며.
Hyeonsu: Naega deutgironeun dongbujiyeokgwa seobujiyeokganui gyeongjebaljeon sujuni mani dareudamyeo.
贤洙: 我听说东部地区和西部地区的经济发展程度大不一样。

이명: 맞아. 특히 동부의 연해지역은 대외개방 정책으로 많이 발전했지만 서부는 지리환경과 여러가지 원인으로 낙후해.
Imyeong: Maja. teuki dongbuui yeonhaejiyeogeun dae-oegaebang jeongchaegeuro mani baljeonhaetjiman seobuneunjirihwan-gyeonggwa yeoreogaji wonineuro nakuhae.
李明: 对。特别是东部的沿海地区因对外开放的政策发展得很好，可西部是因地理环境和种种原因而落后。

현수: 그럼 될수록 빨리 해결해야 되겠어.
Hyeonsu: Geureom doelsurok ppalli haegyeolhaeya doegetseo.
贤洙: 那得尽量赶快解决了。

이명: 그래서 중국에서는 "서부대개발"이라는 정책을 세웠어.
Imyeong: Geuraeseo junggugeseoneun "seobugaebal"iraneun jeongchaegeul sewotseo.
李明: 所以中国出了"西部大开发"的政策。

현수: 미국의 서부대개발과 비슷한 거 아니야?
Hyeonsu: Migugui seobudaegaebalgwa biseutan geo aniya?
贤洙: 跟美国的西部大开发差不多吧？

이명: 많이 비슷해.
Imyeong: Mani bisuetae.
李明: 很相似。

 회화보충이해
[hoehwabochung-ihae]

경제가 낙후하다: 经济落后
빈부차이가 크다: 贫富差距大　자산을 소유하다: 拥有资产

单词 단어 [daneo]

中文	词性	韩文	拼音	中文	词性	韩文	拼音
主要	副词	주로	juro	问题	名词	문제	munje
失业	动词	실업하다	sireophada	就业	名词	취업	chwieop
解决	动词	해결하다	haegyeolhada	政策	名词	정책	jeongchaek
拥有	动词	가지다	gajida	尽量	副词	될수록	doelsurok
严重	形容词	심하다	simhada	程度	名词	정도	jeongdo

XIX 文化
문화

文学
문학

상용문구
[sang yong mun gu]

01 문학 거장 레브톨스토이의 대표작을 말해보세요.
Munhak geojang rebeutolseutoiui daepyojageul malhaeboseyo.
请说说文学巨匠托尔斯泰的代表作。

02 문학은 인류에게 없어서는 안될 소중한 것이다.
Munhageun inryuege eopseoseoneun andoel sojunghan geosida.
文学是对于人类不可缺少的珍贵的存在。

03 나도향의 작품을 분석하세요.
Nadohyang-ui jakpumeul bunseokaseyo.
请分析罗道乡作品。

04 문학작품을 많이 읽으면 감수성이 높아져요.
Munhakjakpumeul mani ilgeumyeon gamsuseong-I nopajyeoyo.
多读文学作品的话感悟性会提高。

05 시인들이 시를 쓸 때면 영감이 필요해.
Siindeuri sireul sseul ttaemyeon yeonggami piryohae.
诗人写诗的时候需要灵感。

06 수필은 생활의 사소한 일들에서 느끼는 것을 적는 글이야.
Supireun saenghwarui sasohan ildeureseo neukkineun geoseul jeokneun geuriya.
记载生活当中琐碎的事和感受的东西，就是散文。

文化_349

• 07 문학잡지에 제 글이 실렸어요.
Munhakjapjie je geuri sillyeotseoyo.
文学杂志里登了我的文章。

• 08 소설을 읽다보면 시간이 가는 줄 몰라.
Soseoreul ikdabomyeon sigani ganeun jul molla.
读小说读着读着就不知道时间是怎么过的。

实用会话  실용회화 [silyonghoehwa]

이명: 난 김소월의 시가 너무 좋아.
Imyeong: Nan gimsoworui siga neomu joa.
李明: 我太喜欢金素月的诗。

현수: 어디가 좋은데?
Hyeonsu: Eodiga jo-eunde?
贤洙: 哪儿好?

이명: 한국의 민요 형식의 운률이 있잖아.
Imyeong: Han-gugui minyo hyeongsigui unryuri itjana.
李明: 有着韩国的民谣形式的韵律。

현수: 그 것이 김소월 시의 특징이야.
Hyeonsu: Geu geosi gimsowol siui teukjing-iya.
贤洙: 那是金素月诗的特征。

이명: '진달래 꽃' 그리고 '먼 훗날'이 내가 제일 즐기는 시야. 넌 어느 시인의 시를 좋아해?
Imyeong: "Jindallae kkot" geurigo "meon hutnal"i naega jeil jeulgineun siya. Neon eoneu siinui sireul joahae?
李明: 我最喜欢"金达莱"和"久远的后日"。你喜欢哪位诗人的诗?

현수: 한용운의 "님의 침묵"이야.
Hyeonsu: Hanyong-unui "nimui chimmug"iya.
贤洙: 韩龙云的"彼女的沉默"。

이명: 스님으로서 그런 애정시를 쓸 수 있다는 게 대단해.
imyeong: Seunimeuroseo geureon aejeongsireul sseul su itdaneun ge daedanhae.
李明: 作为一名和尚写出那样的爱情诗真了不起。

현수: 대단하지. 좋은 시들은 외워두는 것이 좋아.
Hyeonsu: Daedanhaji. Jo-eun sideureun oewoduneun geosi joa.
贤洙: 是了不起。好诗背一背最好。

현수: 문학이란 참 아름다운 것이야.
hyeonsu: Muhagiran cham areumdaun geosiya.
贤洙: 文学真是美丽的东西。

인수: 난 어떤 때는 온종일 소설을 읽어.
Insu: Nan eotteon ttaeneun onjong-il soseoreul ilgeo.
仁寿: 我有时候整天看小说。

현수: 너도 문학에 관심이 많구나. 문학이란 거울과 같은 것이라고 봐.
hyeonsu: Neodo munhage guansimyi mankuna. Munhagiran geoulgwa gateun geosirago bwa.
贤洙: 你也对文学有兴趣啊。我认为文学就像镜子。

인수: 무슨 뜻이야?
Insu: Musuen tteusiya?
仁寿: 什么意思?

현수: 인생과 자연 등 많은 것이 문학을 통해 반영 될 수 있기 때문이야. 그러니까 문학작품을 통해 그 당시 생활상을 볼 수 있다는 거지.
hyeonsu: Insaenggwa jayeon deung maneun geosi munhageul tonghae banyeong doel su itgi ttaemuniya. Geureonikka munhakjakpumeul tonghae geu dangsi saenghwalsangl bol su itdaneun-geoji geoji.
贤洙: 人生和自然等很多东西可以通过文学反映出来。所以通过文学作品可以看到当时的世态。

인수: 너 문학에 대해 관심이 많은 모양인데 작가가 꿈이야?
Insu: Neo munhage daehae guansimi maneun moyang-inde jakgaga kkumiya?
仁寿: 看来你对文学挺有研究, 想当作家吗?

현수: 작가는 재능이 없어서 안될 것 같고 문학평론가가 되고 싶어.
hyeonsu: Jakganeun jaeneong-i eopseoseo andoel geot gatgo munhak-pyeongron-gaga doego sipeo.
贤洙: 没有才华作家是做不成了, 想成为文学理论家。

 회화보충이해
[hoehwabochung-ihae]

연구가 많은 모양이다: 看样子很有研究

 단어
[daneo]

中文	词性	韩文	拼音	中文	词性	韩文	拼音
诗	名词	시	si	形式	名词	형식	hyeongsik
特征	名词	특징	teukjing	韵律	名词	운률	unryul
背	动词	외우다	eouda	镜子	名词	거울	geoul
反映	动词	반영하다	ban-yeonghada	世态	名词	세태	setae
读	动词	읽다	ikda	作品	名词	작품	jakpum

音乐
음악

常用句型 상용문구
[sang yong mun gu]

01 난 댄스음악을 좋아해.
Nan daenseueumageul joahae.
我喜欢听舞曲。

02 베토벤같은 음악가들은 천재적인 재능이 있어.
Betoben-gateun eumakgadeureun cheonjejeogin jeneng-i itseo.
像贝多芬一样的音乐家有天才的潜质。

03 기분이 우울할 때 음악을 들으면 좋아요.
Gibuni uulhal ttae eumageul deureumyeon joayo.
心情忧郁时听音乐最好。

04 자신이 가장 좋아하는 노래 한 곡 불러주세요.
Jasini gajang jeuagkneun norae han gok bulleojuseyo.
请唱一首自己最喜欢的歌。

05 작곡가들의 음악적 감각은 뛰어날거야.
Jakgokgadeurui eumakjeok gamgageun ttuieonalgeoya.
作曲家的音乐感觉应该是出众的。

06 이 노래가 너무 좋아. 너도 한번 들어 볼래?
I noraega neomu joa. Neodo hanbeon deureo bollae?
这首歌很好。你也想听一听吗？

07 말이 안 통해도 음악으로 하나가 되지.
mari an tonghaedo eumageuro hanaga doeji.
虽然语言不通，可是用音乐能成为一体。

08 피아노 연주를 들으니 나도 배우고 싶어진다.
Piano yeonjureul deureuni nado bae-ugo sipeojinda.
听了钢琴演奏。我也开始想学了。

文化_353

实用会话 실용회화 [silyonghoehwa]

01

현수: 응. 봤지. 너 혹시 락음악은 좋아해?
hyeonsu: Eung. Bwatji. Neo hoksi rak-eumageun joahae?
贤洙: 嗯。看了。你喜欢摇滚音乐吗?

이명: 난 별로야. 좀 소란스러워서.
Imyeong: Nan byeolloya. Jom soranseureowoseo.
李明: 不太喜欢。有点喧闹。

현수: 그럼 발라드를 좋아하는 구나.
Hyeonsu: Geureom balladeureul joahaneun guna.
贤洙: 那喜欢抒情歌吧。

이명: 한국의 발라드는 가사가 너무 가슴에 와닿아.
Imyeong: Han-gugui balladeuneun gasaga neomu gaseume wadaa.
李明: 韩国的抒情歌的歌词很感人。

会话补充理解 회화보충이해 [hoehwabochung-ihae]

가슴에 와닿다: 感人

02

지애: 난 기분이 우울할 때 음악을 즐겨 들어.
Jiae: Nan gibuni uulhal ttae eumageul jeulgyeo deureo.
智爱: 我心情忧郁的时候喜欢听音乐。

현수: 나도 그래. 스트레스도 풀고 기분이 좋아져.
Hyeonsu: Nado geurae. Seureuseudo pulgo gibuni joajyeo.
贤洙: 我也是。缓解压力,心情也变好了。

지애: 노래방가서 노래를 실컷 부르면 기분이 가벼워지더라.
Jiae: Noraebanggaseo noraereul silkeot bureumyeon gibuni gabyeowojideora.
智爱: 去歌厅尽情唱歌也很舒服。

현수: 근데 이튿날에 목이 쉴걸.
Hyeonsu: *Geunde iteutnare mogi swilgeol.*
贤洙: 可第二天嗓子会疼啊。

지애: 너무 무리하면 그렇지.
Jiae: *Neomu murihamyeon geureochi.*
智爱: 太过头就那样了。

현수: 나한테 재미있는 CD있는데 들어볼래?
Hyeonsu: *Nahante jaemiitneun sidiitneunde deureobollae?*
贤洙: 我有好听的CD想听吗?

지애: 좋지. 누구 노래인데?
Jiae: *Jochi. Nugu noraeinde?*
智爱: 好。谁的歌?

현수: 김종국의 새로운 앨범인데 참 듣기 좋더라.
Hyeonsu: *Gimjonggugui saeroun aelbeominde cham deutgi joteora.*
贤洙: 金钟国的新专辑, 很好听的。

회화보충이해
[hoehwabochung-ihae]

음악 앨범을 내다: 出音乐专辑 "앨범"也叫相册。

단어
[daneo]

中文	词性	韩文	拼音	中文	词性	韩文	拼音
听	动词	듣다	deutda	歌词	名词	가사	gasa
专辑	名词	앨범	aelbeom	疼	形容词	아프다	apeuda
嗓子	名词	목	mok	尽情	副词	실컷	silkeot
喧闹	形容词	소란스럽다	soranseureopda	摇滚	名词	락	rak

历史
역사

 상용문구 [sang yong mun gu]

•01 역사 교과서에 그렇게 적혀 있어요.
Yeoksa gyogwaseo-e geureoke jeokhyeo itseoyo.
在历史教科书上那么写着。

•02 역사는 인류가 남겨 놓은 발자국이다.
Yeoksaneun inryuga namgyeo no-eun baljagugida.
历史是人类所留下的脚印。

•03 역사를 왜곡해서는 안돼.
Yeoksareul waegokaeseoneun andwae.
不能扭曲历史。

•04 찬란한 역사를 가진 나라이다.
Chanranhan yeoksareul gajin naraida.
有着灿烂历史的国家。

•05 임진왜란 시기는 조선반도의 슬픔의 역사예요.
Imjinwaeran sigineun joseonbandoui seulpeumui yeoksayeyo.
壬辰倭乱时期是朝鲜半岛的伤心的历史。

•06 반 만년의 역사를 자랑하는 민족이에요.
Ban mannyeonui yeoksareul jaranghaneun minjogieyo.
是以五千年的历史为骄傲的民族。

•07 학교에서 배우는 역사로는 너무 부족하대요.
Hakgyo-eseo bae-uneun yeoksaroneun neomu bujokhadaeyo.
在学校里学到的历史是远远不够的。

•08 역사는 역사일 뿐 미래를 뜻하지 못한다.
Yeoksaneun yeoksail bbun miraereul tteutaji motanda.
历史只是历史，不能代表未来。

实用会话 실용회화 [silyonghoehwa]

현수: 중국은 5000년의 역사를 가지고 있지?
Hyeonsu: Junggugeun ocheonnyeonui yeoksareul gajigo itji?
贤洙: 中国有5000年历史吧?

이명: 맞아. 하조라는 노예제 국가로부터 중국이라는 사회주의 국가까지.
Imyeong: Maja. Hajoraneun noyeoje gukgarobuteo junggugiraneun sahoejuui gukgakkaji.
李明: 是。从奴隶制国家夏朝开始到社会主义国家中国为止。

현수: 중국이 제일 번성했던 시기는 언제야?
Hyeonsu: Junggugi jeil beonseonghaetdeon sigineun eonjeya?
贤洙: 中国最繁盛是哪个时期?

이명: 수당시기지. 당시 수도였던 장안성은 아시아의 중심도시였어.
Imyeong: Sudangsigiji. Dangsi sudoyeotdeon jang-anseong-eun asiaui jungsimdosiyeotseo.
李明: 隋唐时期。当时首都长安是亚洲的中心城市。

현수: 그때 중국은 조선반도, 일본과도 왕래가 많았어.
Hyeonsu: Geuttae junggugeun josoenbando, ilbon-gwado wanglae manatseo.
贤洙: 那时中国跟朝鲜半岛和日本也有着频繁的联系。

이명: 최치원이 대표적인 인물이야. 당조시기 정부에서 관리까지 했었어.
Imyeong: Cheochiwoni daepyojeogin inmuriya. dangjosigi jeongbueseo gwanrikkaji haetseotseo.
李明: 崔致远就是代表性人物。都在唐朝政府当过官。

현수: 지금도 한국과 중국은 밀접한 관계를 가지고 있잖아.
Hyeonsu: Jigeumdo han-gukgwa junggugeun miljeopan guan-gyereul gajigo itjana.
贤洙: 现在韩国和中国也有密切的联系。

이명: 그렇지. 그러니까 우호적으로 잘 발전해야지.
Imyeong: Geureochi. Geureonikka uhojeogeuro jal baljeonhaeyaji.
李明: 那是。所以要友好地发展才好。

지애: 조선조는 어느 시대야?
Jiae: Joseonjoneun eoneu sidaeya?
智爱: 朝鲜朝是哪个时代?

현수: 아, 그건 고려시대 이후의 시대인데 이씨 조선시대의 또 다른 호칭이야. 이씨 조선은 이성계가 즉 이씨가문에서 세운 왕조라는 뜻에서 나온 것이야.
Hyeonsu: A, geugeon goryeosidae ihuui sidaeinde issi joseonsidae-ui tto dareun hoching-iya. Issi joseoneun iseonggyega jeuk issigamuneseo se-un wangjoraneun tteuseseo naon geosiya.
贤洙: 啊, 那是高丽时代以后的时代, 是李氏朝鲜的另一称呼。李氏朝鲜就是李成桂即李氏家族所立的王朝的意思。

지애: 그러나 역사 선생님은 조선조라는 호칭으로 사용할 것을 요구하더라.
Jiae: Geureona yeoksa seonsaengnimeun joseonjoraneun hoching-euro sayonghal geoseul yoguhadeora.
智爱: 可历史老师要求我们使用朝鲜朝这一叫法。

현수: 조선조가 정확한가봐. 그러나 이씨 조선이라고 쓰는 사람도 많거든.
Hyeonsu: Joseonjoga jeonghwakangabwa. Geureona issi jeonseonirago sseuneun saramdo mankeodeun.
贤洙: 好像是朝鲜朝正确吧。可使用李氏朝鲜这一叫法的人也很多。

지애: 조선조가 제일 마지막 봉건사회지?
Jiae: Joseonjoga jeil majimak bonggeonsahoeji?
智爱: 朝鲜朝是最后一个封建社会吧?

현수: 음. 조선조 말기에 일제가 침략전쟁을 시작했어.
Hyeonsu: Em.joseonjo malgie iljega chimryakjeonjaeng-eul sijakdhaetseo.
贤洙: 嗯。朝鲜朝末期日本帝国主义开始了侵略。

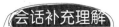 회화보충이해
[hoehwabochung-ihae]

…에서 온 것이다: 从……那里得来的。

 단어
[daneo]

中文	词性	韩文	拼音	中文	词性	韩文	拼音
历史	名词	역사	yeoksa	繁盛	动词	번성하다	beonseonghada
时代	名词	시대	sidae	任务	名词	임무	immu
密切	形容词	밀접하다	miljeophada	侵略	动词	침략하다	chimryahada
末期	名词	말기	malgi	封建	名词	봉건	bonggeon
正确	形容词	정확하다	jeonghwakada	代表	名词	대표	daepyo

科学
과학

상용문구 [sang yong mun gu]

01 과학이 발달해야 나라가 발전되지요.
Gwahagi baldalhaeya naraga baljeondoejiyo.
科学发达了国家才能发展。

02 과학이 발달할수록 우리들의 생활이 편해져.
Gwahagi baldalhalsurok urideurui saenghwari pyeonhaejyeo.
科学越发达我们的生活会更方便。

03 세계가 점점 작아진다는 느낌이 들어.
Segyega jeomjeom jagajindaneun neukkimi deureo.
觉得世界变得越来越小了。

04 우리의 생활은 놀라운 속도로 변해가고 있어요.
Uriui saenghwareun Nollaun sokdoro byeonhaegago itseoyo.
我们的生活正在以惊人的速度变化。

05 새로운 기술을 들여와서 생산력을 높였다.
Saeroun gisureul deuryeowaseo saengsanryeogeul nopyeotda.
引进新的技术来提高生产力。

06 과학기술 교류가 필요해.
Gwahakgisul gyoryuga piryohae.
需要科学技术交流。

07 위대한 과학자는 사람들의 존경을 받아.
Widaehan gwahakjaneun saramdeurui jon-gyeong-eul-eul bada.
伟大的科学家受到人们的尊重。

08 21 세기는 과학기술의 시대일 것이다.
Isibilsegineun gwahakgisurui sidaeil geosida.
21世纪将会是科学技术的时代。

实用会话 실용회화 [silyonghoehwa]

01

이명: 지금은 과학이 발전해야 경제가 발전해.
Imyeong: Jigeumeun gwahagi baljeonhaeya gyeongjega baljeonhae.
李明: 现在是科学技术发展了经济才会发展。

현수: 그러니까 과학기술이 제1 생산력이라고 하잖아.
Hyeonsu: Geureonikka gwahakgisuri jeil saengsanryeogirago hajana.
贤洙: 所以说科学技术是第一生产力。

이명: 확실히 새로운 과학기술은 직접 생산에 이용되어 생산력을 높여.
Imyeong: Hwaksilhi saeroun gwahakgisuruen jikjeop saengsane iyongdoeyeo saengsanryeogeul nopyeo.
李明: 确实新的科学技术直接应用于生产，提高生产力。

현수: 특히 우리 세대는 그 것을 피부로 느끼잖니. 우리 나라는 88 올림픽부터 "한강의 기적"을 이루어 냈어.
Hyeonsu: Teuki uri sedaeneun geu geoseul piburo neukkijanni. Uri naraneun palpal ollimpikbuteo "han-gang-ui gijeok"eul irueo naetseo.
贤洙: 特别是我们这一辈儿能亲身感受。我们国家是在88奥运会开始成就了"汉江的奇迹"。

이명: 중국도 1978 년 개혁개방을 해서 과학기술을 중시하면서 눈에 띄이게 발전했어.
Imyeong: Junggukdo cheon-gubaekchilsippalnyeon gaehyeokgaebang-eul haeseo gwahakgisureul jungsihamyeonseo nune ttuiige baljeonhaetseo.
李明: 中国也从1978年开始改革开放，重视科学技术，取得了举世瞩目的成就。

현수: 맞아, 지금은 세계가 중국을 주목하고 있어.
Hyeonsu: Maja, jigeumeun segyeoga junggugeul jumokago itseo.
贤洙: 对，现在世界关注着中国。

이명: 난 중국과 한국이 많은 과학기술교류를 하여 상호간의 발전을 촉진했으면 좋겠어.
Imyeong: Nan junggukgwa han-gugi maneun gwahakgisulgyoryureul hayeo sanghoganui baljeoneul chokjinhaetseumyeon joketseo.
李明: 我希望中国和韩国多进行科学技术交流，互相促进发展。

지애: 지금 컴퓨터 값이 너무 떨어지고 있어.
Jiae: Jigeum keompyuteo gapsi neomu tteoreojigo itseo.
智爱: 现在电脑价钱跌的很厉害。

현수: 자꾸 성능이 좋은 것이 나오니까 그러지.
Hyeonsui: Jakku seongneung-I jo-eun geosi naonikka geureoji.
贤洙: 因为总是出来性能好的。

지애: 우리 나라는 전자제품이 너무 싸.
Jiae: Uri naraneun jeonjajepumi neomu ssa.
智爱: 我们国家电子产品真便宜。

현수: 과학기술이 발전해서 그런 거야.
Hyeonsu: Gwahakgisuri baljeonhaeseo geureon geoya.
贤洙: 是科学技术发展的原因。

지애: 갱신주기도 빨라.
Jiae: Gaengsinjugido ppalla.
智爱: 更新周期也快。

현수: 경쟁이 심하고 더 좋은 상품을 만들어 내기 위해 과학기술을 발전시키는 것이야.
Hyeonsu: Gyeongjang-I simhago deo jo-eun sangpumeul mandeureo naegi wihae gwahakgisureul baljeonsikineun geosiya.
贤洙: 竞争很激烈，所以为了造出更好的商品而发展科学技术。

지애: 하지만 과학기술로 발전해진 물질문명과 정신문명이 균형을 못 이루었어.
Jiae: Hajiman gwahakgisullo baljeonhaejin muljilmunmyeonggwa jeongsinmunmyeong-i gyunhyeong-eul mot irueotseo.
智爱: 可是以科学技术发展的物质文明和精神文明不均衡。

현수: 사람들이 너무 일방적으로 물질적인 것을 추구했어.
Hyeonsu: Saramdeuri neomu ilbangjeogeuro muljiljeogin geoseul chuguhaetseo.
贤洙: 是人们一味的追求物质性的了。

회화보충이해
[hoehwabochung-ihae]

피부로 느끼다：亲身感受　눈에 띄이게：显而易见的
값이 떨어지다：跌价

단어
[daneo]

中文	词性	韩文	拼音	中文	词性	韩文	拼音
经济	名词	경제	gyoengje	发展	动词	발전하다	baljeonhada
技术	名词	기술	gisul	文明	名词	문명	munmyeong
竞争	名词	경쟁	gyeongjaeng	交流	动词	교류하다	gyoryuhada
便宜	形容词	싸다	ssada	均衡	名词	균형	gyunhyeong
性能	名词	성능	seongneung	提高	动词	제고하다	jegohada

传统
전통

 상용문구
[sang yong mun gu]

01 한국은 기나긴 전통을 가지고 있지.
Han-gugeun ginagin jeontong-eul gajigo itji.
韩国有悠久的传统。

02 훌륭한 전통을 발양하자.
Hullyunghan jeontong-eul baryanghaja.
发扬优秀的传统吧。

03 한국 전통 음식을 먹어 보세요.
Han-guk jeontong eumsigeul meogeoboseyo
尝尝韩国的传统料理吧。

04 전통문화를 배우러 한국에 왔어요.
Jeontongmunhwareul baeureo han-guge watseoyo.
为了学习韩国传统文化来韩国了。

05 뿌리 깊은 전통을 발전해 나가야 해요.
Ppuri gipeun jeontong-eul baljeonhae nagaya haeyo.
应该把历史悠久的传统传扬下去。

06 윷놀이, 탈놀이는 한국의 전통 놀이예요.
Yutnori talnorineun han-gugui jeontong noriyeoyo.
翻板子游戏和假面舞是韩国的传统游戏。

07 씨름은 단오절날의 전통 항목이에요
Ssireumeun danojeolnarui jeontong hangmogieyo.
摔跤是端午节的传统项目。

08 우리의 전통은 우리가 지켜야 한다.
Uriui jeontong-eun uriga jikyeoya handa.
我们的传统要由我们守护。

实用会话 실용회화 [silyonghoehwa]

이명: 전번에 거리에서 탈춤을 봤는데 재미있더라.
Imyeong: Jeonbeone georieseo talchumeul bwatneunde jaemiitdeora.
李明: 上次在街上看过假面舞，有意思。

현수: 그건 한국의 전통문화야.
Hyeonsu: Geugeon han-gugui jeontongmunhwaya.
贤洙: 那是韩国的传统文化。

이명: 탈춤은 보통 언제 공연을 해?
Imyeong: Talchumeun botong eonje gong-yeoneul hae?
李明: 假面舞一般什么时候演？

현수: 정월 보름날에 추지. 밤이 되면 넓은 장소에서 공연을 해.
Hyeonsu: Jeong-wol boreumnare chuji. Bami doemyeon neolbeun jangso-eseo gong-yeoneul hae.
贤洙: 正月十五。到了晚上，在宽敞的地方演出。

이명: 많은 관중들도 같이 흥에 겨워 소리를 지르더라.
Imyeong: Maneun gwanjungdeuldo gachi heung-e gyeowo sorireul jireudeora.
李明: 很多观众起劲儿地一起喊叫着。

현수: 그건 소리를 지르는 것이 아니라 추임새라고 해.
Hyeonsu: Geugeon sorireul jireuneun geosi anira chuimsaerago hae.
贤洙: 那不是喊叫，叫"chuimsae"。

이명: 서양의 무대극과 다른 점인 것 같애. 근데 탈춤은 언제 나타났어?
Imyeong: Seoyang-ui mudaegeukgwa dareun jeomin geot gatae. Geunde talchumeun eonje natanatseo?
李明: 这是跟西方舞台剧的不同点。可假面舞是什么时候产生的？

현수: 대개 17세기 중엽에 나타났어. 탈춤도 여러가지 종류가 있어.
Hyeonsu: Daegae sipchilsegi jung-yeobe natanatseo. Talchumdo yeoreogaji jongryuga itseo.
贤洙: 大概是17世纪中叶产生的。假面舞也有很多种类。

이명: 한국은 우량한 전통을 가지고 있어.
Imyeong: Han-gugeun uryanghan jeontong-eul gajigo itseo.
李明: 韩国有着优良的传统。

현수: 어떤 방면을 두고 하는 말이야?
Hyeonsu: Eotteon bangmyeoneul dugo haneun mariya?
贤洙: 指哪个方面?

이명: 윗사람을 존경하고 아랫사람들을 배려해주는 것 말이야.
Imyeong: Witsarameul jon-gyeonghago araetsarameul baeryeohaejuneun geot mariya.
李明: 尊敬长辈，关照晚辈的传统。

현수: 예전부터 유가사상의 영향을 받아 삼강오륜을 행위규범으로 삼았거든. 그러나 그중에서 나쁜 것은 많이 없애려고 하고있어.
Hyeonsu: Yejeonbuteo yugasasang-ui yeonghyang-eul bada samgang-oryuneul haeng-wigyubeomeuro samatgeodeun. Geureona geujung-eseo nappeun geoseun mani eopsaeryeogo hagoitseo.
贤洙: 以前开始受到了儒家思想的影响，把三纲五伦当作行为规范。可人们想把当中的不好的东西去掉。

이명: 예를 들면?
Imyeong: Yereul deulmyeon?
李明: 举个例子呢?

현수: "남자는 하늘, 여자는 땅" 등 봉건적인 의식들이 있지.
Hyeonsu: "Namjaneun haneul, yeojaneun ttang" deung bonggeonjeogin uisikdeuri itji.
贤洙: 有"男人是天，女人是地"等封建意识。

이명: 남존녀비를 말하는구나.
Imyeong: Namjonneobireul malhaneunguna.
李明: 就是大男人主义。

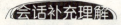
회화보충이해
[hoehwabochung-ihae]

전통을 가지고 있다: 拥有着传统。
흥이 나다: 起劲儿
소리를 지르다: 喊叫

단어 [daneo]

中文	词性	韩文	拼音	中文	词性	韩文	拼音
假面舞	名词	가면극	gamyeon-geuk	传统	名词	전통	jeontong
文化	名词	문화	munhwa	关照	动词	배려하다	baeryeohada
意识	名词	의식	uisik	除掉	动词	제거하다	jegeohada
例子	名词	예	ye	方面	名词	방면	bangmyeon
儒家	名词	유가	yuga	观众	名词	관중	gwanjung

艺术
예술

常用句型 상용문구
[sang yong mun gu]

01 예술인생을 걸어오면서 어떤 느낌이 들어요?
Yesurinsaeng-eul georeoomyeonseo eotteon neukkimi deureoyo?
走过艺术人生有什么感觉？

02 난 어릴 때부터 체육보다 예술방면에 더 관심이 컸어.
Nan eoril ttaebuteo cheyukboda yesulbangmyeone deo gwansimi keotseo.
我从小时候起比起体育更对艺术方面有兴趣。

03 적어도 명화가가 그린 그림은 알아봐야 한다.
Jeogeodo myeonghwagaga geurin geurimeun arabwaya handa.
起码要认出名画家的画。

04 예술가라면 이정도의 감수성은 있어야 해요.
Yesulgaramyeon ijeongdouui gamsuseong-eun itseoyahaeyo.
作为艺术家应该有这种程度的感性。

05 작곡을 하려고 깊은 산 속에 들어 갔어요.
Jakgogeul haryeogo gipeun san soge deureo gatseoyo.
为了作曲进入了深山。

06 예술가에게 영감이란 아주 소중한 존재다.
Yesulga-ege yeonggamiran aju sojunghan jonjaeda.
对于艺术家灵感是很重要的存在。

07 '모세상'은 누구의 작품이에요?
Mosesang-eun nuguui jakpumieyo?
《摩西像》是谁的作品？

08 미술 3대 거장에 다빈치가 있어요.
Misul samdae geojang-e dabinchiga itseoyo.
美术三大巨匠中有达芬奇。

实用会话 실용회화 [silyonghoehwa]

지애: 이 그림은 내가 제일 좋아하는 그림이야.
Jiae: I geurimeum naega jeil joahaneun geurimiya.
智爱: 这幅画是我最喜欢的画。

현수: 이 그림의 이름이 뭔데?
Hyeonsu: I geurimui ireumi mwonde?
贤洙: 这幅画的名字是什么?

지애: 다빈치의 '최후의 만찬'이야.
Jiae: Dabinchiui choehuui manchaniya.
智爱: 达芬奇的《最后的晚餐》。

현수: 왜 이 그림을 좋아하게 됐어?
Hyeonsu: Wae I geurimeul joahage dwaetseo?
贤洙: 为什么喜欢上这幅画了?

지애: 각 사람들의 표정이 너무 살아있어.
Jiae: Gak saramdeure pyojeong-I neomu saraitseo.
智爱: 每个人的表情很生动。

현수: 무슨 내용을 그린 그림이야?
Hyeonsu: Museum naeyong-eul geurin geurimiya?
贤洙: 画了什么内容?

지애: 예수가 십자가에 못박히기 전에 제자들과 하는 마지막 만찬을 그린 내용이야.
Jiae: Yesuga sipjaga-e motbakigi jeone jejadeulgwa haneun majimakmanchaneul geurin naeyong-iya.
智爱: 耶稣被钉在十字架前与弟子们吃的最后的晚餐的内容。

지애: 넌 매일 피아노 연습을 한다며?
Jiae: Neon maeil piano yeonseubeul handamyeo?
智爱: 听说你每天练钢琴?

현수: 어릴 때부터 해오던 것이야.
Hyeonsu: Eoril ttaebuteo haeodeon geosiya.
贤洙: 从小开始练的。

지애: 그래서 넌 감수성이 뛰어나는가 보다.
Jiae: Geuraeseo neon gamsuseong-i ttwieonaneun-ga boda.
智爱: 怪不得你很感性。

현수: 예술을 하려면 감수성이 풍부해야 돼.
Hyeonsu: Yesureul haryeomyeon gamsuseong-i pungbuhaeya dwae.
英美: 想搞艺术，就得感情丰富。

지애: 넌 나중에 피아노 연주가로 될래?
Jiae: Neon najunge piano yeonjugaro doellae?
智爱: 你以后想成为钢琴演奏家吗?

현수: 그보다 작곡가가 되고 싶어.
Hyeonsu: Geuboda jakgokgaga doego sipeo.
英美: 我还是想当作曲家。

지애: 예술의 길에서 꼭 성공하길 바란다.
Jiae: Yesurui gireseo kkok seonggonghagil baranda.
智爱: 希望你在艺术的道路上能成功。

현수: 멋진 작품을 만들어내 너에게 들려줄게.
Hyeonsu: Meotjin jakpumeul mandeureonae neo-ege deullyeojulge.
英美: 会做出好的作品给你听的。

单词 단어 [daneo]

中文	词性	韩文	拼音	中文	词性	韩文	拼音
画	名词	그림	geurim	晚餐	名词	만찬	manchan
生动	形容词	생동하다	saengdonghada	弟子	名词	제자	jeja
代表	名词	대표	daepyo	钢琴	名词	피아노	piano
感性	名词	감성	gamseong	艺术	名词	예술	yesul

IIX 大众传媒
대중매체

电视
텔레비전

상용문구
[sang yong mun gu]

01 지금 텔레비전을 시청하는 사람이 많아요.
Jigeum tellebijeoneul sicheonghaneun sarami manayo.
现在收看电视的人多。

02 이 드라마의 시청율이 높아요.
I deuramaui sicheong-yuri nopayo.
这个电视剧的收视率很高。

03 텔레비전을 오래 보면 시력에 안 좋아요.
Tellebijeoneul orae bomyeon siryeoge an joayo.
电视看久了对视力会不好。

04 축구경기를 보느라 밤을 새웠어.
Chukgugyeonggireul boneura bameul saewotseo.
为了看足球熬夜了。

05 동생은 예능프로그램을 즐겨 봐.
Dongsaeng-eun yeneungpeurogeuraemeul jeulgyeo bwa.
妹妹爱看演艺节目。

06 텔레비전에 나오는 것이라 해서 다 진짜가 아니야.
Tellebijeone naoneun geosira haeseo da jinjjaga aniya.
不是在电视上出来的就是真的。

- *07* **내가 보는 드라마가 나올 때야.**
  Naega boneun deuramaga naol ttaeya.
  现在是播我常看的电视剧的时候了。

- *08* **연말이기에 특집이 많아요.**
  Yeonmarigie teukjibi manayo.
  因为是年末，出了很多特集。

 실용회화 [silyonghoehwa]

01

아버지: 매일 오락프로나 보지말고 뉴스도 봐.
Abeoji: Maeil orakpeurona bojimalgo nyuseudo bwa.
爸爸: 别每天看娱乐节目也看新闻吧。

현애: 오락프로는 너무 재밌지만 뉴스를 보면 정치싸움이나 보도 하잖아요.
Hyeonae: Orakpeuroneun neomu jaemiitjiman nyuseureul bomyeon jeongchissaumina bodo hajanayo.
贤爱: 娱乐节目很好看，可看新闻尽是报道政治斗争。

아버지: 그러나 그외에도 우리가 반드시 알아야 할 내용이 많아.
Abeoji: Geureona geuoeedo uriga bandeusi araya hal naeyong-i mana.
爸爸: 可是此外还有很多我们必须知道的内容。

현애: 아버지 어릴 적에는 텔레비전도 없었는데 어떻게 뉴스를 봐요?
Hyeonae: Abeoji eoril jeogeneun tellebijeondo eopseotneunde eotteoke nyuseureul bwayo?
贤爱: 爸爸小的时候没有电视，怎么看的新闻？

아버지: 그때 신문이 있었잖니.
Abeoji: Geuttaen simuni itseotjanni.
爸爸: 那时不是有报纸吗。

현애: 지금은 텔레비전이 있는데 왜 신문은 아직도 남아있어요?
Hyeonae: Jigeumeun tellebijeoni itneunde wae sinmuneun ajikdo namaitseoyo?
贤爱: 现在有了电视，为什么报纸还存在呢？

아버지: 그건 신문만의 장점이 있기때문이야.
Abeoji: Geugeon sinmunmanui jangjeomi itgittaemuniya.
爸爸: 因为报纸有自己的优点。

어머니: 현수야, 넌 네 방에 가서 봐.
Eomeoni: Hyeonsuya, neon neo bang-e gaseo bwa.
妈妈: 贤洙，你去你的屋子看吧。

현수: 왜요? 축구를 한창 재미있게 보는데요.
Hyeonsu: Waeyo? Chukgureul hanchang jaemiitge boneundeyo.
贤洙: 为什么？足球赛看得好好的。

어머니: 내가 매일 보는 드라마가 할 시간이야.
Eomeoni: Naega maeil boneun deuramaga hal siganiya.
妈妈: 该上演我每天看的电视剧的时候了。

현수: 이 드라마가 그렇게 재미있어요?
Hyeonsu: I deuramaga geureoke jaemiitseoyo?
贤洙: 这个电视剧那么有意思吗？

어머니: 응. 너무 감동적이야.
Eomeoni: Eung. Neomu gamdongjeogiya.
妈妈: 嗯。很感人的。

현수: 우리 나라만큼 드라마를 많이 찍는 나라도 드물 거예요.
Hyeonsu: Uri naramankeum deuramareul mani jjikneun narado deumulgeoyeyo.
贤洙: 像我们国家一样拍很多电视剧的国家应该很少吧。

어머니: 많기는 많지. 인기가 많아 외국에서도 시청한대.
Eomeoni: Mankineun manchi. Ingiga mana oegugeseodo sicheonghandae.
妈妈: 很多。有人气，所以外国也看呢。

현수: 그래서 한류스타가 생긴 것 아니에요? 하여튼 매체의 힘은 대단해.
Hyeonsu: Geuraeseo hanryuseutaga saenggin geot anieyo. Hayeoteun maeche-ui himeun daedanhae.
贤洙: 所以有了韩流明星不是吗？反正媒体的力量真是大。

회화보충이해
[hoehwabochungihae]

뉴스를 시청하다: 视听新闻
竟: 처음부터 끝까지의 例: 면학에만 정신을 쏟다: 竟顾念书

단어
[daneo]

中文	词性	韩文	拼音	中文	词性	韩文	拼音
娱乐	名词	오락	orak	节目	名词	프로그램	peurogeuraem
政治	名词	정치	jeongchi	新闻	名词	뉴스	nyuseu
报纸	名词	신문	sinmun	电视剧	名词	드라마	deurama
反正	副词	하여튼	hayeoteun	媒体	名词	매체	maeche

电脑
컴퓨터

 상용문구
[sang yong mun gu]

01 인터넷에 많은 기사들이 뜨고 있어.
　　Inteonese maneun gisadeuri tteugo itseo.
　　在网上登很多消息。

02 이 노래를 다운하려고 해.
　　I noraereul daunharyeogo hae.
　　想下载这首歌。

03 부산으로 어떻게 가면 편리하나 인터넷에서 검색해봐.
　　Busaneuro eotteoke gamyeon pyeonrihana inteoneseseo geomsaekaebwa.
　　在网上搜索去釜山怎么去方便。

04 네티즌들의 악플때문에 자살하는 연예인들도 있어.
　　Netijeundeurui akppeulttaemune jasalhaneun yeonyeindeuldo itseo.
　　因网民们的恶评也有自杀的艺人。

05 컴퓨터가 고장나면 애프터서비스를 받으면 돼.
　　Keompyuteoga gojangnamyeon aepeuteoseobiseul badeumyeon dwae.
　　电脑出故障了就去售后服务。

06 컴퓨터가 바이러스에 걸려서 작동이 느려.
　　Keompyuteoga baireoseue geollyeoseo jakdong-i neuryeo.
　　因为电脑中毒启动慢。

07 컴퓨터 배경화면을 좀 바꿔.
　　Keompyuteo baegyeonghwamyeoneul jom bakkwo.
　　换一下电脑桌面吧。

08 인터넷 채팅을 하려고 해.
　　Inteonet cheating-eul haryeogo hae.
　　想网上聊天。

 실용회화
[silyonghoehwa]

01

이명: 내 컴퓨터가 고장났어.
Imyeong: Nae keompyuteoga gojangnatseo.
李明: 我的电脑出故障了。

현수: 어디?
Hyeonsu: Eodi?
贤洙: 哪儿?

이명: 작동이 너무 느려.
Imyeong: Jakdong-i neomu neuryeo.
李明: 启动非常慢。

현수: 그건 고장이 난 것이 아니라 컴퓨터 바이러스에 걸린거야.
Hyeonsu: Geugeon gojang-i nan geosi anira keompyuteo baireoseue geollin-geoya.
贤洙: 那不是出故障了,是中病毒了。

이명: 그럼 어떻게 해야 하는데?
Imyeong: Geureom eotteoke haeya haneunde?
李明: 那该怎么办?

현수: 바이러스 백신을 사서 설치하면 돼.
Hyeonsu: Baireoseu baeksineul saseo seolchihamyeon dwae.
贤洙: 买杀毒软件安装就可以了。

이명: 어디서 파는데?
Imyeong: Eodiseo paneunde?
李明: 哪里有卖的?

현수: 컴퓨터를 파는 곳에 있을 거야.
Hyeonsu: Keompyuteoreul paneun gose itseul geoya.
贤洙: 卖电脑的地方有卖的。

02

지애: 넌 일요일 저녁엔 뭐해?
Jiae: Neon ilyoil jeonyeogen mwohae?
智爱: 你星期日晚上干什么?

현수: 채팅을 해.
Hyeonsu: Cheating-eul hae.
贤洙: 网上聊天呢。

지애: 친구들과?
Jiae: Chin-gudeulgwa?
智爱: 和朋友？

현수: 응. 시간이 없어 만나지 못하는 친구들과 채팅을 해.
Hyeonsu: Eung. Sigani eopseo mannaji motaneun chin-gudeulgwa cheating-eul hae.
贤洙: 嗯。跟没时间见面的朋友们聊呢。

지애: 서로 하고 싶었던 말을 할 수 있어 참 좋겠다.
Jiae: Seoro hago sipeotdeon mareul hal su itseo cham joketda.
智爱: 能跟对方聊想说的话，真好。

현수: 너 중국친구들도 있잖아. 걔들과도 채팅해.
Hyeonsu: Neo junggukchin-gudeuldo itjana. Gyaedeulgwado chaetinghae.
贤洙: 你不有中国的朋友吗。跟他们也聊吧。

지애: 그래야겠다. 얼굴도 볼 수 있지?
Jiae: Geuraeyagetda. Eolguldo bol su itji?
智爱: 知道了。能看到对方吧?

현수: 그럼.
Hyeonsu: geureom.
贤洙: 能。

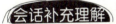 회화보충이해
[hoehwabochung-ihae]

聊天: 한담하다. 잡담을 하다 可此文的聊天是指网上聊天叫"채팅"。
바이러스에 걸리다: 中病毒

 단어
[daneo]

中文	词性	韩文	拼音	中文	词性	韩文	拼音
故障	名词	고장	gojang	病毒	名词	바이러스	baireoseu
安装	动词	설치하다	seolchihada	对方	名词	상대방	sangdaebang
软件	名词	소프트웨어	sopeuteuweeo	卖	动词	팔다	palda
买	动词	사다	sada	见面	动词	만나다	mannada

杂志
잡지

 상용문구
[sang yong mun gu]

01 지하철에서 잡지를 보는 사람이 많아요.
Jihacheoreseo japjireul boneun sarami manayo.
在地铁看杂志的人多。

02 체육잡지에 상세히 적혀져 있어요
Cheyukjapjie sangsehi jeokyeojyeo itseoyo.
在体育杂志上详细的记载着。

03 패션잡지는 여성분들이 많이 봐요.
Paesyeonjapjineun yeoseongbundeuri mani bwayo.
女性们多看时装杂志。

04 넌 어쩌면 만화잡지만 봐?
Neon eojjeomyeon manhwajapjiman bwa?
你怎么尽看漫画杂志?

05 문학잡지에는 좋은 글들이 많이 실려요.
Munhakjapjieneun jo-eun geuldeuri mani sillyeoyo.
在文学杂志上登了很多好文章。

06 잡지에서는 교과서 외의 많은 것을 배워요.
Japjieseoneun gyogwaseo oe-ui maneun geoseol baewoyo.
在杂志里可以学到教科书以外的很多东西。

07 재미있는 잡지 있으면 하나 줘 봐.
Jaemiitneun japji itseumyeon hana jwo bwa.
有好看的杂志就给我看一本。

08 다 본 잡지는 버리지 말고 다른 사람이 보게 건사해둬.
Da bon japjineun beoriji malgo dareun sarami boge geonsahaedwo.
别扔看完的杂志,保存好可以让别人看。

지애: 넌 무슨 책을 보고 있어?
Jiae: Neon museum chaegeul bogo itseo?
智爱: 你在看什么书？

현수: 잡지야.
Hyeonsu: Japjiya.
贤洙: 杂志。

지애: 무슨 잡지야?
Jiae: Museum japjiya?
智爱: 什么杂志。

현수: 패션잡지야. 요즘 어떤 패션이 유행하는지 알아보려고.
Hyeonsu: Paesyeonjapjiya. Yojeum eotteon paesyeoni yuhaeng-haneunji araboryeogo.
贤洙: 时装杂志。看看最近流行什么样的时装。

지애: 이런 잡지에 나오는 옷들은 너무 비싸.
Jiae: Ireon japjie naoneuneun otdeureun neomu bissa.
智爱: 登在这样的杂志上的衣服很贵。

현수: 명품이니까 비싸.
Hyeonsu: Myeongpuminikka bissa.
贤洙: 是名牌才贵。

지애: 다른 잡지가 있으면 나도 하나 볼래.
Jiae: Dareun japjiga itseumyeon nado hana bollae.
智爱: 有别的杂志给我一个，我也想看。

현수: 자동차잡지가 있어.
Hyeonsu: Jadongchajapjiga itseo
贤洙: 有汽车杂志。

현수: 넌 몇살인데 아직도 만화잡지를 봐.
Hyeonsu: Neon myeotsarinde ajikdo manhwajapjireul bwa.
贤洙: 你都几岁了还看漫画杂志呢。

현애: 지금 만화는 우리들도 보게끔 만들어 진 것도 있어.
Hyeonae: Jigeum manhwaneun urideuldo bogekkeum mandeureo jin geotdo itseo.
贤爱: 现在的漫画也有适合我们看的。

현수: 그래도 과학잡지나 문학잡지를 읽어야지.
Hyeonsu: Geuraedo gwahakjapjina munhakjapjil ilgeoyaji.
贤洙: 那还是该读科学杂志，文学杂志。

현애: 공부를 하다가 머리를 식히느라고 보는 거야.
Hyeonae: Gongbureul hadaga meorireul sikineurago boneun geoya.
贤爱: 做功课累了想放松一下才看的。

현수: 그래? 오빠도 때론 체육잡지를 봐.
Hyeonsu: Geurae? Oppado ttaeron cheyukjapjireul bwa.
贤洙: 是吗？哥哥有时也看体育杂志。

현애: 잡지에서는 학교에서 배우는 것 외에 많은 것을 배울 수 있어.
Hyeonae: Japjieseoneun hakgyo-eseo bae-uneun geot oee maneun geoseul bae-ul su itseo.
贤爱: 在杂志上可以学到在学校学不到的很多东西。

현수: 만화잡지에서 뭐 배울 것이 있어?
Hyeonsu: Manhwajapjieseo mo bae-ul geosi itseo?
贤洙: 在漫画杂志有什么可学的吗？

현애: 나름대로 있어.
Hyeonae: Nareumdaero itseo.
贤爱: 各有各的可学的东西。

会话补充理解 회화보충이해 [hoehwabochung-ihae]

머리를 쉬다: 放松
"패션"是"流行款式"的意思。

单词

中文	词性	韩文	拼音	中文	词性	韩文	拼音
杂志	名词	잡지	japji	流行	动词	유행되다	yuhaengdoeda
时装	名词	패션	paesyeon	漫画	名词	만화	manhwa
读	动词	읽다	ikda	贵	形容词	비싸다	bissada
登	动词	오르다	oreuda	各有各的	副词	나름대로	nareumdaero
体育	名词	체육	cheyuk	车	动词	차	cha

广告
광고

常用句型 상용문구
[sang yong mun gu]

•01 광고에 나오는 저 디카가 잘 팔려.
Gwanggo-e naoneun jeo dikaga jal pallyeo.
做广告的那个数码相机好卖。

•02 장동건이 또 광고를 찍었다며.
Jangdonggeoni tto gwanggoreul jjigeotdamyeo.
听说张东健又拍广告了。

•03 어떤 광고는 재미있게 만들어 자주 보게 돼.
Eotteon gwanggoneun jaemiitge mandeureo jaju boge dwae.
有的广告做的很有意思，让人常看。

•04 신문에 광고를 내 수익을 높여라.
Sinmune gwanggoreul nae suigeul nopyeora.
在报纸上登广告，提高收益吧。

•05 광고를 냈더니 주문이 배로 늘고 있어요.
Gwanggoreul naetdeoni jumuni baero neulgo itseoyo.
做广告以后订单翻倍地增。

•06 거리에는 광고판들이 온통 널려있어 눈길을 끈다.
Georieneun gwanggopandeuri ontong neollyeo itseo nun-gireul kkeunda.
街上一片广告牌，吸引人的眼球。

•07 광고에 나오는 미녀들은 참 이뻐.
Gwanggo-e naoneun minyeodeureun cham ippeo.
广告里的美女真漂亮。

•08 광고에 나오는 상품이라 해서 다 믿을 바가 못 돼.
Gwanggo-e naoneun sangpumira haeseo da mideul baga mot dwae.
不是做广告的产品都能信赖。

실용회화 [silyonghoehwa]

이명: 난 중국에서 드라마를 보려면 어떤 땐 너무 짜증나.
Imyeong: Nan junggugeseo deuramareul boryeomyeon eotteon ttaen neomu jjajeungna.
李明: 我在中国看电视剧，有时很烦。

현수: 왜?
Hyeonsu: Wae?
贤洙: 为什么？

이명: 드라마를 하다가 계속 광고가 나오거든.
Imyeong: Deuramareul hadaga gyesok gwanggoga naogeodeun.
李明: 播电视剧的时候中间总是演广告。

현수: 한국에는 그런 경우가 없어.
Hyeonsu: Han-gugeneun geureon gyeong-uga eopseo.
贤洙: 在韩国没有那样的情况。

이명: 맞아. 그리고 한국의 광고가 재미있게 만들었어.
Imyeong: Maja. geurigo han-gugui gwanggoga jaemiitge mandeureotseo.
李明: 对。还有韩国的广告做得很有意思。

현수: 어떤 광고의 말은 유행어가 돼.
Hyeonsu: Eotteon gwanggoui mareun yuhaeng-eoga dwae.
贤洙: 有的广告词会成为流行语。

이명: 그러면 그 상품은 대박이겠다.
Imyeong: Geureomyeon geu sangpuneun daebagigetda.
李明: 这样一来那个商品就会大卖特卖了。

현수: 안 보던 신문은 왜 봐?
Hyeonsu: An bodeon sinmuneun wae bwa?
贤洙: 你不是不看报纸吗？

인수: 내가 봐놓은 핸드폰이 있는데 꼭 사려고.
Insu: Naega eun haendeuponi itneunde kkok saryeogo.
仁寿: 有台手机让我看上了，一定要买。

현수: 아, 아르바이트를 하려고?
Hyeonsu: A, areubaiteureul haryoego?
贤洙: 啊，想做兼职啊？

인수: 응. 신문에 실린 광고를 보는 중이야.
Insu: Eung. Sinmune sillin gwanggoreul boneun jung-iya.
仁寿: 是。正看报纸上登的广告呢。

현수: 천천히 찾아. 이렇게 많은 광고 중에서 너한테 맞는 것이 있겠지.
Hyeonsu: Cheoncheonhi chaja. ireoke maneun gwanggo jung-eseo neohante matneun geosi itgetji.
贤洙: 慢慢找。这么多的广告中肯定有适合你的。

인수: 어! 찾았다. 주유소 아르바이트생을 모집한대.
Insu: Eo! Chajatda. Juyuso areubaiteusaeng-eul mojipandae.
仁寿: 啊！找到了。招加油站兼职工。

현수: 얼른 가봐.
Hyeonsu: Eolleun gabwa.
贤洙: 快去看看。

 회화보충이해
[hoehwabochung-ihae]

봐두다, 눈찍다: 看上 짜증나다: 烦心
"대박이다"是指某种事很成功或很火。

 단어
[daneo]

中文	词性	韩文	拼音	中文	词性	韩文	拼音
中途	名词	도중	dojung	情况	名词	경우	gyeong-u
广告	名词	광고	gwanggo	手机	名词	핸드폰	haendeupon
适合	形容词	알맞다	almatda	加油站	名词	주유소	juyuso
招	动词	모집하다	mojiwapada	慢慢儿	副词	천천히	cheoncheonhi